新商科"互联网＋教育"
电子商务专业系列教材

U0744305

网店运营与管理

郭燕萍　苏雪峰◎主编
罗雨婷　黄欣◎副主编

电子工业出版社·
Publishing House of Electronics Industry
北京·BEIJING

内 容 简 介

本书以在淘宝网平台开店为例，系统地介绍了网店运营与管理的相关知识。全书共 8 章，包括网上开店概述、网店的开通、网店图片制作及装修、网店促销活动与营销工具、网店推广、网店物流与仓储、网店客户服务与客户关系管理、网店数据分析等内容。每章都精心安排了"思政案例导入""知识目标""课后习题"等模块，帮助读者提高网店运营与管理的能力。

本书可作为高等职业院校或应用型本科院校电子商务或相关专业（方向）网店运营相关课程的教学用书，也可作为开设网店的初学者的参考书。

图书在版编目（CIP）数据

网店运营与管理 / 郭燕萍，苏雪峰主编. -- 北京：
电子工业出版社，2025. 7. -- ISBN 978-7-121-50491-4

Ⅰ．F713.365.2

中国国家版本馆 CIP 数据核字第 2025RJ5051 号

责任编辑：袁桂春

印　　刷：中煤（北京）印务有限公司
装　　订：中煤（北京）印务有限公司
出版发行：电子工业出版社
　　　　　北京市海淀区万寿路 173 信箱　邮编：100036
开　　本：787×1 092　1/16　印张：12　字数：307 千字
版　　次：2025 年 7 月第 1 版
印　　次：2025 年 7 月第 1 次印刷
定　　价：59.00 元

凡所购买电子工业出版社图书有缺损问题，请向购买书店调换。若书店售缺，请与本社发行部联系，联系及邮购电话：（010）88254888，88258888。
质量投诉请发邮件至 zlts@phei.com.cn，盗版侵权举报请发邮件至 dbqq@phei.com.cn。
本书咨询联系方式：（010）88254199，sjb@phei.com.cn。

前 言 ▼ PREFACE

党的二十大报告指出:"教育、科技、人才是全面建设社会主义现代化国家的基础性、战略性支撑。必须坚持科技是第一生产力、人才是第一资源、创新是第一动力,深入实施科教兴国战略、人才强国战略、创新驱动发展战略,开辟发展新领域新赛道,不断塑造发展新动能新优势。"这为推动当下和未来一段时间我国科教及人才事业的发展、构建人才培养体系指明了基本方向。

直播电商、短视频电商、社交电商、内容电商等一批彰显时代特色的电商新模式展现出了强大的消费资源的集聚力、供应链优化的组织力、消费创新和消费风尚的引领力,以及数字经济与实体经济深度融合的推动力,形成了数字经济时代实现需求牵引供给、供给创造需求的更高水平动态平衡的新途径。网络市场变幻莫测,电商平台之间的竞争迅速加剧,网店发展日新月异。网店运营人才缺口持续扩大,同时面临着新形势的挑战,网店运营人才的培养任重而道远。

为了更好地帮助读者认识和了解网店运营与管理的方法,我们着手编写了本书。淘宝作为电商传统的主流平台之一,具有流量庞大的优势,成为众多卖家的必争之地。本书从淘宝平台入手,详细介绍淘宝网店的开店、装修、推广、物流、客服和数据分析等知识,帮助读者从零基础入门到精通网店运营的方法与技巧。

本书共 8 章。第 1 部分(第 1 章)主要讲解网上开店的概念和条件、常见的网店平台及网上开店的前期准备等。第 2 部分(第 2~3 章)主要讲解网店的开通及网店图片制作及装修,包括网店的申请与设置、商品发布、网店的日常管理、平台规则、商品图片的拍摄、商品图片的处理及网店设计与装修。第 3 部分(第 4~5 章)主要讲解网店促销活动与营销工具、网店推广,包括官方促销活动、网店营销工具、站内推广、淘宝直播、站外推广及搜索引擎优化。第 4 部分(第 6~7 章)主要讲解网店物流与仓储及网店客服与客户关系管理,包括网店物流方式的选择、物流工具的设置、仓储管理、网店客服认知、网店客服工具的应用及客户关系管理。第 5 部分(第 8 章)主要讲解网店数据分析,包括网店数据分析认知、网店的主要数据分析及网店运营数据分析工具生意参谋的应用。

本书具有如下特点。

(1)知识系统,逻辑性强。以网店运营的工作过程为主线,体现工学结合,以培养职业能力为核心目标,围绕支撑网店运营的各项内容进行介绍,循序渐进、层层深入、内容丰富、逻辑清晰,使读者系统地掌握网店运营与管理的操作方法和技巧。

(2)理论与实践相结合,可操作性强。立足实用,知识讲解与网店的实际操作同步进行,采用通俗易懂的语言,通过详细的实操步骤加配图快速引导读者学习相关操作。

(3)配套资源丰富。教学配套资源非常丰富,为读者提供 PPT、教案、习题及答案、拓展资料等配套资源。

本书是山西省教育科学"十四五"规划 2022 年度课题"职业本科电子商务专业校企'双元'协同育人模式研究"（课题编号：GH-220466）的研究成果，也是教育部高校思想政治工作创新发展中心（武汉东湖学院）2024 年度专项研究课题"湖北省民办高校'党建+思政'协同育人路径研究"（课题编号：WHDHSZZX2024074）的研究成果之一。全书由山西工程科技职业大学郭燕萍和苏雪峰老师任主编，武汉晴川学院罗雨婷和黄欣老师任副主编，具体编写分工为：郭燕萍负责编写第 4 章、第 5 章、第 8 章；苏雪峰负责编写第 3 章；罗雨婷负责编写第 6 章、第 7 章；黄欣负责编写第 1 章和第 2 章；易静负责前言、参考文献的编写。此外，易静老师对本书进行了统稿，隋东旭老师对书稿进行了细致的审校工作，出版社的编辑们给予了很多宝贵的修改意见，在此一并表示感谢！

电子商务是一个发展非常迅速的行业，本书中所涉及的某些知识点可能会和现实有些出入，同时由于编写时间周期要求和编者水平有限，书中难免存在遗漏和不妥之处，敬请广大读者批评指正。

编　者

目录 ▼ CONTENTS

第1章
网上开店概述

📖 **【思政案例导入】**

从北京联合大学毕业的苗苗已经在网上做了半年多生意，她说："刚毕业的时候，一时没找到合适的工作。在一个朋友的启发下在网上开了家服装店，这个冬天棉衣卖得特别好。现在天气转暖了，我又进了一批彩色的隐形眼镜，今年流行戴这个，肯定卖得好！"

苗苗还告诉记者，在网上开店很简单，选定一个适合自己的电子商务网站，把身份证的扫描件上传到网上，得到该网站客户服务部的确认，几天后店就可以开张了。开店最重要的是小店的信誉度要高，得到顾客的好评越多，小店在网上的排名就会越靠前。出于安全的考虑，顾客多会选择在那些排名靠前的小店里买东西。

关于收入，用苗苗的话来说就是，只要把握住了时尚潮流，再赢得良好的信誉，小店的人气肯定会越来越旺，一个月下来不比上班族挣得少。

【案例思考】

1. 网上开店的基本流程是什么？
2. 该案例说明网店信誉度在网店运营过程中发挥了怎样的重要作用？

【案例分析】

全球经济有着不同程度的萎缩，内外需求明显下降，我国大学生就业形势不容乐观。为了打破毕业即失业的困局，高校大学生创业的热情高涨，纷纷在一些电子商务网站免费开店，实现创业梦想。网络交易市场快速兴起并发展，势头良好。电子商务网络交易平台创业进入门槛低、经营风险小、投入资金少、回报率高、见效快等优点吸引了有意创业的年轻人。

想要把握住网上开店的风口，就必须熟悉各大电子商务网站的操作流程和规章制度，根据自己的需要选择合适的电子商务平台。与此同时，要保证诚信经营，提高网店的信誉度，这样才能赢得客流。

知识目标 →

1. 了解在各大电子商务平台开店的基本流程。
2. 掌握开设网店所需的条件。
3. 掌握开设网店前期的准备工作。

技能目标 →

1. 能够根据自身的需求和特点选择合适的电子商务平台开设网店。
2. 能够使用各种工具对网店的运营环境进行分析，做出一套完整的网店规划。

1.1 初识网上开店

网店作为电子商务的一种形式，是一种能够让人们在浏览商品的同时进行购买，并且通过各种在线支付手段进行支付并完成交易全过程的网上商店。中国互联网络信息中心（CNNIC）发布的第 51 次《中国互联网络发展状况统计报告》显示，截至 2024 年 6 月，我国网民规模近 11 亿人，较 2023 年 12 月增长 742 万人，互联网普及率达 78%。随着网民数量的不断增加，中国互联网正在形成一个巨大的网络消费市场。

进入信息时代，电子商务是一种替代传统商务活动的新形式，更是一个新市场，人们将逐步适应和习惯于远距离的网上交易、购物、消费、服务和娱乐等。在传统的经营推广基础之上，网上开店开辟出一条更高效、更广泛的销售渠道，创造出无限商机。

1.1.1 网上开店的概念

网上开店是一个新兴的概念，具体来说就是经营者在互联网上注册一个虚拟的网上商店（以下简称网店）。经营者将待售商品的信息发布到网页上，对商品感受好的浏览者通过线上或线下的支付方式向经营者付款，经营者通过邮寄等方式，将商品发送给购买者。

网上开店是一种在互联网时代的背景下诞生的新销售方式，区别于网下的传统商业模式。与大规模的网上商城及零星的个人物品网上拍卖相比，网上开店初始投入不大、经营方式灵活，可以为经营者提供不错的利润空间，成为许多人的创业途径。

1. 网上开店的方式

目前，网上开店主要有三种方式。

（1）在大型的专业网站上注册会员，开设个人的网店。像淘宝、拼多多等大型专业网站都向个人提供网上开店服务，只需支付少量的相应费用（网店租金、商品登录费、网上广告费、商品交易费等），就可以拥有个人的网店，进行网上销售。

这相当于在一些大的实体商场里租用一个店铺或柜台，借助大商场的影响与人气做生意，目前所看到的网上开店基本都采用这种方式。

（2）自立门户型的网上开店。经营者自己动手或者委托他人进行网店的设计，网店的经营与大型的购物类网站没有关系，完全依靠经营者个人的宣传来吸引浏览者。

自立门户型网店的建设方式有两种：一是完全根据商品销售的需要进行个性化设计，需要进行域名注册、空间租用、网页设计、程序开发等一系列工作，较为个性化，但是费用较高；二是向一些网络公司购买自助式网站模块，操作简单，费用较低，但是缺乏个性化。

自立门户型网店的建设费用较高，同时需要投入足够的时间与金钱进行网站宣传，优点是网店内容不会像第一种类型那样受到固定格式的限制，也不必交纳诸如商品交易费之类的费用。这一类网店相当于路边的小店，如何吸引浏览者进入自己的网店，完全依靠经营者自己的推广。

（3）前两种方式的结合，既在大型网站上开设网店，又有独立的商品销售网店。这种方式将前两者的优点相结合，不足之处是投入相对较高。

2．网上开店的经营方式

在网上开店应该根据个人的实际情况，选择一种适合自己的经营方式。网上开店的经营方式主要有以下三种。

（1）自主经营：自己开设网上店铺，进行所有的销售和运营工作。这种方式的优点是能够完全掌控店铺的经营策略，但需要具备一定的电商运营知识和经验。

（2）代理运营：将店铺的运营工作委托给专业的代理运营商，自己只需要提供商品和资金。这种方式能够减轻经营压力，但需要信任代理运营商并能够及时沟通调整策略。

（3）兼职经营：经营者将经营网店作为自己的副业。现在许多在校学生利用课余时间经营网店，也有一些职场人员利用工作的便利开设网店，增加收入来源。

1.1.2　网上开店的条件

1．网上开店需要的硬件条件

（1）电脑和便捷的网络。网上开店最好有一台方便工作的笔记本电脑。利用笔记本电脑可以更方便地跟自己的合作伙伴和客户进行沟通。笔记本电脑还可以起到移动硬盘的作用，快节奏的工作需要方便的移动办公设备。便捷的网络也是很重要的。网上开店需要顺利登录互联网，可以在公司上网，也可以回到家再上网来照顾自己的小店。此外，查询相关资料、与客户随时沟通等都需要网络，因此便捷的网络条件也是网上开店所必需的。

（2）独立的工作室地址。开网店首先需要有一个办公的地址，这个地址应当公开。如果在家办公，就可以写上自己的家庭住址。

（3）方便与客户联系的电话。有时网上联系并不能解决全部问题，还需要电话来帮忙。电话也是网上开店常用的工具，网络联系有时无法进行，而电话可以解决这个问题。

（4）可以清晰拍摄商品的数码相机。对网店来说，数码相机是基本的装备。在将货物放上"网络货架"之前，一般都需要对其进行拍照并上传商品图片到店铺中。商品图片使买家对商品有了更加直观的感受和了解，使商品更受关注。没有商品图片的货物很难"出货"，好的数码相机和娴熟的拍摄技术尤其重要。

（5）收发合同的传真机。由于网店是远程交易，一些文件需要通过传真机来接收，如合同，这也是法律方面的保证。同时很多资料的收发也离不开传真机。

2. 网上开店需要的技能条件

（1）基本的上网操作要熟练。熟练的上网操作技术有利于开展网上销售，如果连网店网页都打不开，那么即使具备了开网店的一切硬件条件也没有能力把生意做成，更不要说在网上开店了。

（2）必须能熟练收发电子邮件。网上开店要拥有自己常用的专门的电子邮箱，可以到网易、新浪等大型网站上申请，并应学会管理自己的电子邮件。网上开店做生意，电子邮件是非常重要的一种沟通方式。

（3）需要熟练运用聊天软件。如果能够熟练地运用一些聊天工具，如微信、QQ、淘宝网站的淘宝旺旺等，就可以与顾客更便利地交流。

（4）学会应用 Word、Excel 等办公软件。Word 是入门级的文字编辑软件，学会基本的操作以后，方便编写合同、商品宣传文案等。文案编写得好不好对于网上销售有很大的影响。Excel 是现在十分常用的一款办公软件，网店运营过程中产生的很多数据都需要通过 Excel 软件进行统计分析、绘制图表等。

（5）学会应用 Photoshop 等作图软件。网上开店除了很好的文案，另一个非常重要的部分就是要有精美的商品图片和宣传图片，因为顾客主要是通过图片来看商品的。如果图片质量差，就会失去很多潜在顾客。因此，是否能制作合适的商品图片，对网上开店至关重要。

【拓展知识】

几款作图软件

1. Photoshop

Photoshop 是由 Adobe Systems 公司开发和发行的图像处理软件。Photoshop 主要处理由像素构成的数字图像。使用其众多的编修与绘图工具，可以有效地进行图片编辑工作。Photoshop 功能齐全，在图像、图形、文字、视频等各方面都有涉及。

2. 光影魔术手

光影魔术手是一款针对图像画质进行改善提升及效果处理的软件。它简单、易用，不需要任何专业的图像技术，就可以制作出专业胶片摄影的色彩效果。其具有许多独特之处，如反转片效果、黑白效果、数码补光、冲版排版等，且其批量处理功能非常强大，是摄影作品后期处理、图片快速美容、数码照片冲印整理时必备的图像处理软件，能够满足绝大部分人图片后期处理的需要。

3. 美图秀秀

美图秀秀是一款很好用的免费图片处理软件，不用学习就会用，比 Photoshop 简单很多。独有的图片特效、美容、拼图、场景、边框、饰品等功能，加上每天更新的精选素材，让使用者可以用 1 分钟做出影楼级照片，还能一键分享到多个网站。

1.2 常见的网店平台

根据交易主体的不同，网店平台可以划分为不同类型，如 B2B、B2C、C2C 等。B2B 是企业之间进行交易，如阿里巴巴、慧聪网等。B2C 是企业直接向消费者销售商品或提供服务，如天猫、京东等。C2C 是个人或小商家在电商平台上开店售卖商品或服务，如拼多多、闲鱼等。企业用户可以选择在天猫、京东等 B2C 平台开设网店，个人用户适合在淘宝网、拼多多等 C2C 平台开设网店。

1.2.1　淘宝网

1. 淘宝网简介

淘宝网（Taobao）成立于 2003 年 5 月，由阿里巴巴集团投资创办，是亚洲第一大网络零售商圈。随着规模的扩大和用户数量的增加，淘宝网也从单一的 C2C 网络集市变成了包括 C2C、团购、分销、拍卖等多种电子商务模式在内的综合性零售商圈，目前已经成为世界性的电子商务交易平台。淘宝网首页如图 1-1 所示。

图 1-1　淘宝网首页

2. 店铺主体类型

淘宝网的店铺主体类型可分为如下两种。

（1）个人身份：无营业执照，以个人身份证件开店。需提供开店主体的身份证和个人支付宝账号等资料。

（2）企业身份：有营业执照，营业执照"类型"处显示"个体工商户"或"××公司/企业/个人独资企业"等。需提供三证合一的营业执照、法人身份证件、支付宝账号等资料。

📖【拓展知识】

B2C

B2C（Business to Customer）是指电子商务的一种模式，也是企业直接面向消费者销售产品和服务的商业零售模式。B2C 电子商务的付款方式是货到付款与网上支付相结合，大多数企业的配送选择物流外包方式以节约运营成本。

1.2.2 天猫

1. 天猫简介

天猫（Tmall）是中国领先的 B2C 购物网站、亚洲超大的综合性购物平台。天猫在 2012 年 1 月与淘宝网分离，由知名品牌的直营旗舰店、授权专卖店和专营店等组成。天猫同时支持淘宝网的各项服务，如支付宝付款、七天无理由退换等。天猫首页如图 1-2 所示。

图 1-2　天猫首页

2. 天猫店铺的分类、资质要求及资费标准

（1）天猫店铺分为旗舰店、专卖店、专营店和卖场型旗舰店 4 种类型。

旗舰店指以自有品牌（注册商标或者正在注册商标）或由商标权人提供独占授权的品牌入驻天猫开设的店铺，包括只经营一个自有品牌的旗舰店和经营多个自有品牌且只有一个实际控制人的品牌旗舰店（仅限天猫主动邀请入驻）。专卖店指以商标权人提供普通授权的品牌入驻天猫开设的店铺。专营店指同一天猫经营大类下经营两个及以上品牌的店铺，包括经营两个及以上他人品牌的店铺、既经营他人品牌也经营自有品牌的店铺、经营两个及以上自有品牌的店铺。卖场型旗舰店指以服务类型商标开设且经营多个品牌的旗舰店。

同一招商大类卖家只能申请一家店铺。

（2）入驻天猫的基本条件如下。

入驻商家要求：必须是企业，并且要有相关的营业证明；企业注册资本不低于人民币 100 万元。

天猫店铺需要交纳保证金：与淘宝店铺不同，天猫店铺的保证金是必须交纳的。

需提供证明：一些品牌或者厂家需要提供由我们国家认证审核通过的营业执照和税务登记证（需具备一般纳税人资格）。需要有通过国家认证的商标，自荐品牌需提供商标注册证（R 标），并且这些企业需要提供七天无理由退换货的消费权益。

（3）入驻天猫需要准备的资料包括公司营业执照、法定代表人身份证、一般纳税人资格证明等。

（4）入驻天猫需要交纳的费用主要包括保证金和软件服务年费。

保证金：商家在天猫经营必须缴存店铺保证金（简称"保证金"），该资金主要用于保证商家按照《天猫服务协议》、天猫规则经营，且在商家有违规行为时根据《天猫服务协议》及相关规则规定用于向天猫及消费者支付违约金。新签商家在申请入驻审核通过后须按照额度标准一次性缴存保证金，已入驻的商家须保持保证金账户内有满足额度标准的资金。根据店铺类型、商标状态和经营类目，商家的保证金额度标准会有不同。如商家同时符合多种保证金额度标准，按照就高原则缴存。

软件服务年费：软件服务年费（简称"年费"）以自然年为结算周期，按自然年内的经营期间计算交纳金额和折扣优惠条件达成情况。商家在天猫经营必须交纳软件服务年费，年费金额参照商家经营的一级类目，主要分为人民币 3 万元、6 万元两档。涉及跨类目经营的年费交纳，全部参照相对高的类目标准进行预交。为鼓励商家提高服务质量、扩大经营规模，天猫将根据一定条件向商家提供软件服务年费的商业折扣，折扣比例分为年费的 50%和 100%两档。

1.2.3　京东

1.　京东简介

京东（JD）成立于 2004 年 1 月，是中国领先的自营式电子商务企业。京东以"产品、价格、服务"为核心，致力于为消费者提供优质、价廉的商品，同时推出"211 限时达""售后 100 分""全国上门取件""先行赔付"等多项专业服务。京东属于 B2C 电子商务自营平台，也能作为第三方平台接受企业或商家入驻。京东首页如图 1-3 所示。

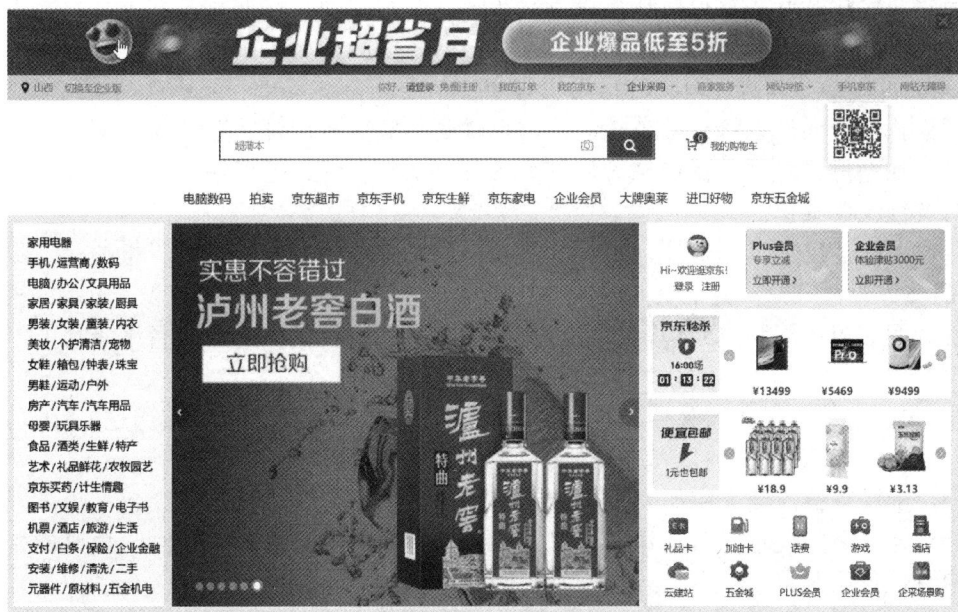

图 1-3　京东首页

2. 京东店铺的入驻流程及资质资费

本书所说的京东店铺主要指第三方店铺模式，又称 POP（Platform Open Plan）模式。

（1）入驻京东商城的主体类型。入驻京东商城的主体可分为三类：企业/公司、个体工商户、个人身份。企业/公司：有营业执照，营业执照类型为"××公司/企业/个人独资企业"等。个体工商户：有营业执照，营业执照类型为"个体工商户"。个人身份：无营业执照，以个人身份开店。

（2）POP 模式店铺类型。POP 模式店铺类型有三种，分别是旗舰店、专卖店和专营店。

旗舰店指商家以自有品牌（商标为 R 或 TM 状态）或由权利人出具的在京东开放平台开设品牌旗舰店的独占性授权文件（授权文件中应明确独占性/不可撤销性），入驻京东开放平台开设的店铺。

专卖店指商家持他人品牌（商标为 R 或 TM 状态）授权文件在京东开放平台开设的店铺。

专营店指经营京东开放平台相同一级类目下两个及以上他人或自有品牌（商标为 R 或 TM 状态）商品的店铺。

（3）入驻流程。

① 入驻前准备。在京东招商站的资费资质页面选择类目后，根据所选类目，提前准备相对应的资质。提交入驻申请前，需要注册一个京东企业账号。建议以公司法人或负责人身份进行申请，便于管理。建议提前开通京东钱包，可在入驻审核后的开店任务中直接使用，开通京东钱包不影响店铺入驻资质的提交及审核。注册京东钱包及钱包实名认证预计需 2 个工作日。

② 入驻申请。为提高商家入驻效率，全方位优化商家体验，京东 POP 商家入驻流程突破升级，多个类目可实现 30 秒一证开店，针对标准入驻的类目也进一步减免了数十个资质填写字段，开店流程更加便捷。有极速入驻和普通入驻两种方式。

极速入驻适用于汽车用品、生鲜、美妆护肤、电脑办公、数码、手机通信、家庭清洁/纸品类目等部分品类。入驻流程为填写主体信息—自动审核—开店成功。商家仅需要提供营业执照，通过系统自动审核后，即可优先体验京东店铺管理后台，还可学习平台规则和参加新商家培训，提前熟悉店铺管理/售后/结算/营销等模块功能，认证及缴费完成即可解锁全部菜单。

普通入驻适用于汽车用品、生鲜、美妆护肤、电脑办公、数码、手机通信、家庭清洁/纸品类目等部分品类外的其他品类。入驻流程为填写主体及行业信息—资质审核—开店成功。商家资质填写更简单，后台可根据商家所选类目仅显示该类目下需填的资质字段，删减了数十个非必要类目填写项。

③ 入驻审核。极速入驻的类目，商家提交审核后，系统自动审核通过，30 秒完成极速开店；普通入驻的类目，初审约 2 个工作日，复审约 5 个工作日。

公司资质审核：商家应如实提供店铺运营的主体资质及相关信息，包括但不限于店铺实际经营主体、代理运营公司等信息。品牌审核：品牌（商标）权利人出具的授权文件不应有地域限制。

④ 开店及缴费。绑定钱包并开通结算账户缴费。不同经营类目、店铺类型、进口类

型会对应不同的资费及资质标准。费用主要包括保证金、技术服务费、交易服务费等。保证金是指卖家以"一店铺一保证金"原则向京东交纳的用以保证其商品和服务质量的资金，京东可以依照双方签署的协议或规则进行处置。技术服务费指商家在获得缴费权限后应向京东支付的与特定店铺服务期对应的费用。交易服务费是基于京东开放平台提供的服务产生的费用。

　　⑤ 上线销售。完成以上操作，即可上线销售。

1.2.4　拼多多

1. 拼多多简介

　　拼多多是国内主流的手机购物 App，成立于 2015 年 9 月，是一家专注于拼团的第三方社交电商平台。用户通过发起和朋友、家人、邻居等的拼团，以更低的价格，拼团购买商品。其中，通过沟通与分享形成的社交理念，构成了拼多多独特的新社交电商思维。拼多多平台可以个人入驻，也可以企业入驻，有 B2C 和 C2C 两种模式。拼多多首页如图 1-4 所示。

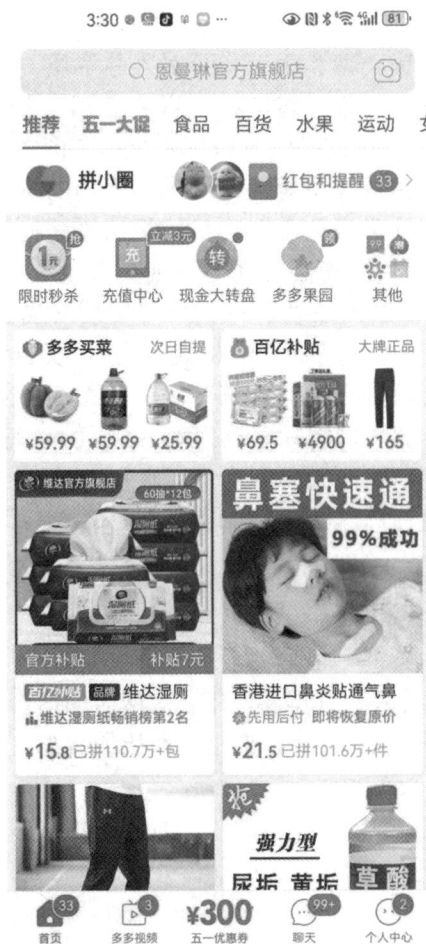

图 1-4　拼多多首页

📖【拓展知识】

C2C

C2C（Consumer to Consumer）是电子商务的专业用语，是个人与个人之间的电子商务。C2C的盈利模式有以下几种。

会员费：C2C网站为会员提供网上店铺出租、公司认证、产品信息推荐等多种服务组合而收取的费用。

交易提成：C2C网站为交易双方提供机会并从交易中收取提成作为报酬。

广告费：C2C企业将网站上有价值的位置出售给客户用于放置各类型广告，以此获得盈利。

搜索排名竞价：C2C网站推出了根据搜索关键字竞价的业务，让卖家为了搜索结果排名竞价。

支付环节收费：C2C支付公司通过网上在线支付业务，按成交额的一定比例收取手续费。

2．拼多多的入驻流程

（1）准备资料。不同店铺类型和主营类目对入驻资质要求不同。建议商家提前准备入驻拼多多所需资料，以便一次性通过审核。拼多多开店主体分为个人店和企业店。个人店适合个人/个体工商户入驻，需提供身份证、个体工商户营业执照等资料。企业店需根据入驻类型、店铺类型、主营类目等的不同准备不同的资料。

（2）入驻申请。选择店铺类型和主营类目，根据页面提示正确填写入驻信息、上传相关资质。店铺名称须遵守《拼多多店铺命名规则》。旗舰店命名格式为品牌名+类目（选填）+旗舰店；专卖店命名格式为品牌名+商号+专卖店（当品牌名与商号一致时，命名格式为品牌名+类目+专卖店）；专营店命名格式为商号+类目+专营店。

（3）提交审核。个人店及普通企业店铺审核时效为2个工作日，旗舰店、专卖店、专营店审核时效为3个工作日（以实际审核为准）。无论审核是否通过，平台都会通过短信通知审核结果。

（4）开店成功。可以前往商家后台开始上架商品。

1.3 网上开店的前期准备

网上开店除了要做好硬件及软件准备，还要对网店的运营环境进行分析，对网络环境进行调研，对网店自身进行评估。此外，要进行网店的规划，包括网店的定位、商品及货源选择、运营规划。

1.3.1 网店运营环境分析

1．网络市场调研分析

（1）网络市场直接调研。网络市场直接调研指的是为当前特定的目的在互联网上收集一手资料或原始信息的过程。直接调研的方法有四种：观察法、专题讨论法、在线问卷法和实验法。网上使用最多的是专题讨论法和在线问卷法。

调研过程中具体应采用哪一种方法，要根据实际调查的目的和需要而定。需注意一点，应遵循网络规范和礼仪。

专题讨论法可通过 Usenet 新闻组、网络论坛讨论组或邮件列表讨论组进行。其步骤如下。

① 确定要调查的目标市场。

② 识别目标市场中要加以调查的讨论组。

③ 确定可以讨论或准备讨论的具体话题。

④ 登录相应的讨论组，通过过滤系统发现有用的信息或创建新的话题，让大家讨论，从而获得有用的信息。

具体地说，目标市场的确定可根据 Usenet 新闻组、网络论坛讨论组或邮件列表讨论组的分层话题选择，也可向讨论组的参与者查询其他相关名录。还应注意查阅讨论组上的 FAQs（常见问题），以便确定能否根据名录来进行市场调查。

在线问卷法即请求浏览其网站的每个人参与企业的各种调查。在线问卷法可以委托专业公司进行，具体做法如下。

① 向相关的讨论组邮寄简略的问卷。

② 在自己的网站上放置简略的问卷。

③ 向讨论组发送相关信息，并把链接指向放在自己网站上的问卷。

注意在线问卷不能过于复杂、详细，否则会使被调查者产生厌烦情绪，从而影响调查问卷所收集数据的质量。可采取一定的激励措施，如提供免费礼品、抽奖送礼等。

（2）网络市场间接调研。网络市场间接调研指的是在网上收集二手资料的过程。二手资料的来源有很多，如政府出版物、公共图书馆、大学图书馆、贸易协会、市场调查公司、广告代理公司和媒体、专业团体、企业情报室等。其中许多单位和机构都已在互联网上建立了自己的网站，各种各样的信息都可通过访问其网站获得。再加上众多综合型 ICP（互联网内容提供商）、专业型 ICP，以及成千上万个搜索引擎网站，使得互联网上的二手资料的收集非常方便。

互联网上虽有海量的二手资料，但要找到自己需要的信息，首先必须熟悉搜索引擎的使用，其次要掌握专题型网络信息资源的分布。网上查找资料主要通过三种方法：利用搜索引擎；访问相关的网站，如各种专题性或综合性网站；利用相关的网上数据库。搜索引擎使用自动索引软件来发现、收集并标引网页，建立数据库，以 Web 形式为用户提供检索界面。用户可以通过关键词、词组或短语等检索项查询与提问匹配的记录，搜索引擎因此成为网上最突出的应用之一。如果知道某一专题的信息主要集中在哪些网站，可直接访问这些网站，获得所需的资料。

2．网店自身环境分析

网店的自身环境分析可以从优势、劣势、机会和威胁几个方面出发，也就是常说的"SWOT 分析"。

（1）网店的优势。

网上开店成本低，无需承担实体店的房租、装修费、水电费等固定开支。网上卖家可以直接从厂商进货，省去经销商环节，从而在价格上更具竞争力。

网店不受传统商店营业面积的限制，店铺风格多样，销售方式灵活，可以满足不同消费者的需求。网店的市场覆盖面广，其潜在的客户群涵盖全国乃至全球范围。只要有网络接入，网店就有可能被发现，所以网店拥有巨大的潜在市场。

网店没有时间限制，可以实现24小时全天候营业，只要客户登录网站，就可以挑选自己需要的商品。

网店具有良好的时效性和便捷性。其铺货流程简便快捷，能够迅速上架新品，充分体现了时效性优势；同时，网店能够快速获取并展示新的商品信息，进一步彰显了其便捷性特点。

交易方式安全可靠，对于一些商品可以先使用后付款，退货也非常方便，为买卖双方提供了便利和安全保障。

购物环境"安静舒适"，在现实生活中，颇令人反感的是销售人员从进门开始就不停地询问消费者的购买意向、介绍本店商品等，这会使很多消费者感觉不自在、有压力。而在网店购买商品，就没有这种烦扰，消费者可以随意浏览在线陈列的商品。

（2）网店的劣势。

商品展现方式不直观、不生动、不真实。由于网店只能通过图片来展示商品，而多数卖家都会对图片进行处理，这使得商品的呈现效果不如实体店的实物给人的感觉真实。

物流问题多。网店多半采用物流发货，无论是哪种方式的物流都可能出现问题，这是难以完全避免的。

客源非常不稳定，交易情况时好时坏；交易通常需要通过网络银行、支付宝等支付工具完成，对于不熟悉这些支付方式的买家而言，操作比较复杂，同时还有网络安全问题。

信誉评定机制不利于新人新店的发展。信誉评定规则的影响具有两面性，对于实体店而言，新开的店往往比老店火，但在网店中，消费者一般对新店信任不足。

（3）网店的发展机会。

① 政策环境：各级政府出台了一系列扶持性措施，包括税收优惠、就业扶持等政策措施，在规范行业运行的同时帮助网上零售业灵活健康发展，这为国内网络购物市场发展营造了一个较为宽松的政策环境。我国关于网络购物的各种地方性政策法规纷纷出台，旨在扶持地方网络零售市场的发展。目前，各地相继出台相关扶持政策，在不影响网络购物市场活力的同时，探索规范经营者的制度和手段。

② 经济环境：随着经济的持续快速发展，我国居民家庭人均年收入节节攀升，居民收入的持续增长提升了人们的潜在消费能力。与此同时，人们的实际购买力也在持续提升，居民收入和消费支出的双双增长预示着未来强劲的购买力，网络购物市场发展的基础牢固。

③ 社会环境：我国消费者信心指数企稳回升，消费者信心指数与未来人们的消费行为呈正相关关系。随着消费者的消费信心的回升，人们的实际购买力在未来一段时间将加速释放，这可能带来新的消费热潮，网络购物市场也将迎来新的发展机遇。

④ 技术环境：5G带动移动支付业务，第三方支付工具不断优化。同时，5G技术的发展带来了移动电子商务的兴起，手机成为更为便捷的交易终端，消费者通过手机可以更为便利地实现随时随地购物。

（4）网店发展面临的威胁。在面临上述机遇的同时，互联网的商务运用还存在一些威胁。通过对网络购物满意度的研究发现，物流、售后仍然是制约消费者满意度的最大因素。同时，对网络环境的不信任也是一部分消费者不愿意涉足网购的重要原因。

伴随着网络接入逐步优化，网络诚信和安全成为制约网民使用商务类应用的关键因素之一。目前，我国网民对在网上开展商务活动的信任度较低，消费者在网络交易中的安全感较低。

网站良好的功能设计和配套措施是网络购物顺畅进行的基本保障。网站品牌可靠性、商品种类丰富度、电子支付安全性、送货速度、送货质量、售后服务均为购物网站的核心要素，这些方面任何一点做得不好，都可能会造成买家流失。此外，网站设计美观程度、搜索便捷度、商家信用评价功能、网站安全问题、登录速度和客户服务解决效率等网站附加因素也会对买家购物产生影响。

信誉度问题是网络购物中最突出的问题，造成信誉度问题的一个重要原因就是信息不对称。它有两方面的含义：一方面是商家不发布虚假商品、销售信息，即商家的信誉度；另一方面是买家提交订单后不无故取消，即买家的忠诚度。

传统购物一般是在选好商品直接付款后就可以拿走，而网络购物则需要一个订货后的等待过程。在目前的商品配送上，就同城配送而言，最快的一般需要 1 小时，最长的则需要 2 天时间。如果买家需要的东西很急，网络购物一般就不适合。另外，送货时货物丢失或损坏、快递人员态度不好、运费过高等也是网络购物者投诉较多的问题，物流的管理需要进一步加强。

1.3.2　网店的规划

1. 网店的定位

网店定位主要考虑五大方面：顾客定位、商品定位、服务定位、价格定位、商域定位。

（1）顾客定位。顾客定位是关键。网店的主要目标顾客有两类：一是"网虫一族"，这类人因上网时间长，较易成为网店的潜在顾客。志趣上他们多追逐时尚，职业上他们多从事计算机行业，或者是计算机爱好者，文化程度多以知识青年居多，如在校大学生和城市中学生。这些人目前是网民的主体。二是"忙人一族"，这类人忙得没时间逛商场，更倾向于选择网上购物。他们包括各级经理人、实业投资人、三资企业（中外合资企业、中外合作企业、外商独资企业）的上班族等。由于传统实体店开门营业的时间也正是他们最忙的时候，而网店没有时间和地点限制的特点为他们购物提供了可能和便利。

（2）商品定位。零售业态的商品定位既要考虑其目标顾客的需求，又要考虑经营者的经营特征，更要考虑与各种业态相比的比较优势。网店是一种新型业态，经营范围有别于百货商店和超市，具有自己的特殊性和优势，如可销售标准化的大件必需品。网店的商品不具备直观性，只有画面视觉形象，无法听到商品发出的声音或触摸商品。标准化的生活必需商品市场已成熟，品牌已形成，商品品质、厂商信誉都有保证，适合网店经营。

（3）服务定位。想要获得顾客的认可，服务至关重要。如有些无暇到传统实体店购物的顾客习惯购买名牌化、标准化的大件必需品，这种商品多是质量好、信誉好的名牌商品。对这种顾客来说，所购商品不是最重要的，最重要的是服务好。其服务定位应是及时沟通，适时服务。及时沟通是指与顾客要及时沟通信息，因为这一群体的顾客比较忙，及时沟通双方情况可以避免浪费顾客的宝贵时间。适时服务就是要按顾客所需要的时间服务。

（4）价格定位。所谓价格定位，就是经营者把产品、服务的价格定在一个水平上，这个水平是与竞争者相比较而言的。价格定位一般有三种情况：一是高价定位，即把不低于竞争者产品质量水平的产品价格定在竞争者产品价格之上。这种定位通常依赖于良好的品牌优势、质量优势和售后服务优势。二是低价定位，即把产品价格定得远远低于竞争者的价格。采用这种定位的产品，其质量和售后服务并非都不如竞争者，有的可能比竞争者更好。之所以采用低价，是由于该企业要么具有绝对的低成本优势，要么是企业形象好且产品销量大，要么是出于抑制竞争对手、树立品牌形象等战略考虑。三是市场平均价格定位，即把价格定在市场同类产品的平均水平。产品的价格定位并不是一成不变的，在不同的营销环境下，在产品生命周期的不同阶段，在网店发展的不同历史阶段，价格定位可以灵活变化。价格定高了，没有竞争优势；价格定低了，面临亏损的风险。定价的标准是让顾客感到物有所值，最好是物超所值。因此，定价要考虑顾客的感受，这不是简单的市场平衡的结果，更不是主观的固定加价率所决定的，尤其是针对以精神文化情感消费为主的网民群体。

（5）商域定位。传统的实体店有商圈之说，指的是以店面为核心向四周辐射所形成的一定半径范围的区域，商品主要面对商圈里的顾客。网店没有空间限制，所以说商圈不准确，但网店也有区域的限制，因此应有商域定位。网店的商域应是其物流配送能力所能达到的区域，网店的物流配送能力决定着网店的商域。商品在网上卖出去了，但物流配送能力达不到或运输成本太高，都不能实现商品的交割。所以科学的网络运输配送系统是网店生存的实体基础，没有它，网店只是"海市蜃楼"。从这个意义上来讲，网店就是传统的物流配送系统和传统的实体连锁店采用电子网络工具整合后的一种新型零售业态。

2. 商品及货源选择

网店的货源分为自身货源、厂家货源、批发市场货源和品牌代理几种。自身货源指的是不需要通过外界，而是凭自己的手艺、创作甚至创意提供产品，如手工编织品、自行设计的衣服等。厂家货源指的是直接从工厂进货，优点是货源充足、价格低；缺点是需要较大的订单，容易压货，换货麻烦且服务滞后。从批发市场进货需要注意新的货品可以少量进货，根据销售情况二次进货，并且要找到货源稳定的批发商，建立长期稳定的合作关系。品牌代理的优点是货品的品牌价值高，店铺的专业形象好；缺点是途径较少，比较难获得。

货品的选择要从价格、数量、质量和市场需求几个方面出发。要根据店铺商品价格定位来选择商品，将价格分为高、中、低三个档次。数量方面要注意，开店初期进货应该保证款式多、数量少。款式多可以让店铺看起来货品丰富，顾客有挑选的余地和兴趣，而相同的款式进货数量不宜太多，避免压货。商品质量的把控是网店的生命线，把好商品的质量关，选择质量有保证的商品，便于店铺生意的顺利展开。市场需求方面是指通过积累丰富的经验，把握市场的流行趋势，选择最合适的商品。

3. 运营规划

网店的运营规划包括对店铺基本状况的分析、不足点对店铺的影响及改善方案、推广运营的基本思路、店铺的季度计划以及店铺投入与销售额规划等。店铺的优势与劣势可以从产品、货源、销售和客户积累量等方面来分析。例如，产品优势是对款式、材质把控严格；货源优势是产品供应链不会断，有工厂和稳定的货源；销售优势是有线下实体销售经验，对产品适合人群比较了解。网店应该通过对不足点进行分析，找到改善方案。例如，网店的不足点是积累的客户量较少、店铺基础设置需要优化且品牌知名度较低，那么就应该提升店铺的服务和管理方式，维护老客户，减少老客户流失，吸引新客户；通过店铺的优化和视觉设计来提升店铺的视觉效果；从品质、服务、营销多角度进行品牌宣传，提升品牌知名度。推广运营的基本思路关乎能否做好店铺，要从培养用户对产品和品牌的钟爱、提高团队体系工作效率、发货高效快速、注重用户体验、做好店铺售后工作、关心买家购物反馈等方面着手。店铺的运营及推广要关注完善店铺基础设施、健全店铺营销方案、优化产品架构与市场情况分析、多维度推广、提升知名度等方面。

课后习题

一、单项选择题

1．以下哪项不属于网店与传统商业模式的区别？（　　　）

A．投入　　　　　　　B．经营方式　　　　　　C．收入　　　　　　D．利润空间

2．以下哪项不属于网上开店的主要方式？（　　　）

A．在专业的大型网站上注册会员，开设个人的网店

B．自立门户型的网上开店

C．既在大型网站上开设网店，又有独立的商品销售网站

D．线上线下销售相结合

3．开设网店需要的硬件条件中不包括（　　　）。

A．电脑和便捷的网络　　　　　　　　B．独立的工作室地址

C．方便客户联系的移动电话　　　　　　D．熟练的网上操作技能

4．以下哪项不属于在淘宝网上开店应遵循的规则？（　　　）

A．信息发布遵循《淘宝平台违禁信息管理规则》

B．价格及质量等遵循《淘宝平台价格管理规则》《淘宝网商品品牌管理规范》《淘宝网商品品质抽检规范》

C．交易遵循《淘宝交易规则》

D．评价遵循《淘宝网评价规范》

5．以下哪项不属于天猫商城的主要店铺分类？（　　　）

A．天猫旗舰店　　　B．天猫专卖店　　　C．天猫专营店　　　D．天猫专门店

6．以下哪项不属于网络市场直接调研的方法？（　　　）

A．观察法　　　　　B．抽样法　　　　　C．专题讨论法　　　　D．在线问卷法

二、简答题

1．可以从哪几个角度对网店的自身环境进行分析？

2．淘宝卖家小黄想要开一家网店，但是在对店铺进行规划时遇到了难题。假如你是小黄，想要在淘宝网上售卖女性服饰，请从顾客定位、商品定位、服务定位和价格定位几个方面对网店进行规划。

实训练习

实训目标：

1．掌握在特定网站平台上开设网店的方法和操作。

2．能够对网店进行定位分析，制定一套网店规划方案。

实训内容：

1．了解在淘宝网、天猫商城、京东和拼多多这几大主要电商平台上开设网店的主要流程和操作。

2．使用网络市场直接调研和间接调研来对将要开设的网店进行运营环境分析，从而得出网店的基本定位。

实训评价：

1．将全班学生划分为多个小组，每组 2～3 人，选择不同的电商平台开设网店，需回答以下问题。

（1）为何选择该平台？

（2）该网店的基本定位是什么？

（3）后期进货等事宜该如何安排？

2．评价与总结：各项目团队提交网店运营报告。

课后拓展

网店运营工具"直通车"

一、直通车的概述

直通车推广原理是根据商品设置的关键词进行排名展示，按点击收费；直通车的作用是能给店铺中的商品及整个店铺带来流量，提高商品和店铺的曝光率。

1．什么商品适合做直通车

适合做直通车的商品 {
图片背景清晰，商品突出
商品价格有竞争力
有售出的记录
商品详情内容丰富
多选择不同类目商品
}

2．直通车的展示位

搜索推广展示位 {
关键词搜索
类目搜索
热卖搜索
}

定向推广展示位 {
每日焦点
"我的淘宝"中"已买到的宝贝"
收藏夹
}

二、直通车推广计划

1. 标准推广和智能推广

直通车标准推广是最普通的一种推广方式，需要商家自己去对某些商品进行一些相关的设置。而智能推广是直通车为商家提供的智能化推广功能，商家只需要进行简单的设置，选好商品、设置直通车日限额和出价上限，即可进行直通车推广。

2. 活动推广

（1）选择一款价格适中、图片靓丽、符合当季时尚潮流的商品报名活动。

（2）热卖单品对商品的销量有所需求，建议选择一款店铺内相对较为热卖的商品报名活动。

（3）必须遵守活动规则。

3. 店铺推广

店铺推广是淘宝直通车推出的一种新的通用推广方式，满足卖家同时推广多个同类型商品，传递店铺独特品牌形象的需求，特别适合向购买意向较模糊的买家推荐店铺中的多个匹配商品。它能有效地补充单品推广，为客户提供更广泛的推广空间。

三、直通车账户优化

1. 推广计划优化

从优化的角度来说，可以针对店铺的主推商品、测试商品、活动商品分别设置不同的推广计划，以便更有效地管理计划，节省推广费用。目前直通车可以自定义 4 个推广计划和 1 个活动专区计划。

推广计划优化技巧如下。

（1）爆款计划，想打造爆款的商品对于热门词的出价、时间和排位会重点跟踪，可以单列计划，在打造爆款期间会对关键词频繁调整，同时投放时间也会和其他商品有所区别，可能会 24 小时全时段投放，因此单列计划会比较方便管理各项内容。

（2）地域计划，根据量子统计和数据魔方对本店和行业地域流量和地域成交数据的汇总，了解自己店铺商品主要流量来自的省份和城市，根据地域流量的特点制订地域计划。

2. 推广地域优化

从数据魔方和量子统计的数据报表中可以分析出自己店铺的地区流量结构，根据流量来源的不同，选择相应的重点推广地区。直通车报表中的地域报表也可以用来分析直通车推广的地区流量，从中可查看展现量、点击量、点击率和花费等数据，进而可以分析自己店铺的流量情况。

3. 投放时间优化

在设置投放时间时要学会善用直通车推荐的行业模板功能。行业模板汇总了淘宝各类目的流量集中时段，不同的类目提供不同的设置，结合卖家自身店铺的情况，如根据客服人员在线时间、出售商品的特性等对行业模板进行优化，使之更有利于店铺的推广。

直通车还提供完全由卖家自定义的模板，该模板完全由卖家自己设置时间比例。卖家可以结合数据魔方的时段数据，找出最佳的投放时段。从报表中可以看到许多类目在凌晨和清晨并不是没有访问量，只是访问量有所下降，这个时候可以结合卖家所出售商品的特色，相对应地进行推广投放。

4. 投放平台优化

当淘宝站内的推广流量接近饱和，或者根据卖家的需求需要更多的流量时，就可以选择在淘宝站外投放。站外投放会面临其他卖家的竞争，所以和站内投放的价格要有所不同。根据投放网站不同，来设置投放价格的百分比。

5. 选款优化

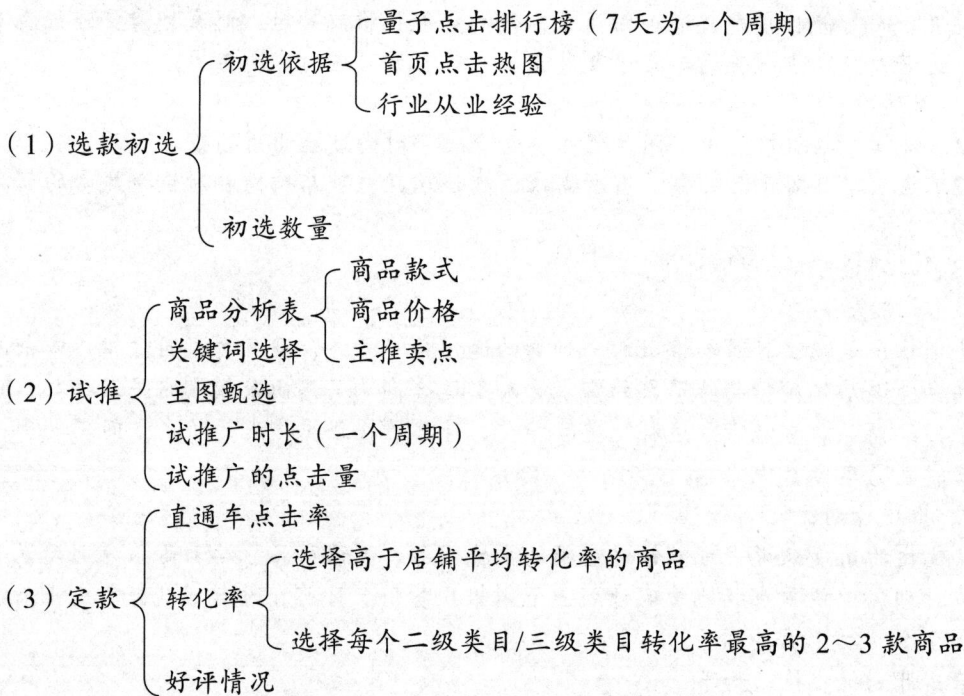

- （1）选款初选
  - 初选依据
    - 量子点击排行榜（7天为一个周期）
    - 首页点击热图
    - 行业从业经验
  - 初选数量
- （2）试推
  - 商品分析表
    - 商品款式
    - 商品价格
    - 主推卖点
  - 关键词选择
  - 主图甄选
  - 试推广时长（一个周期）
  - 试推广的点击量
- （3）定款
  - 直通车点击率
  - 转化率
    - 选择高于店铺平均转化率的商品
    - 选择每个二级类目/三级类目转化率最高的2～3款商品
  - 好评情况

6. 点击率优化

$$点击率=（点击量/展现量）×100\%$$

统计直通车点击率的意义在于提升直通车点击率。通过提升点击率，相应的点击量会增加，同时展现量也会增加，这是一个成正比的公式。点击量是店铺有转化的前提。同时直通车点击率也可以作为选款的依据、提升质量得分和提供优化商品信息的途径。

通过直通车优化点击率要注意的因素如下。

（1）商品款式——一个商品适不适合通过直通车进行推广，可以通过以商品款式测试点击率的办法来判断。

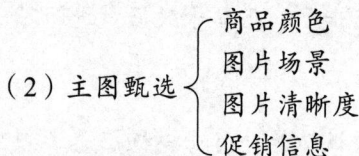

- （2）主图甄选
  - 商品颜色
  - 图片场景
  - 图片清晰度
  - 促销信息

（3）推广标题——限20个汉字，在这20个汉字中要把商品的核心关键词、促销信息、情感传递等表达出来，最大限度地吸引买家去点击商品。

（4）30天销量——最近30天的销售数量代表着商品的热卖程度，在淘宝的购买习惯体系中，热卖程度是一个很重要的指标，销量越多代表着买家越认同，跟随购买也会越多，所以在推广时，销量越高的商品点击率会越高。

（5）排名位置——实际运用中要根据推广同页中竞争对手的情况来调整位置，找到竞争对手的弱点，突出自己商品的特点，通过这样的思路来找到最适合的排名位置。

第 2 章
网店的开通

📖 【思政案例导入】

王女士网购了一套定制款欧式风格双人床家具，销售页面上显示这套双人床家具是"欧洲进口""实木材质"，价格为 6880 元。王女士收货后发现这套家具材质不对，经过鉴定后发现，这套家具材质只有少部分是实木，大部分都是人造板，且这套双人床家具生产于广东省佛山市，并非商家所宣传的"欧洲进口"。

法院经审理后认为，商家的行为构成欺诈，判决解除合同，商家退还货款并承担王女士退货产生的费用。此外，还需向王女士赔偿双人床购买价格的 3 倍，即 20640 元赔偿金。

【案例思考】

1. 该案例说明淘宝网市场行为规则在网店运营过程中发挥了怎样的重要作用？

2. 该案例中商家的行为违反了《中华人民共和国电子商务法》（以下简称《电子商务法》）中的哪一条？

【案例分析】

诚信经营是如今社会各行各业提升竞争力的重要手段，也是企业能够长久发展的灵魂所在。没有诚信，企业就如同失去翅膀的雄鹰，不能在广阔的天空中翱翔。网店若想长期发展，必须稳定住客源，而诚信则是网店客源的保障，也是店铺口碑的试金石。网店店主一定要坚守诚信，遵守网站的规章制度。

知识目标 →

1. 了解网店申请的基本流程。

2. 掌握开设网店需要遵守的相关平台规则。

3. 掌握《电子商务法》中的相关规定。

技能目标 →

1. 能够在淘宝网上完成开设网店的基本流程。

2. 能够对网店进行日常管理。

2.1 网店的申请与设置

淘宝网是亚太地区较大的网络零售商圈，由阿里巴巴集团在 2003 年 5 月创立。淘宝网是深受欢迎的网购零售平台，注册用户数近 5 亿人，每天有超过 6000 万名固定访客，同时每天的在线商品数已经超过了 8 亿件，平均每分钟售出 4.8 万件商品。随着规模的扩大和用户数量的增加，淘宝网也从单一的 C2C 网络集市变成了包括 C2C、团购、分销、拍卖等多种电子商务模式在内的综合性零售商圈，目前已经成为世界性的电子商务交易平台之一。本节以淘宝网为例，讲述如何在淘宝网上申请与设置网店。

2.1.1 淘宝店铺的申请流程

1. 注册电子邮箱

在注册淘宝会员的时候需要电子邮箱，淘宝会发一封邮件进行验证。建议开店前专门开通一个淘宝店铺专用邮箱。

2. 注册淘宝会员

如果是淘宝网的新用户，首先要进行会员注册（如果作为买方已注册淘宝会员，作为卖方可以与买方用同一个会员账号）。在淘宝网首页单击"免费注册"按钮，然后阅读注册协议并单击"同意"按钮。接着进行手机号码验证，填写相关个人资料，单击"注册"或"同意并注册"按钮，账号就注册成功了。图 2-1、图 2-2 为淘宝网企业账号及用户账号注册页面。

淘宝
Taobao 企业注册

* 账号名:	请设置账号名
* 邮箱:	请将电子邮件地址设置为登录名。
* 手机号码:	中国大陆　+86 ∨
* 登录密码:	请设置登录密码

☐ 已阅读并同意以下协议淘宝平台服务协议、隐私权政策、法律声明、支付宝及客户端服务协议、支付宝隐私权政策

☐ 同步创建支付宝账号

注册

图 2-1　淘宝网企业账号注册页面

图 2-2　淘宝网用户账号注册页面

3．填写店铺信息

登录淘宝网，进入千牛卖家中心，单击"开店入驻"选项或直接单击淘宝网首页的"免费开店"选项。以个人身份开店为例，首先填写店铺信息，起一个容易记忆的店铺名，并确认开店账号与协议信息，如图 2-3 所示。

图 2-3　填写店铺信息

4. 支付宝认证与填写主体信息

如果经营者支付宝已经完成实名认证且与淘宝账号绑定，那么"支付宝认证"环节将被跳过，直接进入"填写主体信息"环节，按要求上传经营者身份证件照片并按照页面提示完成主体信息填写，如图 2-4 所示。如果未完成支付宝实名认证，需要先进行认证。

图 2-4　填写主体信息

5. 实人扫脸

开店主体本人进行人脸识别验证，如图 2-5 所示。

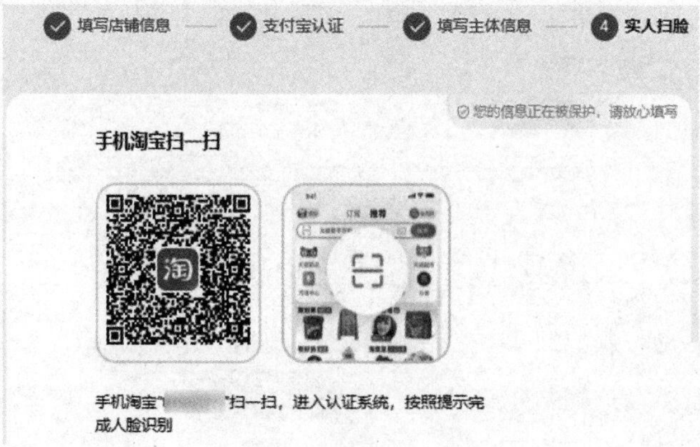

图 2-5　实人扫脸

2.1.2　店铺的基本设置

店铺基本设置内容主要包括店铺名称、店铺标志和联系地址。

（1）登录淘宝网，进入千牛卖家中心，单击"店铺—店铺信息"选项，之后在右侧基本信息模块单击"修改信息"按钮，如图 2-6 所示。

图 2-6　店铺信息界面

（2）依次填写店铺名称，上传店铺标志，填写联系地址，信息填写完毕后单击"保存"按钮，设置内容成功。图 2-7 为填写店铺基本信息页面。

图 2-7　填写店铺基本信息

2.2 商品发布

2.2.1 商品发布的流程

（1）登录淘宝网，进入千牛卖家中心，单击"商品—发布宝贝"选项，进入商品发布页面，如图 2-8 所示。

*1. 上传商品主图 上传高清正面商品主图，可快速智能识别及填充商品信息，帮您智能选择发布类目，上传清晰商品正面图，自动生成白底图

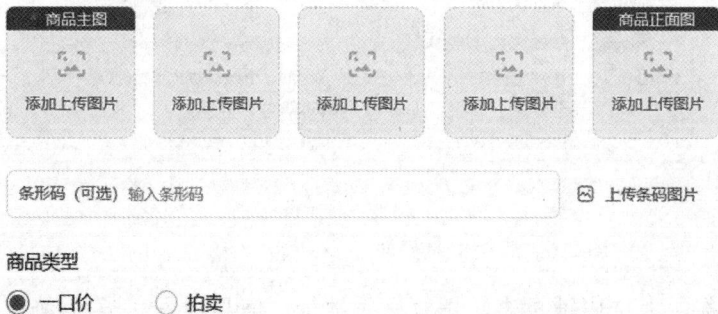

商品主图　　　　　　　　　　　　　　　　　　　　　　　　　　商品正面图

添加上传图片　　添加上传图片　　添加上传图片　　添加上传图片　　添加上传图片

条形码 (可选) 输入条形码　　　　　　　　　　　　　　　　　　上传条码图片

商品类型

◉ 一口价　　　○ 拍卖

*2. 确认商品类目 请确认或修改商品类目

类目搜索: 可输入产品名称　　　　　　　　　　　　　　　　Q 搜索

图 2-8　商品发布页面

（2）上传商品主图，按照页面提示上传。

（3）选择类目。进入商品发布页面后，上传商品图片或者条形码，系统会通过信息识别智能推荐商品类目。若推荐的类目不对，也可通过类目搜索、发布历史等方式自行调整。

（4）描述商品信息。完成图片上传和类目选择后，单击"下一步"按钮即可进入商品编辑页完善商品信息，如图 2-9 所示。按照页面要求填写"宝贝类型""宝贝标题"等信息，页面标*号的均为必填项。填写完要求的商品信息后单击"提交宝贝信息"按钮，完成商品发布。

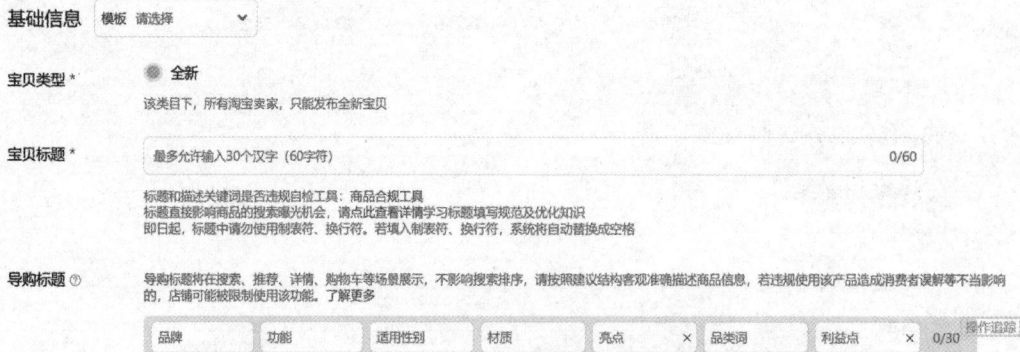

基础信息　模板 请选择　∨

宝贝类型 *　◉ 全新
该类目下，所有淘宝卖家，只能发布全新宝贝

宝贝标题 *　最多允许输入30个汉字 (60字符)　　　　　　　　　　0/60
标题和描述关键词是否违规自检工具: 商品合规工具
标题直接影响商品的搜索曝光机会，请点击查看详情学习标题填写规范及优化知识
即日起，标题中请勿使用制表符、换行符，若填入制表符、换行符，系统将自动替换成空格

导购标题 ⑦　导购标题将在搜索、推荐、详情、购物车等场景展示，不影响搜索排序，请按照建议结构客观准确描述商品信息，若违规使用该产品造成消费者误解等不当影响的，店铺可能被限制使用该功能。了解更多
品牌　功能　适用性别　材质　亮点　× 品类词　利益点　× 0/30　操作追踪

图 2-9　商品编辑页

2.2.2　商品发布的关键要素

1．商品标题

买家在网上购买商品，通常都是通过搜索关键词来寻找商品的，所以对商品和店铺来说，商品的标题与自然搜索流量密切相关。要想提升商品被搜索到的概率，卖家必须做好商品标题的设置与优化。

商品标题要符合买家的搜索习惯，同时为了增加标题被搜索到的概率，标题中要尽可能地包含与商品相关的热搜词。淘宝商品标题的字数不能超过 30 字。一般来说，商品标题主要由核心关键词、属性关键词和热搜词三个部分组成，如表 2-1 所示。

表 2-1　商品标题的组成

标题组成部分	含　义	作　用	示　例
核心关键词	商品名称，也就是能说明商品是什么的词	让买家通过标题知道商品是什么，是不是自己需要的东西	卫衣、衬衣、拉杆箱等
属性关键词	介绍商品属性的词	说明商品的颜色、材质、风格等	韩版单肩斜挎、宝蓝复古风等
热搜词	与商品相关的、搜索量高的词	对标题进行优化，增加商品被搜索到的概率，刺激买家购买	新款特价、包邮、限时打折等

在商品标题中，核心关键词是必须有的，它可以是商品词、类目词。核心关键词的描述要与商品相符，例如，如果商品是卫衣，则标题中的核心关键词就必须是"卫衣"，不能是"秋衣""衬衣"等与商品不符的词。属性关键词和热搜词是对核心关键词的修饰，是提高商品被搜索到的概率和商品点击率的重要因素。在选择属性关键词和热搜词时，卖家要选择买家常用且与商品相关的词语。

2．商品主图

（1）主图选择的基本原则。

① 首图图片高质量、商品主体清晰是最基本的要求。

② 五张主图的逻辑思维、顺序搭配也越来越重要。在设计主图的时候，卖家应重点关注无线端的展示效果，主图设计应该向详情页思维转变，不仅要包含实拍图，还要有价值点介绍、放心承诺、促销信息等内容。

③ 在设计主图时就应考虑无线端显示特性，如无放大镜功能，还要考虑字体大小等。

（2）主图选择的注意事项。

① 主图要突出商品的卖点和亮点，并根据情况选择合适的营销文案，特别是第一张主图，其设计直接影响点击率。如果第一张主图设计不佳，商品点击率就会大打折扣。很多卖家就是在第一张主图设计上精心提炼卖点、亮点和优惠点，给买家造成视觉冲击。

② 商品主体一定要清晰显眼，占图比例高，主次分明。有些卖家过分注意商品周围的摆件或者配色，而忽略了商品本身。不管怎么样，商品一定要清晰显眼，不要让摆件喧宾夺主。

③ 要注重五张主图的整体组合逻辑。五张主图之间的联系一定要紧密，各有各的重

点，同时又围绕一个主题。

④ 主图背景、风格与商品相契合，尽量符合商品主要消费人群的需求和审美。不同的商品对应不同的消费人群，有些买家只注重商品清晰度，而有些买家则更注重风格，所以要抓住商品对应的消费人群的需求和审美。确保主图的背景、风格与商品协调一致，避免给人违和感。

⑤ 视觉效果差异化更容易吸引消费人群点击。即使做不到"万绿丛中一点红"，也要避免跟同行的同款主图过于相似。

⑥ 其他注意事项：主图大小会影响加载速度和展现机会，尽量不要超过 500KB；淘宝的第五张图和天猫的第二张图最好用白底图，能增加手机淘宝（简称"手淘"）首页的展现机会；现在淘宝上的主图大多千篇一律，所以做好主图对商品和卖家至关重要。但是，想要获得更多流量，仅靠主图是不行的，还需要商品有足够的展现机会。

3. 商品描述

对于电商卖家而言，商品详情页的商品描述至关重要。好的商品描述不仅能让客户更加深入地了解商品，还能打消客户心里的顾虑，建立客户对店铺的信任，进而激发客户的购物欲望，让客户更快速、坚定地下单购买。商品描述的好坏影响网店的客户转化率。如果商品描述不佳，客户跳失率高，停留时间短，卖家因此会错失大量订单。商品描述中除了展示商品的详细信息，还需要展示商品的促销信息。商品描述同时也会影响网店和品牌的形象，好的商品描述可以帮助网店客服人员减少咨询工作。

商品描述设计需要分析客户的购物心理，卖家要通过对自身商品卖点的提炼，根据风格定位，准备相关设计素材，并精心设计好文案，确定用色、字体、排版、文案、构图，同时还要营造符合商品特性的氛围，从而打造完美的详情页。详情页的商品图一定要清晰，卖点一定要重点突出，不要添加过多的信息，建议将相关内容添加到详情页中部。详情页的前三屏至关重要，甚至决定了商品能否卖出去。

新手卖家如果不知道如何设计详情页，可以参考优质卖家的详情页。按页面模块顺序，详情页设计的基础框架思路如下。

（1）开头的大图是前三屏的重点区域，也是客户视觉的焦点。这里应该采用一些能够展示品牌调性及商品特色的图，以吸引客户的眼球。

（2）商品卖点体现区域应呈现更多关于商品卖点的信息。

（3）选取实物与商品进行对比，可以让客户对商品的实际尺寸有所认知，形成合理的心理预期。

（4）模特展示图或买家秀可以拉近商品与客户的距离，增强客户代入感。

（5）商品细节展示区域的图片要清晰且富有质感，建议搭配相关文案介绍。

（6）如果是有厂家的网店，可以放一些车间的生产图片，还可以放网店取得的资质证书，以彰显品牌实力。

（7）页面最下面区域解决客户已知和未知的各种问题，内容越详尽越好，这样可以减轻客服人员的压力。

【拓展知识】

文案创作小技巧

1．敏感词

每个人都会对一些词语比较敏感，比如与自己的名字、家乡、行业有关的词语等，所以在文案中多用这些词，能吸引目标客户的注意。

2．塑造价值

文案中的所有描述都是为了提升商品价值，让客户感觉值得购买。

3．行动指令

例如，从 2019 年开始火的行动指令"买它"两个字，据相关统计，能够使销售额提升约 30%。

2.3　网店的日常管理

2.3.1　商品分类管理

网店的商品分类管理能够帮助买家更快速地找到自己所需的商品，从而提高店铺的销售额。商品分类的操作步骤如下。

（1）登录淘宝网，进入千牛卖家中心，依次单击"店铺—手机店铺装修—宝贝分类"选项，如图 2-10 所示。旧"宝贝分类页面"适用于无线端分类和 PC 端分类，新"宝贝分类页面"适用于无线端分类。单击右侧"设置分类"按钮，进入"宝贝分类管理"页面，如图 2-11 所示。

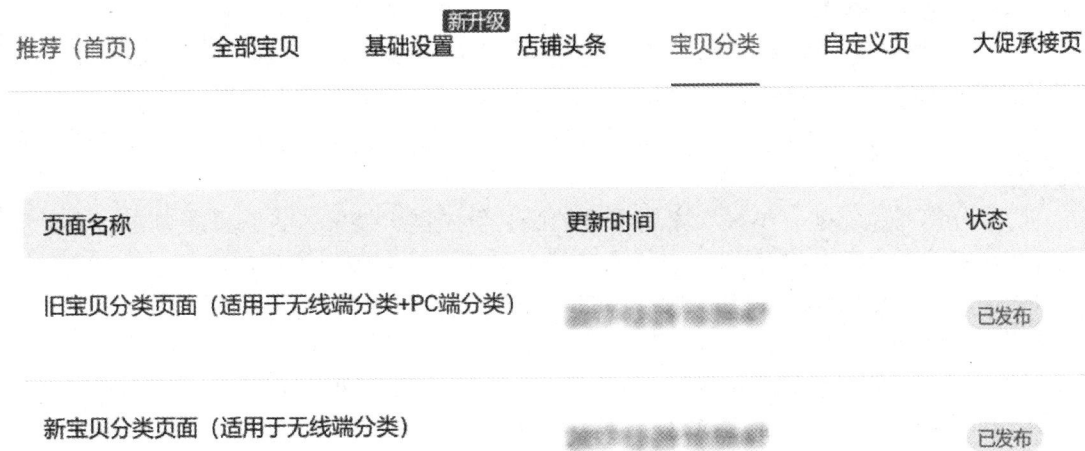

| 推荐（首页） | 全部宝贝 | 基础设置 | 店铺头条 | 宝贝分类 | 自定义页 | 大促承接页 |

页面名称	更新时间	状态
旧宝贝分类页面（适用于无线端分类+PC端分类）		已发布
新宝贝分类页面（适用于无线端分类）		已发布

图 2-10　"宝贝分类管理"入口

（2）单击"添加手工分类"按钮，在"分类名称"文本框中输入分类名称，也可以在其下方添加其子分类。为了美观，也可以提前做好分类图片在此添加。将"默认展开"按钮打开，分类的子分类会在店铺分类显示的时候自动展开。

当所有分类都设置好以后，单击上方"保存更改"按钮即可。

图 2-11 "宝贝分类管理"页面

2.3.2 商品交易管理

1. 商品上下架

（1）自营商品上架。

① 登录淘宝网，进入千牛卖家中心，单击左侧功能列表中的"宝贝管理"选项，选择"发布宝贝"。

② 根据商品的属性依次从大到小选择对应的栏目分类。若为品牌商品，则按照品牌选择；若为非品牌商品或者不知道具体品牌分类，可以先搜索其他有同款商品卖家的分类作为参考。选好类目之后单击下面的"我已阅读以下规则，现在发布宝贝"按钮，进入下一步。

③ 进入填写商品基本信息页面，按照商品信息分别填入选项框，包括商品基本信息、展示图集、商品描述等一系列内容。填写完后，预览并确认所填写的信息准确无误，再单击"确定"按钮进行商品的发布；也可以选择将商品暂时入库，待其他时间再上架。

（2）分销商品上架。如果卖家属于分销商且供应商直接发货，只需要单击"宝贝管理"选项中的"仓库中的宝贝"，进入在库商品列表。针对需要上架的商品，单击"编辑宝贝"按钮，进入前面步骤③的商品基本信息页面进行一些修改，修改完成后即可上架。如果无须任何修改，那么在库商品列表中单击"上架"按钮即可。

（3）商品下架。针对需要进行下架的单品，在店铺后台单击打开"出售中的宝贝"列表，在对应的商品名前面的方框打钩，再单击"立即下架"按钮完成下架操作；或者单击进入在售商品列表的基本信息页底部，选择"开始时间"并单击"放入仓库"，也可以下架商品。如需进行批量下架商品，勾选需下架的全部商品，单击"批量下架"按钮（注意：目前单次只支持批量下架 20 个商品），如图 2-12 所示。

刚下架的商品在店铺中仍然会显示一段时间，但单击进入会提示"商品已下架"，此为系统延迟所致，等待一段时间后刷新页面即可恢复正常。下架后的商品会显示在"仓库中"。

搜索　设置排序　☆清除条件　展开 ⌄

发布商品　主图管理　**批量下架**　批量删除　更多批量操作 ⌄　已选 1　　　　　　　共1件商品　‹ 1/1 ›

⚠ 您有 **1** 在售商品存在缺货超30天SKU。缺货SKU会在详情展示中被折叠/后置，同时可能影响搜索流量，请尽快补货；若已删除或下架，请忽略。 查看缺货商品

☑	商品名称	价格 ↕	库存 ↕	累计销量 ↕	30日销量 ↕	质量分 ⓘ	创建时间 ↕	发布时间 ↕	操作 ⓘ
☑	包邮贴心内衣女士纯棉薄款不加绒内衣套装秋衣秋裤套装长袖打底 🖼 ID:578337105166 🖼 编码:2664	¥78.00	6 ⚠部分SKU缺货超90天	8	0	🌀100分 获得流量加持 出售中	2018-09-28 16:14	2024-09-26 11:09	编辑商品 创建渠道商品 更多 ⌄

图 2-12　商品批量下架

📖 **【拓展知识】**

商品上架的黄金时间

淘宝的流量黄金时间：11:00—16:00 和 19:00—23:00。周一到周五 10:00—12:00 流量会多一些；周六、周日 14:00—17:00 相对少些。

2. 商品信息修改

（1）登录淘宝网，进入千牛卖家中心，单击"商品—出售中的宝贝"选项，可以在商品列表中按照"发布时间"和"销售总量"筛选商品。

（2）找到对应商品后，单击小铅笔图标，在标题当前页修改标题。

（3）商品库存数量的修改同样通过单击小铅笔图标完成。

（4）单击"复制链接"按钮，可以复制商品链接。

（5）商品列表右侧有"回到顶部"按钮，单击后可回到当前页顶部。

（6）进入商品页面，单击右上角的"编辑宝贝"按钮，对商品详情、商品属性等信息进行修改。

（7）若需要修改商品信息，可进入"商品—仓库中的宝贝"页面，找到对应商品，单击"编辑宝贝"按钮进行操作。

注意：

（1）如果商品已经被买家拍下，系统会记录商品快照，之后对该商品信息的修改不会影响该笔交易信息。

（2）刚修改的商品信息经过一个滞后期才能显示更新，如遇修改的商品信息在搜索或店铺页面中未显示更新，但单击进去显示的是更新后的情况，建议耐心等待。

（3）仓库中的"历史宝贝记录"无法修改及删除。

（4）修改商品信息时，如在一口价下选择了商品的相应属性，需填写对应的价格及数量，数量之和必须等于商品数量。

3. 订单管理

买家付款后，卖家需要针对订单进行发货、售后等操作。发货步骤如下。

首先登录淘宝网，进入千牛卖家中心，单击"交易—订单管理—已卖出的宝贝"选项，找到对应的订单以后，单击"发货"按钮，发货前请选择正确的发货地址与退货地址，然后选择发货方式。在线下单适用于商家自己没有渠道获取快递单号的情况，选择推荐物流并单击"选择"按钮，即可在网上下单，随后等物流公司上门取货，在网上下单后物流取货前也可取消物流订单（部分物流公司可能不支持取消）。自己联系物流适用于已有快递单号的情况，在"添加物流单号"文本框中输入单号即可。无须物流适用于虚拟类型的商品。同城配送适用于同城非快递运输的情况。商家配送适用于商家自己配送/买家上门自提的情况。

4. 评价管理

自 2021 年 7 月以来，淘宝平台对评价管理（评价中心）页面进行版本升级（若已升级到新版本，则无法支持恢复至原来版本）。新版本新增了关键词搜索、批量回复、快捷模板等功能。新版评价管理包含数据概览、评价管理、问大家、买家秀四大功能模块。

淘宝卖家可登录淘宝网，进入千牛卖家中心，单击"交易—订单管理—评价管理"，进入评价管理页面。

（1）数据概览。展示待处理的任务、信用分、店铺动态评分（DSR）三个部分，如图 2-13 所示。

图 2-13　数据概览页面

① 待处理的任务。展示处理期内的累计待处理数量和今日新增的待处理数量，包含待回复差评、待回复中评、异常评价、待卖家评价、待买家评价五个常用快捷功能，单击蓝色字"去处理"可跳转到操作页面。

② 信用分。包含信用分累计数据、信用等级标识、信用分拆解。卖家可选择查看 7

天、30 天、近 180 天的好评、中评、差评的占比，单击蓝色字"挽回中评评价""挽回差评评价"可跳转到操作页面，便于卖家进行回复、投诉、复制改评链接等操作。

③ 店铺动态评分（DSR）。包含店铺半年内 DSR 分数统计情况，同时卖家可选择查看 7 天、30 天以及自行设置时间段（近 180 天）的描述相符、服务态度、物流服务三项指标的评分情况。

（2）评价管理。包含来自买家的评价、待卖家评价、待买家评价、给买家的评价四个功能区块。

① 来自买家的评价。该页面展示最近 180 天内的订单买家的评价信息。

② 待卖家评价。该页面展示评价期内（交易成功 15 天内）卖家还没有评价的订单，单击"评价"按钮可操作。可单击"批量评价"按钮对订单进行批量评价；可输入以下信息搜索：商品 ID、订单编号、买家昵称；可筛选排序（"最新下单在上""最新下单在下"）。

③ 待买家评价。该页面展示评价期内（交易成功 15 天内）买家还没有评价的订单。可输入以下信息搜索：商品 ID、订单编号、买家昵称；可筛选排序（"最新下单在上""最新下单在下"）。

④ 给买家的评价。该页面展示最近 180 天内的订单卖家给买家的评价情况。若为中评或差评，且在评价修改期内（在卖家做出评价的 30 天内），页面会展示"改为好评""删除评价"按钮，仅支持选择其中一个操作。

（3）问大家。淘宝卖家评价管理后台会展示"问大家"模块，旨在帮助卖家更系统地查询"问大家"的提问以及回答，并进行不良内容的投诉（目前支持"问大家"广告、"问大家"恶意诋毁类场景）。

（4）买家秀。可以对买家内容进行加精、置顶、投稿到关注的操作。

① 加精：需对 4 款及以上商品进行"加精"操作，买家秀模块才会自动展示。"加精"操作后 t+1 展示，即今天"加精"，明天才能在前台展示。可以将内容展示在商品详情页"买家秀模块"。

② 置顶：内容置顶后，可以将内容展示在商品详情页"买家秀模块"，且置顶。最多置顶 4 条。

③ 投稿到关注：内容可以投放到手淘的关注（仅"有图评价"来源的内容展示该操作）。

📖 **【拓展知识】**

如何做好评价管理

（1）卖家及时管理并回复买家的评价，既可以增进与买家之间的沟通，又能够在买家给出差评后迅速采取解决措施。积极解决问题的态度可以获得其他买家的认同感和好感。

（2）买家一旦确认发布评价，评价即生效且不可修改，仅可追加评价。同样，卖家也不可以删除差评。如果出现差评，卖家应首先了解买家给出差评的原因，是商品出现了问题，还是物流没有更新，或者在咨询的过程中客服人员的服务态度不好等。只有找到问题的根源，才能够找到有效的解决办法。卖家首先要做的是向买家诚恳道歉，然后承担问题的责任，同时给予买家补偿。积极解决问题的态度可能会让买家追加好评。

（3）卖家定期回复买家的评价，有助于增强客户黏性，并且可以为尚未付款但有购买意向的潜在买家提供良好的购物体验。虽然卖家不能删除差评，但是当买家看到卖家积极解决问题的态度后，也会改变观感。如果卖家对差评置之不理，将可能影响商品的转化率。

（4）面对买家的好评，卖家也要积极地进行回复，因为这代表了买家对商品和服务的认可。在回复时，卖家应首先表达对买家的感谢，并且尽可能地充实回复内容，表明自己认真阅读了评价。这样可以让买家有被重视的感觉，从而提升回购率。

2.3.3　违规管理

登录淘宝网，进入千牛卖家中心，可查看店铺数据提示，避免遗漏处理违规情况。

进入体检中心，每天观察体检中心的提示。如果违规不超过 24 小时，则可以自行处理不扣分；如果没有按要求删除或者申诉等，就会默认店家承认违规行为的存在，那么就会按程序删除商品并扣分。因此及时观察体检中心，并按提示处理违规情况至关重要。

通过查看"待您处理的违规""小二审核中的违规""违规记录"等模块，了解自己店铺违规的处理情况和以往违规记录，根据提示及时操作，能够保证店铺不会因为违规被扣分或降权。

2.4　平台规则

2.4.1　《淘宝网市场管理与违规处理规范》

《淘宝网市场管理与违规处理规范》是淘宝网所有会员，无论是买家还是卖家，都要遵循的规则。市场管理指的是淘宝网针对会员的风险行为采取的非扣分管理措施，而违规处理指的是淘宝网针对会员的违规行为采取的具有惩戒性质的处理措施。原则上，会员在淘宝网市场管理及违规处理的适用上一律平等；除违反法律规定外，会员首次、非故意或轻微违规的，享有减免、自检自查、教育学习等替代处理的机会。若会员累犯，将从重或加重处理。

该行为规范包括七章，共四十三条。主要涵盖"适用范围与定义""原则""程序""违规行为类型及扣分""市场管理情形及处理""违规情形及处理"等内容，从方方面面规范淘宝会员的行为。

"无规矩不成方圆"，《淘宝网市场管理与违规处理规范》的制定能够最大限度地保护在淘宝网进行的一切商务活动，维护买家和卖家的合法权益及整个网络市场的良好秩序。制定《淘宝网市场管理与违规处理规范》的目的是为用户提供更加优质、安全、可信赖的商业环境，推动线上线下一体化的协同治理，优化淘宝平台生态系统。其法律基础包括《中华人民共和国电子商务法》《中华人民共和国网络安全法》《中华人民共和国消费者权益保护法》《网络交易管理办法》等。淘宝平台生态系统各方应践行商业道德和社会责任，实现共生共赢、共治共建，通过自律规范发展。对于法律尚未明确规定的内容，平台通过有益探索，不断实现各方利益最大化。

2.4.2　淘宝网常见的违规行为及违规处理规范

1. 常见的违规行为

（1）滥发信息：在发布商品时，需避免以下违规行为，一旦违规，将根据不同情况扣除相应分值。

① 发布国家法律法规限制的商品或信息，以及可能影响网站运营秩序的内容。

② 以不当方式发布商品或信息，如在禁止发布商品信息的区域发布广告、同一店铺重复发布同款商品（两件及以上）、开设出售相同商品的店铺（两家及以上）。

③ 发布错误描述的商品或信息，如商品信息缺少要素、要素之间不匹配、商品信息不实或无关、商品类目或属性不符、信用等级或好评率虚假。

④ 商城卖家在买家付款前且商品信息显示有足够库存的情况下，以任何理由表示不能在72小时内完成发货。

（2）虚假交易：诚信经营，保证信用度及商品销量真实，不要作假。一旦违规，将根据违规情节严重程度分别扣96分、48分及24分。

（3）延迟发货：在买家付款后72小时内发货。一旦违规，每次扣3分，并向买家赔偿商品实际成交金额的5%，最高不超过30元。

（4）描述不符：对商品的描述尽可能真实、完整，不可刻意夸大。一旦违规，每次扣3分。

（5）违背承诺：在加入淘宝网的各项服务时，都会要求做出相关的承诺，违背承诺主要包括以下情形。

① 未履行加入消费者保障服务、试用中心时做出的承诺，每次扣12分。

② 未履行加入相关服务时所做出的所有承诺，每次扣6分。

③ 未履行自行做出的其他承诺，每次扣4分。

（6）恶意评价：作为卖家，切忌利用中、差评与同行进行恶意竞争，以谋取不正当利益。一旦违规，每次扣12分。

2. 违规处理规范

（1）违规行为成立后，淘宝网对会员进行扣分，违规行为的扣分在每个自然年度内累计。当扣分达到节点时，淘宝网对会员采取相应的节点处理措施。

（2）会员因单次违规扣分较多，导致累计扣分满足多个节点处理条件的，或在违规处理期间又须执行同类节点处理的，依次执行多个处理措施。

（3）被执行节点处理的会员，当其全部违规行为被纠正、节点处理措施执行完毕且节点处理措施期限届满后，方可恢复正常状态。

（4）会员的违规扣分在每年的12月31日23时59分59秒清零，但以下特殊情形除外。

① B类违规扣分累计达48分的，不清零，查封账户。

② C类违规扣分累计达24分及以上的，该年不清零，以24分计入次年；次年新增C类违规扣分未达24分的，违规扣分于该年12月31日23时59分59秒清零，累计扣分达48分及以上的，不清零，查封账户。

（5）会员的违规次数在每年的 12 月 31 日 23 时 59 分 59 秒清零，但以下特殊情形除外。

① B 类违规被查封账户的，次数不清零。

② C 类违规实行"三振出局"制。即卖家每次出售假冒商品的行为记为一振，若同一卖家出售假冒商品累计达三振，不清零，查封账户。

2.4.3 《电子商务法》相关规定

《电子商务法》是政府调整企业和个人以数据电文为交易手段，通过信息网络所产生的，因交易形式所引起的各种商事交易关系，以及与这种商事交易关系密切相关的社会关系、政府管理关系的法律规范的总称。2013 年 12 月 27 日，全国人大常委会正式启动了《电子商务法》的立法进程。2018 年 8 月 31 日，第十三届全国人大常委会第五次会议表决通过《电子商务法》，自 2019 年 1 月 1 日起施行。

《电子商务法》对电商店铺卖家的规范要求如下。

1. 卖家要办理登记

《电子商务法》第十条规定："电子商务经营者应当依法办理市场主体登记。但是，个人销售自产农副产品、家庭手工业产品，个人利用自己的技能从事依法无须取得许可的便民劳务活动和零星小额交易活动，以及依照法律、行政法规不需要进行登记的除外。"

2. 刷单、删评论涉嫌违法

《电子商务法》第十七条规定："电子商务经营者应当全面、真实、准确、及时地披露商品或者服务信息，保障消费者的知情权和选择权。电子商务经营者不得以虚构交易、编造用户评价等方式进行虚假或者引人误解的商业宣传，欺骗、误导消费者。"

《电子商务法》第三十九条规定："电子商务平台经营者应当建立健全信用评价制度，公示信用评价规则，为消费者提供对平台内销售的商品或者提供的服务进行评价的途径。电子商务平台经营者不得删除消费者对其平台内销售的商品或者提供的服务的评价。"

因此，"刷单""引导好评""删除评价"都属于违法行为。

3. 必须纳税并保存平台交易信息

《电子商务法》第十一条规定："电子商务经营者应当依法履行纳税义务，并依法享受税收优惠。依照前条规定不需要办理市场主体登记的电子商务经营者在首次纳税义务发生后，应当依照税收征收管理法律、行政法规的规定申请办理税务登记，并如实申报纳税。"

《电子商务法》第三十一条规定："电子商务平台经营者应当记录、保存平台上发布的商品和服务信息、交易信息，并确保信息的完整性、保密性、可用性。商品和服务信息、交易信息保存时间自交易完成之日起不少于三年；法律、行政法规另有规定的，依照其规定。"

4. 直通车必须标"广告"

《电子商务法》第四十条规定："电子商务平台经营者应根据商品或服务的价格、销量、信用等以多种方式向消费者显示商品或服务的搜索结果；对于竞价排名的商品或服务，应当显著标明‘广告’。”

课后习题

一、单项选择题

1. 以下哪项不属于淘宝店铺的申请流程？（　　　）

A. 注册电子邮箱　　　　　　　　　　B. 淘宝实名认证

C. 支付宝实名认证　　　　　　　　　D. 淘宝开店认证

2. 以下哪项不属于淘宝网上商品发布的流程？（　　　）

A. 进入淘宝网的千牛卖家中心　　　　B. 打开图片空间

C. 填写相关商品发布参数　　　　　　D. 提交商品发布申请

3. 淘宝商品主图的尺寸为（　　　）。

A. 800 像素×800 像素　　　　　　　B. 400 像素×800 像素

C. 400 像素×400 像素　　　　　　　D. 800 像素×1800 像素

4. 以下哪项不属于商品主图选择的基本原则？（　　　）

A. 首图图片高质量，商品主体清晰

B. 五张主图逻辑清晰，顺序搭配合理

C. 在设计主图时就应考虑无线端显示特性

D. 首页主图应该尽可能大

5. 以下哪项不属于文案创作小技巧中要注意的元素？（　　　）

A. 敏感词　　　B. 塑造价值　　　C. 促销信息　　　D. 行动指令

6. 以下哪项不属于做好评价管理的方法？（　　　）

A. 商家及时管理并回复买家的评价　　B. 修改删除中、差评

C. 商家定期回复消费者的评价　　　　D. 商家积极地回复好评

二、简答题

1. 对淘宝网上商品进行上下架管理的基本流程是什么？

2. 淘宝卖家小王开设了一家售卖女性服饰的网店，但店铺的评价不尽如人意。小王需要从哪几个方面出发对出现中、差评的原因进行分析？另外，该如何处理中、差评？

实训练习

实训目标：

1. 掌握在淘宝网上申请并管理店铺的基本操作和流程。

2. 能够对发布商品进行合理的宣传，上传适当的图片和合适的文案。

实训内容：

1. 对商品进行上下架管理和售后评价管理。

2．对店铺违规行为进行处理。

实训评价：

1．将全班学生划分为多个小组，每组 2～3 人，在淘宝上开设一家网店。在网店运营过程中，学生要解决以下问题。

（1）如何书写该店铺的文案？

（2）如何处理该店铺的中、差评？

（3）如何对店铺的违规行为进行处理？

2．评价与总结：各项目团队提交网店运营报告。

课后拓展

淘宝官方发布《电子商务法》相关问题解答

一、有关营业执照线下办理问题

Q：市场主体登记是什么意思？都有哪些要求？具体流程是怎么样的？

A：市场主体登记，即原来的工商注册登记，可以申请登记为个体工商户、公司、合伙企业、独资企业等形式，请您根据自己的经营规模、发展计划、地方政策等因素考虑。

登记的要求和流程，可能因区域政策而不同，建议您登录属地市场监督管理部门（国家部委调整后，工商等部门合并成为市场监管局）的官方网站或通过电话查询。

Q：不需要办理市场主体登记的具体标准是什么？有明确的细则吗？

A：符合以下情形的，不需要进行登记：①个人销售自产农副产品；②个人销售家庭手工业产品；③个人利用自己的技能从事依法无须取得许可的便民劳务活动；④个人进行零星小额交易活动；⑤其他依照法律、行政法规不需要进行登记的情况。

据了解，相关行政主管部门暂未对以上情况做出具体规定。如您不确认是否属于"零星小额"范畴，您可以等待相关行政主管部门对此做出具体规定后再行办理登记事宜。

Q：不办理市场主体登记都要求有实际经营场所证明，还要求是商用性质的。我就是在家里运营和发货的，无法提供场所证明，该怎么登记呢？

A：市场监管总局发布的《关于做好电子商务经营者登记工作的意见》中明确："电子商务经营者申请登记为个体工商户的，允许其将网络经营场所作为经营场所进行登记。对于在一个以上电子商务平台从事经营活动的，需要将其从事经营活动的多个网络经营场所向登记机关进行登记。允许将经常居住地登记为住所，个人住所所在地的县、自治县、不设区的市、市辖区市场监督管理部门为其登记机关。"但总局也明确以网络经营场所作为经营场所登记的个体工商户，仅可通过互联网开展经营活动，不得擅自改变其住宅房屋用途用于从事线下生产经营活动。

二、有关线上升级/变更的问题

Q：《电子商务法》生效以后，我还能以个人身份证来淘宝开店吗？

A：当然可以，新开店铺还没有成交记录，超过零星小额标准才属市场主体登记的范围，或您属于《电子商务法》规定的其他不需进行市场主体登记的类型，亦不需要进行登记。此外，如您销售的商品或提供的服务属需取得行政许可才能经营的，则需要进行市场主体登记，并取得相应行政许可。

Q：《电子商务法》出台后需要上传营业执照吗？

A：市场监管总局发布了《关于做好电子商务经营者登记工作的意见》，可能考虑到各地区、各行业差异巨大的实际情况，未对小额零星交易做出统一标准。我们会密切关注国家各部门的立法动向，一旦有细则颁布，会第一时间通知大家。淘宝也会为大家提供产品、规则、服务流程上的支持。

如果您已经考虑清楚并计划进行主体登记，可以去市场监管部门办理营业执照。登记为企业还是个体工商户，请您根据自己的经营规模、发展计划、地方政策等因素考虑。

Q：我现在的店铺是用营业执照开店的，还需要做什么以符合《电子商务法》的要求？

A：如您的店铺已经是以个体工商户或法人主体等身份开设的，并上传营业执照，包括企业营业执照和个体工商户营业执照，且身份信息真实有效，则在主体登记和亮照方面您已合规。

三、有关公平性的问题

Q：××平台都没有要求我做什么主体登记、税务登记，淘宝是不是管得最严？

A：《电子商务法》是全国人大常委会通过的法律，在中国境内将会公平、统一地实施。根据各方的解读来看，任何从事电子商务活动的经营者，包括通过公众号、朋友圈、小程序等社交平台或工具开展电子商务活动的经营者，都需要遵守《电子商务法》的规定，都需要履行登记义务和纳税义务。

第 3 章
网店图片制作及装修

【思政案例导入】

网购和实体店购物存在很大差别，其中最大的差别就是顾客对商品的第一感知。在实体店购物，人们看得见、摸得着商品，而网购时，顾客通过文字和图片来了解商品。在网络快速发展的今天，人们获得信息的方式趋于碎片化阅读，更习惯于"读图"，而对大篇幅的文字说明缺乏阅读的兴趣和耐心。因此，网店的图片至关重要。

当下，人们前往餐厅用餐时关注的是环境和口碑，这也是一些装修独特的"网红餐厅"能更加吸引人们眼球的原因。由此推之，网店有效的视觉传达设计将成为影响整个购物过程的重要因素。视觉传达效果的好坏直接影响顾客对店铺、商品的认知和信任度，甚至对品牌形象的树立起到决定性的作用。

常言道"没有对比就没有伤害"。王女士喜欢在网上买衣服，网上衣服款式多且卖家展示的图片特别漂亮。可是自己买回去穿上就一定漂亮吗？王女士有几次网上买衣服失败的经历，她发现买回来的衣服和图片展示的效果相差太大了。在网上经常会看到各种卖家秀和买家秀的对比，客户看到卖家秀可能会有购买的欲望，但是看到买家秀可能会产生犹豫或放弃购买的念头。

【案例思考】

1. 网店的图片包括哪些？如何制作出精美且吸引用户的图片？
2. 网店如何装修才能吸睛？
3. 网店的图片制作和装修应遵守哪些规则？

【案例分析】

在互联网快速发展的时代，人们热衷于网上购物。在富媒体形式如此多元化的今天，店铺的视觉装修工作对店铺的成长起到了至关重要的作用。卖家在图片制作中不能仅仅追求图片的美观，更要做到对商品做出完整、一致、真实的描述，诚信经营才能赢得买家的信任。《淘宝网商品发布规范》规定，卖家应根据系统提示和要求上传商品的主图、详情图、SKU 预览图。图片应突出商品主体，清晰美观，不失真。

知识目标 →

1. 了解拍摄商品的器材。
2. 了解网店页面的组成模块和装修方法。

技能目标 →

1. 掌握相机参数的设置方法和拍摄方法。
2. 掌握图片处理的基础操作。
3. 能够根据网店的需要，完成网店首页与详情页等的设计。

与实体店中顾客可以全方位了解商品的消费模式不同，网店顾客主要通过图片、视频、文字来了解商品。其中，图片作为网店的基本元素，对顾客形成第一印象起着至关重要的作用。图片的质量决定了店铺吸引力的大小。可以说，优质的图片是吸引流量、促进点击、提高转化率的关键因素，也是视觉营销的核心要素。

3.1　商品图片的拍摄

在网上购物的买家主要是通过商品图片来了解商品的外观、性能等，因此，卖家在进货之后、商品上架之前需要将商品真实、清晰地拍摄并展示出来。要拍摄出符合平台要求且美观的图片，卖家需要对拍摄器材、相机设置以及拍摄方法有基本的了解。

3.1.1　拍摄器材

1. 手机

如今，智能手机更新换代的步伐越来越快，其处理器性能、屏幕素质、快充表现、拍摄能力、系统优化等方面不断提升。拍摄水平能直观地展现手机性能，也是人们在选购手机时特别看重的一项参数。对于新手卖家而言，许多智能手机都能满足基本的商品拍摄需求。

2. 相机

相机的种类繁多，具有的功能各不相同。用于拍摄商品的相机，最好具备以下功能。

（1）合适的感光元件。感光元件又叫图像传感器，是相机的成像感光器件，也是相机的核心部件。感光元件的尺寸是直接影响相机成像质量的因素。在其他条件相同的情况下，感光元件的尺寸越大，成像质量越高，感光性能越强，能记录的图像细节越多，像素间的干扰越少。

（2）设置功能。数码相机通常具备多种拍摄模式，包括手动曝光模式、快门优先自动曝光模式、光圈优先自动曝光模式、全自动曝光模式、程序自动曝光模式，以及多种场景模式等，如图 3-1 所示。在拍摄网店商品时，为了能够灵活设置光圈大小、快门速度与感光度等拍摄参数，精准控制光线，使所拍摄照片更具清晰性和真实性，最好选择具有手动模式的相机。

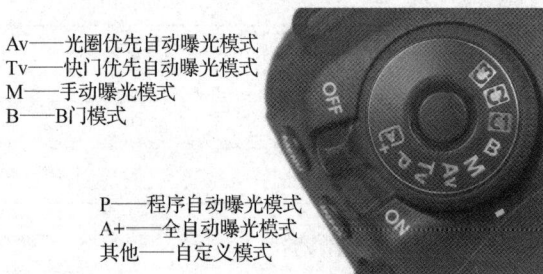

Av——光圈优先自动曝光模式
Tv——快门优先自动曝光模式
M——手动曝光模式
B——B门模式

P——程序自动曝光模式
A+——全自动曝光模式
其他——自定义模式

图 3-1　数码相机拍摄模式

（3）微距功能。微距功能能够将商品主体的细节部分全面、清晰地呈现在买家眼前。使用微距功能拍摄出来的照片，其成像比例通常大于实物原始尺寸比例，因此在拍摄体积较小的商品时，可以使商品的细节特写放大呈现。微距功能在拍摄拉链、针脚、标签等商品细节时有较大的优势。

（4）具备外接闪光灯的热靴插槽。热靴插槽是数码相机连接各种外置附件的一个固定接口槽，主要用于与闪光灯进行连接，以便在拍摄时进行补光。热靴插槽一般位于照相机机身的顶部，附设两个或数个触点。借助热靴插槽来外接闪光灯比数码单反相机内置闪光灯的闪光指数更高，且使用起来更灵活。

（5）可更换镜头。普通相机的镜头因为拍摄的范围较小，无法将所有的景物都拍下来，而且使用一般的镜头在微距模式下拍摄时，会出现图像变形或在商品的光面上留下相机阴影的情况，此时就需要更换广角性能好的镜头。数码单反相机和微单相机都具有通过更换镜头来满足拍摄需求的功能。

3. 辅助器材

拍摄商品时，除了相机，还需要一些辅助器材，如三脚架、补光灯、反光板、静物台等。三脚架是用来稳定照相机的一种支撑架，可帮助实现特定的摄影效果。如果在室内拍摄，或者在晚上的室外拍摄，则还需要准备补光灯。补光灯可以非常有效地提升亮度，同时保持准确的色彩还原度。反光板对于拍摄人像有很大作用，既可以补光，还可以减弱光线强度。静物台常用于静物摄影，可以搭配任意专业光源，适合对照片有特殊效果要求（如全白底、渐变效果）的拍摄，通过不同的打光方法，可以直接拍摄出渐变的背景或纯白退底的效果。静物台是商品拍摄时省时、省钱、省力的拍摄工具，适用于服装、鞋类、箱包、化妆品、玩具、饰品及瓷器、玉器、紫砂等静物拍摄。一般静物台选择背部支撑角度可调节的款式，底板保持水平即可。使用时，可在静物台上覆盖白色植绒无纺背景布，背景布可用夹子固定。

3.1.2　相机的设置

在商品拍摄中，光圈、快门、感光度是非常重要的 3 个参数。这 3 个参数都与光线有关，直接影响商品拍摄效果，且在商品拍摄过程中需要频繁调整。为了确保拍摄的图像能精确反映被摄物的色彩，还需借助白平衡进行色调校准。

1. 光圈

光圈是相机上用来控制镜头孔径大小的部件，它通常位于镜头的中央，呈环形，如图 3-2 所示。拍摄者可以根据需要调节光圈的开口大小。光圈的作用在于控制镜头的进光量，其大小常用 f 值表示。当拍摄需要大量的光线进行曝光时，可将光圈开大，让大量光线进入。而当仅需少量的光线进行曝光时，则可将光圈缩小，让少量的光线进入。常见的光圈值有 f1.0、f1.4、f2、f2.8、f4、f5.6、f8、f11、f16、f22、f32、f44、f64。图 3-3 展示了不同 f 值的光圈对应的孔径大小。

图 3-2　光圈

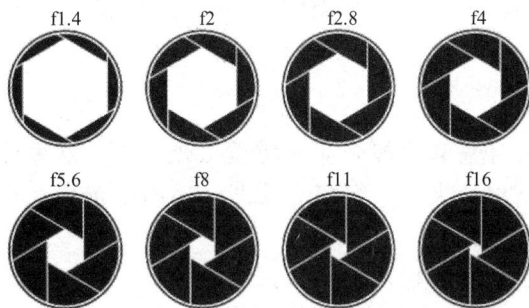

图 3-3　不同 f 值的光圈对应的孔径大小

在快门速度不变的情况下，f 值越大，光圈越小，进光量越少，曝光越低；f 值越小，光圈越大，进光量越多，曝光越高。在白天户外或光线充足的环境中，可尽量使用小光圈进行拍摄；在夜晚或光线不足的环境中进行拍摄，以及拍摄人像或特写时，应尽量使用大光圈，增加进光量。在拍摄小商品时，需通过小光圈来展示商品的细节。

2. 快门

快门是相机用来控制感光元件曝光时间的装置，快门速度的单位是"秒"，一般用 s 表示。数码单反相机常见的快门速度范围是 30～1/8000s，即 30s、15s、8s、4s、2s、1s、

1/2s、1/4s、1/8s、1/15s、1/30s、1/60s、1/125s、1/250s、1/500s、1/1000s、1/2000s、1/4000s、1/8000s。相邻两挡快门速度的曝光量相差一倍。

快门的主要功能是控制相机的曝光时间。快门速度数值越小，曝光时间越短，进光量就越少，反之，曝光时间越长，进光量越多。在光线较暗的环境中进行拍摄时，使用低速快门可增加曝光量。但最好使用三脚架进行稳定，防止因快门速度较慢而引起的相机抖动。在拍摄移动速度快的对象时，使用较快的快门速度可对移动瞬间进行抓拍，而使用较慢的快门速度则会拍出具有动感的画面。

3. 感光度

感光度是指感光元件对光线明暗反应的灵敏程度，通常用 ISO 表示。ISO 数值越小，感光度越低；ISO 数值越大，感光度越高。感光度可以根据拍摄环境的光线条件进行设置。在阳光明媚的户外，可将感光度 ISO 数值设置为 100 左右；在阴天的户外，最好将感光度 ISO 数值设置为 200～400；在有辅助灯的室内，建议将感光度 ISO 数值设置为 100～200。

4. 白平衡

许多人在使用数码照相机拍摄的时候都会遇到这样的问题：在有日光灯的房间里拍摄的影像会发绿，在室内钨丝灯光下拍摄出来的景物会偏黄，而在日光阴影处拍摄的照片则偏蓝。其原因就在于白平衡的设置。白平衡的英文为 White Balance，其基本概念是"无论在何种光源下，都能将白色物体还原为白色"。对于特定光源下拍摄时出现的偏色现象，可以通过加强对应的补色来进行补偿。相机的白平衡设定可以校准色温的偏差，拍摄时可以大胆地调整白平衡来获得理想的画面效果。白平衡有多种模式，可以适应不同的拍摄场景，如自动白平衡、钨光白平衡、荧光白平衡、阴影白平衡、手动调节。

📖 【拓展知识】

景深

在商品拍摄中，有时候需要控制背景的虚化效果。背景虚化效果是因为景深范围较小而形成的，景深范围的大小决定了背景是清晰的还是虚化模糊的。那么，景深是什么呢？又该如何去控制？

景深是指对焦点前后的清晰范围。拍摄照片时，合焦会形成一个焦平面，焦平面前后范围内的景物会清晰呈现，这就是景深范围。

一般情况下，我们会对拍摄主体进行对焦，使得拍摄主体在景深范围内，让拍摄主体成像清晰，而杂乱的元素则放在景深范围之外，令其虚化模糊，使得画面更加简洁干净。当然，画面背景等元素并不会移动，我们通过控制景深范围的大小，来决定哪些区域虚化，哪些区域成像清晰。

景深的大小由光圈、拍摄距离和焦距共同决定。

光圈对于景深的控制最有效，通过调整光圈的大小来调整景深范围：光圈开大，景深变浅，背景和前景会虚化模糊，让画面背景更简洁，如大光圈拍人像特写；光圈缩小，景深变深，画面元素都清晰呈现，如拍摄风光照片。

拍摄距离对于景深的控制非常直接。拍摄距离缩短或拉长直接影响景深范围：拍摄距离缩短，如微距拍摄，景深变浅，背景虚化模糊非常明显；拍摄距离拉长，景深变深，背景元素都清晰可见。

焦距对于景深的影响类似于拍摄距离对于景深的影响：焦距变长，会拉近并放大拍摄主体，类似于拍摄距离缩短，景深变浅，背景虚化模糊；焦距缩短，也就是使用广角端拍摄，会远离并缩小拍摄主体，类似于拍摄距离拉长，景深变深，背景清晰。

综上所述，开大光圈、缩短拍摄距离、拉长焦距，可拍摄出浅景深的背景虚化效果；缩小光圈、拉长拍摄距离、用广角端，可拍摄出深景深的背景清晰效果。

3.1.3　拍摄方法

1. 在室内拍摄商品

室内拍摄是网店商品拍摄中一种极为常用的方式。进行室内拍摄需要同时考虑光影、色彩和角度等多个因素。要想在室内拍摄出优质照片，不仅需要一台合适的相机，还需要为商品搭建一个最佳的拍摄环境。

（1）室内拍摄的基本要求。由于室内空间的限制，摄影师通常需使用广角镜头进行拍摄，对摄影师水平的要求较高。在进行室内拍摄时，为了搭建适合拍摄的环境，一般需要借助遮光罩、三脚架、静物台、柔光箱、闪光灯、无线引闪器、照明灯、反光板、反光伞、背景纸等辅助工具。下面介绍室内拍摄的一些基本要求。

① 补光和布光。补光是室内拍摄的主要环节之一，室内补光的手段比较多，如闪光灯、照明灯、反光板、反光伞等都可以用于补光。反光板是室内和室外拍摄必备的配件之一，主要用于对拍摄对象在外部光源难以涉及的部分进行光线补偿，使拍摄对象整体受光均衡。室内拍摄的常见光型有顺光、逆光、侧光、顶光和底光，摄影师需根据不同的光线条件进行补光。闪光灯能在短时间内发出很强的光线，可用于在光线较暗的场合进行瞬间照明，也可用于在光线较亮的场合给拍摄对象进行局部补光。布光是在拍摄过程中创造理想光线效果的一种技巧，通过主光线和辅助光有效的配合应用，营造有质感的光影效果，完美呈现商品的材质和细节。

② 室内背景。不同的背景色呈现出的拍摄效果会存在很大的差异，因此必须对背景色进行选择。一般来说，室内背景主要可分为单色背景和题材背景。对于单色背景而言，背景色要与拍摄对象形成颜色对比，以增强拍摄对象的视觉效果。为了达到良好的拍摄效果，也可通过灯光辅助，拍摄出明暗、虚实对比明显的照片。此外，选择的背景色最好能与拍摄对象的风格接近。

③ 相机设置。室内拍摄的快门速度一般是1/125s；ISO感光度一般设置为低值（通常为100）；曝光模式设置为手动；光圈则根据摄影灯的闪光系数，以及与拍摄对象的距离远近来进行调整，光圈范围一般为f17～f13。

④ 镜头。进行室内拍摄时，如果没有广角镜头，可能难以拍摄全身角度的照片，因此采用标准广角变焦镜头比较合适。

（2）不同角度的光线变化。光线在立体空间中的变化非常丰富，是室内景物造型的主要影响因素。要拍摄出光影充分、清晰真实的照片，一定要对光线有基本的了解。

① 光位。光位即光线的方向，指光源位置与拍摄方向之间形成的光线照射角度。光线的照射方位不同，所产生的画面效果也不同。根据照射方向的不同，光线大致可分为

顺光、逆光、侧光、顶光和底光，如图 3-4 所示。

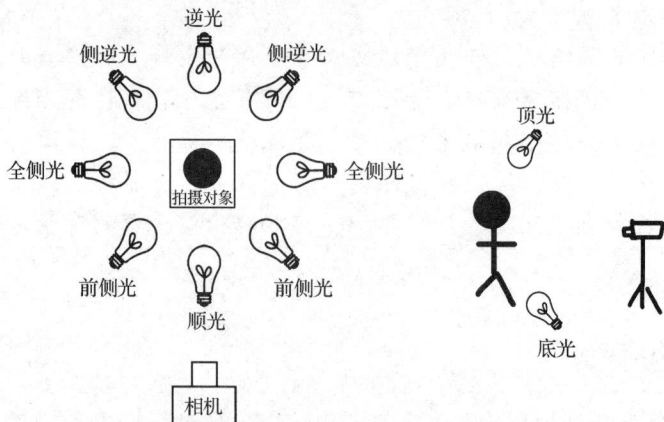

图 3-4　光位图

a．顺光。顺光是从拍摄对象的正前方投射的光线。顺光是最常用的照明光线，光线直线投射，照明均匀，阴影面少，可将商品的色彩和表面细节非常充分、细腻地展现出来。但顺光拍摄不易表现出商品的层次与线条结构，缺乏立体感。

b．逆光。逆光是从拍摄对象后面折射的光线，在拍摄对象与背景之间会形成极大的明暗反差，并且在拍摄对象的边缘勾勒出明亮的轮廓线。在逆光条件下，拍摄对象大部分处在阴影之中，其表面的细节与纹理不够清晰。

c．侧光。侧光是从拍摄对象的左侧或右侧投射的光线。侧光会在拍摄对象上形成明显的受光面、阴影面和投影，产生强烈的明暗对比，有利于展现拍摄对象的空间深度感和立体感。在侧光条件下拍摄人像时，会产生半明半暗的效果，此时可考虑使用反光板对暗部进行补光，来减轻脸部的明暗反差。

d．顶光。顶光是从拍摄对象的上方投射的光线，与相机形成 90°角。顶光会在拍摄对象的下方产生较重且较窄的阴影。顶光多用作修饰光。

e．底光。底光是从拍摄对象下方投射的光线。它会形成自下而上的投影，产生非正常的造型并营造出强烈的氛围，一般用于表现透明物体或营造氛围。

② 光型。光型是指各种光线在拍摄时对拍摄对象所起的作用。光型主要可分为主光、辅光、轮廓光、装饰光和背景光 5 种。

a．主光。主光是拍摄对象的主要照明光线，对拍摄对象的形态、轮廓和质感的表现起主导作用。拍摄时一旦确定了主光，就确定了画面的基础照明和基调。拍摄对象只能有一个主光，若同时将多个光源作为主光，那么拍摄对象受光均匀，影像就会显得平淡；多个主光同时在拍摄对象上产生阴影，就会使影像杂乱无章。

b．辅光。辅光的主要作用是提高因主光而产生的阴影部位的亮度，使阴影部位也能呈现出一定的质感与层次，同时减小拍摄对象与阴影之间的反差。辅光的强度要比主光小，否则容易在拍摄对象上呈现明显的辅光投影，造成"夹光"现象。

c．轮廓光。轮廓光主要用来勾画拍摄对象的轮廓。轮廓光能体现拍摄对象的立体感与空间感。逆光与侧逆光常被用作轮廓光，轮廓光的强度往往比主光的强度高。使用深色背景有助于突出轮廓光。

d．装饰光。装饰光主要用来对拍摄对象的局部进行装饰或显示拍摄对象的细节。装饰光大多是窄光，如商品拍摄中首饰上的耀斑就是典型的装饰光。

e．背景光。背景光是照射背景的光线，主要用于突出拍摄对象、营造氛围以及丰富画面的影调对比。使用背景光时要考虑背景的色彩、距离与照明的角度等，因此需对背景光进行反复调整才能达到理想的效果。

【经验之谈】

在室内拍摄时，为了突出拍摄对象的细节和质感，建议采用主光与辅光相结合的布光方式，即在拍摄对象前上方 45°角处放置主光，再在正前方放置光线弱一些的辅光，用于柔化主光产生的阴影，还可以在拍摄对象背面添加一个辅光，用于照亮背景。

（3）商品的摆放和搭配。为了达到更好的拍摄效果，在拍摄商品之前，需对商品进行合理的摆放和搭配，设计最佳的拍摄角度，以呈现最佳视觉效果，从而激发消费者的视觉兴趣和购买欲望。

①　商品的摆放。对于网上商品而言，拍摄时商品摆放的方式既是该商品图片的基本构图方式，也是商品陈列效果的直观展现。商品的摆放方式会影响商品的拍摄效果，如影响图片的美观度，影响对商品特征的突出等。商品的摆放方式不同，呈现的商品重点就不一样。为了让消费者更多地了解商品细节，摄影师应该在拍摄前设计出最佳的摆放角度，为拍摄的构图和取景做好准备。可多角度摆放商品，完整拍摄商品的正面、背面、侧面、内部结构、细节局部、标识、说明书、防伪标签等。同时，多角度摆放商品包装，完整拍摄包装正面、背面、侧面以及商品和包装的组合，也可多件商品组合摆放。

若商品的摆放合乎逻辑且搭配得当，图片的美观度将得以提升。原则上，拍摄时应力求尽善尽美，以减少后期处理工作量。

在保留商品原有形态的基础上，可对商品进行二次设计，美化商品的外形、线条及组合等，使商品更具有美感，如图 3-5 所示。二次设计需要充分发挥摄影师的创造力和想象力，充分展现商品的特点。

图 3-5　商品的二次设计

商品的二次设计常常涉及商品的摆放问题，特别是小商品的摆放（见图3-6），更应该注意摆放的疏密感和序列感。在摆放多件商品时，需同时考虑构图的合理性和摆放的美观性。这样不仅可以使画面显得饱满丰富，富有节奏感与韵律感，还能避免画面内容无序导致的杂乱。

图3-6　小商品的摆放

② 商品的搭配。为了提高商品图片的美观性，在进行商品拍摄时，可添加一些装饰物，对主体商品进行点缀和烘托，以增强视觉吸引力。图3-7展示的是出售花朵时，通过搭配花瓶进行装饰的效果。商品搭配不仅是商品的二次包装，很多时候还能间接体现商品的使用环境，更全面地展示商品的实用性。图3-8展示的是果盘的使用场景。

图3-7　搭配花瓶的效果

图3-8　展示果盘的使用场景

2．在室外拍摄商品

为了使商品更贴近实际使用状态，显得更真实，在很多时候摄影师都会选择室外拍摄。相对于室内拍摄的人造光而言，室外拍摄主要利用自然光。一般来说，对颜色要求不苛刻的商品都可以在室外进行拍摄。

（1）室外拍摄的光线和基本要求。室外的自然光线十分多变，且不易把握，因此室外拍摄需要借助其他道具进行布光，如反光板、反光伞等。在进行室外拍摄时，光线会随着时间的变化而发生变化，根据光线性质可将其分为直射光、散射光和反射光 3 种类型。

① 直射光。直射光是指发光的光源直接照射到拍摄对象上，能产生清晰投影的光线。在直射光下，受光面和阴影面之间有一定的明暗反差，很容易突出拍摄对象的立体感与质感。自然光中的太阳光、人工光中的聚光灯光等均属于直射光。

② 散射光。阴天的时候，阳光被云层遮挡，无法直接投向拍摄对象，拍摄对象依靠天空反射的散射光线进行照明，这种光线叫作散射光。在散射光下，不会形成明显的受光面、阴影面和投影，光线效果较平淡柔和，因此，散射光也叫作柔光。

③ 反射光。反射光的光线并不是由光源直接发出照射到拍摄对象上，而是先照射具有一定反光能力的辅助道具，如反光板或反光伞，然后由这些反光体反射出的光线照射拍摄对象。反射光与散射光一样，光线比较柔和。

拍摄物品最重要的一点是对光线的把握，室外自然光是不断变化的，因此在不同的时段，通常需要采取不同的拍摄方向和方式。室外拍摄的基本要求如下。

① 拍摄时间。在室外自然光条件下进行拍摄时，应尽量避免阳光直射的情况。阳光直射时不仅会在拍摄对象上形成明显的明暗反差，还可能在拍摄对象上形成不均匀光斑，影响图片的整体效果。一般来说，9—11 点和 15—17 点这两个时间段比较适合室外拍摄。

② 拍摄用光。室外拍摄多依靠散射光和反射光，通过自然光加反光板补光的方式拍摄出来的照片效果更好。另外，室外拍摄需要对光圈、快门、感光度进行合理设置，并通过不断调整来捕捉最佳的光影效果。

③ 背景选择。商品是拍摄的主体，背景主要起到烘托和装饰的作用。一般来说，室外背景的选择主要以不喧宾夺主、不杂乱无章为原则，可以选择反差相对大一些的背景，使主体更突出；也可以通过拍摄角度和方式的改变，来淡化背景的效果；还可以选择一些趣味背景，增加图片的亮点和特点。

④ 拍摄角度。由于室外自然光不可控，因此拍摄角度的选择就更加重要。角度不同，拍摄出来的商品效果就不同。如在清晨或傍晚时分拍摄时，逆光拍摄可以呈现出一种日式的写真风格，而顺光拍摄使光影感更加真实。

- - - - 【经验之谈】 -

在进行室外拍摄时，由于光线比较充足，一般不使用闪光灯，需要补光的部分尽量通过辅助工具来实现。

（2）室外拍摄场景布置。在室外拍摄大件商品时，一般选择风景优美的环境作为背景。合理利用自然光和反光板对光线进行调节，可以使拍摄出来的照片风格将更加突出，形成独有的个性特色并营造出商业化的购物氛围。此外，室外大件商品拍摄可根据商品特性选择相应的场景，如夏威夷风格的衣服可在海边拍摄，时尚新潮的服装可在临街的商场、街道等地方拍摄，运动用品可在运动场景中拍摄等，如图3-9所示。

图3-9 大件商品的室外场景

小件商品适合在简洁的环境中拍摄，因此网店的小件商品多以室内拍摄为主。如果要通过外景拍摄小件商品，可以为商品选择一个好看的参照物和装饰物，对商品环境进行设计，比如将商品所处的环境塑造成文艺风等风格。为了凸显商品主体，背景应该尽量干净、简单。此外，也可为商品选择一些特定的环境作为背景，如拍摄足球时，可以选择草地作为外景背景。

【拓展知识】

摄影公司的筛选

对于刚刚起步的电商公司而言，前期的摄影工作一般是交给专业摄影公司完成的，后期随着公司业务的发展和商品上新频率的增加，摄影工作会更加频繁，此时公司往往会培养自己独立的摄影团队，并搭建专属的摄影场所。

由于电商发展迅速，各地都出现了为数不少的电商摄影公司。在筛选摄影公司时，主要从以下几个方面进行考量。

1. 摄影师情况

摄影师情况包括摄影师数量、工作年限及相关类目的拍摄经验。一般，经验比较丰富的摄影师在合作期间能快速理解商家对商品的拍摄要求，并提出中肯的拍摄方案，从而拍摄出符合商家调性的作品。

2. 摄影器材和场地条件

摄影器材包括相机、镜头、摄影灯、灯箱等，场地条件包括影棚、幕布及配套的摄影场景、固定合作的取景地点等。设备高端、场景丰富，摄影公司才能为商家提供更高质量的服务。

3. 摄影公司报价

目前市面上网络商品摄影的收费方式有两种：一种是计件拍摄，这种方式一般适合静物摆拍、挂拍等标准化拍摄，根据商品拍摄难度不同，一件商品收费从几十元到几百元不等；另一种是按天报价，这种方式主要适合模特动图跟拍，根据摄影师拍摄水平的不同，一天收费从几百元到几千元不等。

3.2　商品图片的处理

拍摄的商品图片可能存在大小不符合要求、颜色太暗或太亮等问题。为了解决这些问题，使图片更加美观、有吸引力，卖家需要使用图像处理软件如 Photoshop 等对图片进行美化处理。通过适当调整图片的大小、亮度和颜色，添加品牌标志、文字和图形等，可以得到美观的商品主图和详情图等。制作完成的商品主图等还需要保存为网页支持的格式，如 JPG 格式或 PNG 格式等。在处理商品图片的过程中，Photoshop 发挥着重要的作用。它是一款强大的图像处理软件，是网店装修中不可或缺的工具。

3.2.1　调整图片大小

通常情况下，用相机拍摄的商品图片的尺寸和像素大小都不符合网店的要求，卖家需要先在 Photoshop 软件中打开商品图片，调整商品图片的尺寸，具体操作如下。

（1）启动 Photoshop，在菜单栏"文件"中选择"打开"选项，打开一张需要调整大小的图片。

（2）单击"图像"菜单，选择"图像大小"选项，弹出"图像大小"对话框，在宽度和高度右边的输入框中输入想要修改的数值，接着单击"确定"按钮，就可以成功修改图片的大小，如图 3-10 所示。

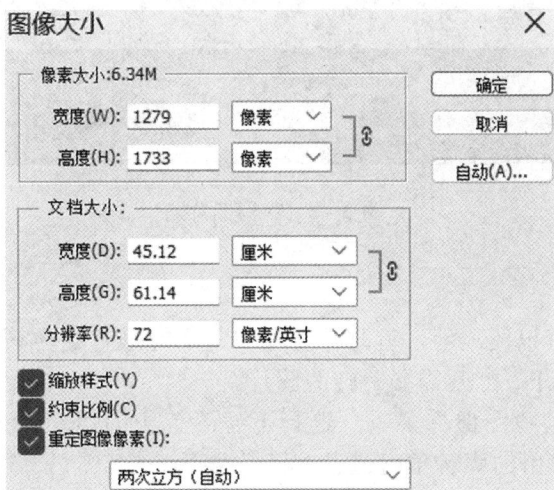

图 3-10　调整图片大小

3.2.2　裁剪图片

裁剪图片的步骤如下。

（1）启动 Photoshop，在菜单栏"文件"中选择"打开"选项。在弹出的"打开"对话框中，选中要裁剪的图片，单击"打开"按钮。

（2）在左侧的工具栏中，选择"裁剪工具"。单击上方选项栏中的下拉菜单，根据需要选择裁剪比例。如图 3-11 所示，如选择"1×1（方形）"。调整好裁剪框的位置，单击上方选项栏中的"√"按钮，图片即可裁剪完成。

图 3-11　裁剪图片

3.2.3　旋转图片

制作商品图片、海报图片等，有时需要将一些图片进行旋转。

（1）启动 Photoshop，打开需要旋转的图片。

（2）单击标题栏的"图像"菜单，选择下拉菜单中的"图像旋转（G）"选项，如图 3-12 所示。选择常用的旋转角度或者"任意角度（A）..."，设置合适的旋转角度及旋转方向，确认操作后，图像旋转就完成了。

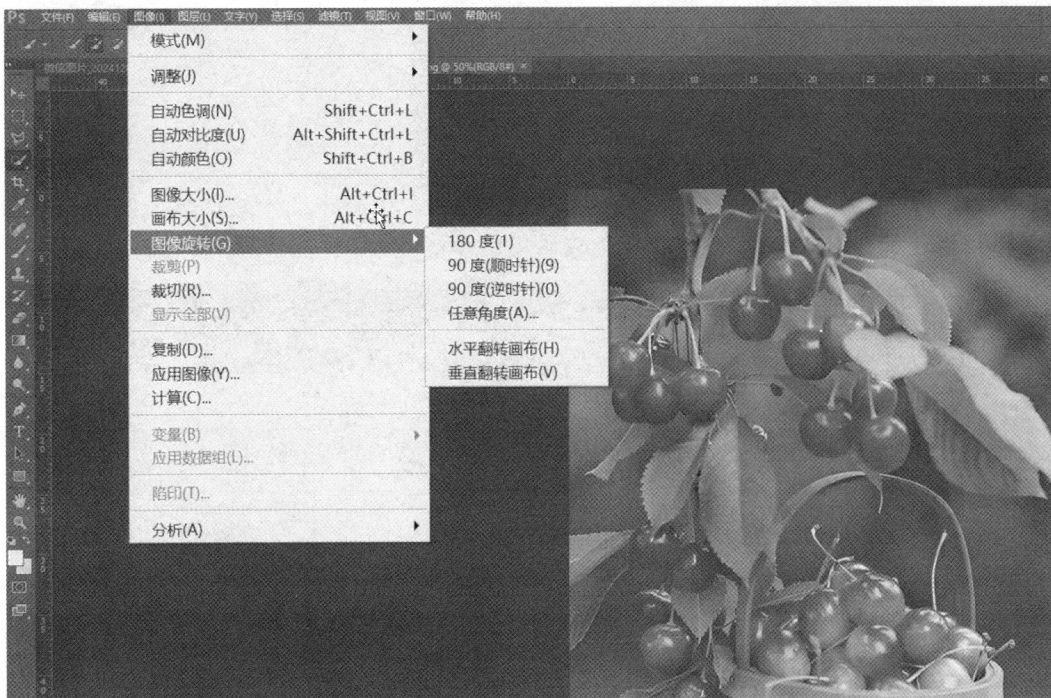

图 3-12　旋转图片

3.2.4　调整图片的亮度和对比度

受技术、天气、时间等原因或条件所限，拍出来的照片有时可能不尽如人意。比较常见的问题就是曝光过度或者曝光不足，还有缺乏对比度。下面介绍如何在 Photoshop 中简单而有效地解决这些问题，其具体操作步骤如下。

（1）启动 Photoshop，打开一张曝光过度的图片。

（2）选择"图像—调整—曝光度"命令，弹出"曝光度"对话框，如图 3-13 所示。

图 3-13　"曝光度"对话框

（3）在该对话框中设置相应的参数，单击"确定"按钮，即可调整图片的曝光度。

3.2.5 调整图片的颜色

（1）启动 Photoshop，打开需要调整颜色的图片。

（2）按"Ctrl+J"快捷键复制背景图层。

（3）选择"图像—调整—色彩平衡"命令，弹出"色彩平衡"对话框，如图 3-14 所示。根据自己的需要调节滑块，调节完成后单击"确定"按钮，即可调整图片色彩。

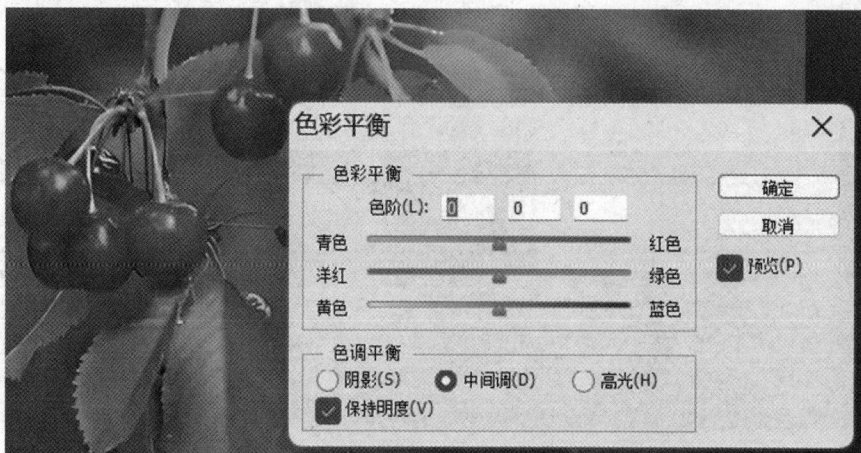

图 3-14 "色彩平衡"对话框

3.2.6 抠图

网店图片中白底图、海报图等经常需要进行抠图处理。抠图方法有很多种，下面介绍常用的 3 种方法。

1. 使用魔棒工具抠图

使用魔棒工具抠图时，对于图片的要求是很高的，需要背景为纯色且商品图轮廓清晰。

（1）启动 Photoshop，打开图片文件。

（2）选择魔棒工具，直接单击图片空白区域（选中背景），如图 3-15 所示。

图 3-15 选中背景

（3）按键盘上"Delete"键，即可一键删除背景。

2. 使用钢笔工具抠图

使用钢笔工具抠图时，对图片也有一定的要求，商品图轮廓要比较清晰，背景可以是纯色，也可以包含杂色或图案。

（1）启动 Photoshop，打开图片文件。

（2）选择钢笔工具，抠图前要先进行路径的选择，沿着要抠图区域的边缘轮廓一笔一画地勾勒出来，如图 3-16 所示。

图 3-16　用钢笔工具勾勒出的图

（3）使用钢笔工具勾勒出外围边缘后，单击鼠标右键，选择"建立选区"选项，将钢笔工具勾勒出的部分载入选区。

（4）按"Ctrl+J"快捷键复制选区，即可完成抠图。

3. 使用套索工具抠图

套索工具与钢笔工具在使用方法上具有一定相似性，二者均需基于轮廓清晰的图像进行操作。其中，套索工具能够自动识别并吸附图像中对比鲜明的边缘轮廓，用户仅需沿目标物体边缘移动光标，系统即可自动生成选区，从而实现快速抠图。

3.3　网店设计与装修

网店开通后，系统默认的店铺页面往往缺乏设计美感，因此卖家需对网店进行整体装修，包括首页设计、详情页优化等环节。专业的店铺装修不仅能提升视觉呈现效果，更能体现卖家的经营态度，从而增强买家的信任感与购买意愿。随着电商平台装修系统的持续迭代升级，特别是移动端功能的不断完善，当前店铺装修呈现出智能化与移动化的发展特征。以淘宝系平台为例，其装修系统已实现 PC 端与移动端的界面统一，并呈现出以移动端为主导的发展趋势。

3.3.1　店铺装修策划

电商从业人员应当具备专业的店铺页面装修策划能力。在市场营销活动中，所有运营策略都应以客户需求为导向。因此，店铺装修策划必须与目标客户群体定位相匹配，并围绕客户定位展开系统性设计。

店铺视觉形象设计需精准契合目标客户群定位，具体表现为品牌调性、商品材质展示及工艺水准呈现等方面均应符合客户预期。高端商品应当搭配简约大气的店铺设计风格，中低端商品则无需过度追求奢华效果，而个性化商品则需要突出店铺特色与差异化优势。

从专业维度来看，优秀的店铺装修方案应当重点考量以下四大要素：整体风格、结构布局、内容安排以及手机端竖屏呈现，以此全方位满足客户体验需求。

1. 整体风格

商家可通过店铺色彩和图文格式的统一搭配来塑造顾客的第一印象。这具体体现为店铺和商品页面的背景色、背景图片、前景色、前景图片、文字格式、商品摆位方向相统一，包括页面中文字字体、大小、颜色的统一，图片色彩、构图、元素、尺寸、结构和角度的统一，标识和拍摄角度的统一，色彩、图像和文本整体风格的统一，等等。另外，在整体色彩搭配上与店铺 Logo 色调相统一，主色调不要超过 3 种颜色。商品拍摄角度和图文处理前景、背景保持统一。整体色调和风格要能体现出行业、商品所传递的感觉，如儿童用品店铺多用明亮色调，以展现活泼、生动的风格；大型家电商品多用深色调，以体现精密、稳定的特点。

2. 结构布局

结构布局清晰主要包括店铺导航结构清晰、商品分类结构清晰以及页面结构设计清晰。

（1）店铺导航结构清晰。在 PC 端，店铺首页栏目导航可以根据顾客对商品的需求，按照重要性顺序展示商品分类，也可以根据店铺特色展示上新栏目、店铺活动栏目，甚至会员服务和品牌故事栏目。在移动端，店铺可以根据后台设置选择是否开启视频、促销活动、新品发布、买家秀等栏目导航。

（2）商品分类结构清晰。商品分类应尽量从多维度展示，如健身器材，既可以按照健身器材的大小进行分类，如大型、小型健身器材，也可以按照商品品类进行分类，如跑步机、多功能训练器、仰卧板等，甚至可以按照价格区间、适用人群进行分类，便于不同顾客快速筛选商品。

（3）页面结构设计清晰。页面结构设计清晰主要是指详情页、首页及其他页面内容逻辑结构安排得当。详情页主要展示商品详情与店铺的促销活动、爆款商品及搭配推荐等内容，以促进顾客购买或者关联消费。在首页的显著位置，如店铺招牌（简称"店招"）、通栏横幅等，展示店铺爆款、新品等结构模块，以引起顾客关注。

总之，合理的结构布局可以方便顾客快捷地查找所需的商品，能大大提升顾客体验，从而促进消费及品牌形象的传播。

3. 内容安排

内容安排主要涉及商品详情页和促销文案等的设计，旨在充分展示顾客所需的详细信息，并突显商品的卖点以促进购买。

在商品详情页的设计上，商家应详尽说明商品的使用场景、细节、规格、使用指南及售后服务等信息，同时，若条件允许，可通过视频等多媒体手段增强顾客对商品的理解，从而提升其信任感。

在促销文案的撰写上，应追求简明扼要、条理清晰、重点突出，明确传达商品的独特卖点和促销的紧迫性，同时，应能够从商品的内在价值或情感共鸣的角度吸引顾客，激发其购买意愿。

4．手机端竖屏呈现

随着移动设备使用率的持续增长，顾客目前主要通过手机等移动终端浏览商店并进行购买，因此，店铺的视觉设计也必须从传统的 PC 端横向布局转变为适应手机端的竖屏布局。原先为横屏设计的内容在竖屏手机上展示时，常常会出现横向内容被压缩至原来的 1/3，而纵向留白则高达 2/3，导致图片和文字的展示效果不佳，内容显得冗余，且竖屏的显示空间未能得到充分利用。同时，鉴于顾客的浏览时间趋于碎片化、浏览深度降低，横屏格式的信息已难以准确传达商品信息。根据顾客使用手机的习惯，竖屏展示方式将逐渐成为店铺图形设计、视频制作和文案撰写的主流趋势。考虑到手机屏幕的大像素、高密度和单屏显示的特点，店铺的视觉设计需要相应地进行优化。在淘宝等电商平台上，最直观的变化是商品发布环节开始支持 3:4 比例的主图和主图视频，部分类别的商品竖图尺寸已标准化为 800 像素×1200 像素。文案内容也应精简，确保简明易懂。在摄影、文案策划和美术设计方面，应从传统的横向分栏和构图转变为纵向分栏和构图，减少横向留白；每个屏幕应聚焦一个主题，内容应简洁明了，主题突出，标题文字的行高应尽量超过屏幕高度的 1/10，图文应合理分布，文字内容不宜超过三行；图文内容应分开展示，避免在图片上覆盖文字，如果文字内容较多，可以采用全屏文字显示的方式。

3.3.2　店招和导航的设计与制作

店招是网店装修中最重要的模块之一，也是卖家用来展示自身店铺名称和形象特色的一种重要途径。对于顾客来说，店招是其对店铺第一印象的依据。它通常由文字和图案组成，表现方法十分灵活。

店招位于网店首页的顶部，包括招牌内容和导航两个部分。招牌内容位于店铺页面的顶端，主要由店铺标志、店铺广告语和收藏按钮等组成。导航位于招牌内容的下方，主要用于展示店铺的分类信息。店招是一个网店的象征，好的店招能起到传达网店的经营理念、突出网店的经营风格、彰显网店的形象等作用。

1．店招的设计

店招一般都有统一的大小要求。店招位于网店首页的页头，这是网店首页非常重要的位置，利用店招可以充分做好网店流量的引导。店招的设计通常由网店名称＋网店 Slogan 组成，加深顾客对于网店的第一印象。同时，为了让顾客停留更长时间，提高去往其他页面的点击率，还可以在店招上加上网店的收藏按钮，或者加上网店优惠券，甚至可以加上网店主推款的链接，以实现直接跳转。例如，图 3-17 为百草味旗舰店店招，店招的设计突出了品牌、网店 Slogan、收藏按钮和搜索功能。

图 3-17　百草味旗舰店店招

淘宝网店中每个页面都可以独立设置店招。设计店招时需要注意的事项如下。

（1）目前，淘宝网只支持 GIF、JPG、PNG 格式的店招图片。

（2）店招图片的推荐使用尺寸为 950 像素×120 像素，超出这个尺寸的部分将被裁掉。

（3）上传店招图片时，可以选择将此图片仅应用到当前页面或应用到整个网店的页面。

（4）店招一定要凸显品牌的特性，让顾客清楚店铺的主营商品，包括风格和品牌文化等。

（5）如果店招包含季节性元素，就需要根据季节及时更换。例如，女装店铺要注意随着季节变化及时调整展示的服装，不要放过季服装在店招上。

2. 店招的分类

店招分为默认招牌和自定义招牌两种，如图 3-18 所示。默认招牌的背景图可以根据自己的需要进行更换。自定义招牌功能比较丰富，既可以添加自己设计的店招图片，也可以安装更多功能的店招代码。另外，淘宝店铺顶部模块的高度默认为 150 像素，顶部模块包括店招和导航，其中导航高度为 30 像素，因此一般建议设置店招高度不超过 120 像素。

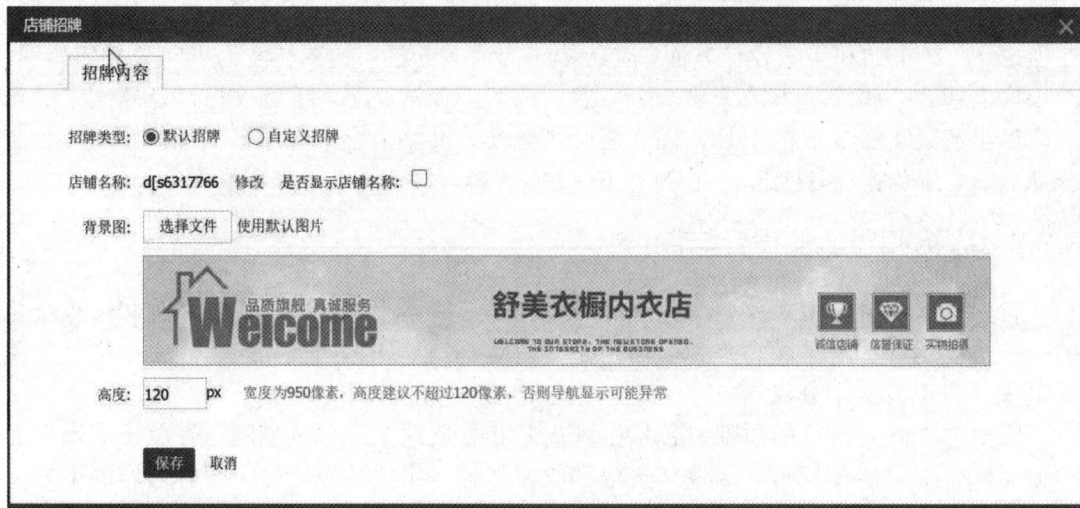

图 3-18　店招的分类

3. 导航的设置

导航位于店招的下方，是网店首页的重要组成部分，在网店页面中的作用是引导顾客快速查看需要的商品。通常网店会将活动页面、自定义页面和商品分类展示在导航当中。导航的设计比较常见的是单层平铺式导航和二级子菜单导航。例如，图 3-19 所示的百草味旗舰店导航为单层平铺式导航，展示了"全部宝贝"页面、"满 300 减 200"活动页面以及商品各个分类页面，这是为了让顾客能够更快地找到想要的商品。某些品类的网店如服装店，商品种类比较丰富，为了让顾客能更精准地找到商品，往往会设计成二级子菜单导航。

图 3-19　百草味旗舰店导航

3.3.3　首页海报的设计

在首页的第一屏中，紧随店招和导航之后的就是首页海报。首页海报主要用于展示店铺当前的促销活动、主推的商品和具体的优惠信息等。这也是网店首页非常关键的视觉区域。首页海报的设计需要突出网店目前的主题活动、促销规则、优惠力度。首页海报可以将网店目前的主推商品呈现出来，为主推款导流量；也可以将网店的新款进行呈现，供顾客浏览并提前收藏；还可以彰显网店商品独特的风格或服务优势。首页海报的设计要与网店的整体风格相一致，要能够树立并强化网店的品牌形象。

3.3.4　商品分类的设置

商品分类也是网店装修的重点之一。因为现在的顾客大多是利用碎片化的时间浏览网店，商品分类能让他们迅速找到心仪的商品，进而增强购物体验。

1. 商品分类图片的制作方法

商品分类图片对于店铺装修至关重要，设计出既美观又具有动态效果的个性分类图片，不仅能够使分类图片更具吸引力，还能有效抓住顾客的注意力。商品分类图片的标准尺寸一般为 150 像素×30 像素。商品分类图片的制作主要有两种途径。第一种途径是利用第三方平台如模板网站等提供的在线模板进行制作。第二种途径是使用图像编辑软件，如 Photoshop，自行设计和制作。

2. 上传商品分类图片并设置商品分类

恰当的商品分类有助于提升店铺商品的清晰度，便于顾客迅速浏览并查找他们感兴趣的商品。对于商品种类繁多的店铺而言，合理的分类尤为关键。以下是进行商品分类的具体操作步骤。

（1）登录淘宝账户，进入"千牛卖家中心"，单击"店铺—店铺装修—PC 店铺装修"选项，进入 PC 端店铺装修页面，如图 3-20 所示。

图 3-20　PC 店铺装修页面

（2）在 PC 店铺装修页面找到"宝贝分类"选项，进入"宝贝分类管理"页面。在"宝贝分类管理"页面单击"添加手工分类"按钮，如图 3-21 所示，在"添加子分类"按钮上方将新增一个商品分类项。在"分类名称"文本框中输入该分类的名称。卖家可以根据网店自身情况添加分类。

图 3-21 "宝贝分类"设置

（3）单击"添加图片"按钮，会弹出一个对话框，默认选项为"直接输入内部图片地址"，在文本框中输入图片的地址即可，单击"确定"按钮进行确认；也可以选择"插入图片空间图片"选项，从图片空间中选择并插入所需的图片，如图 3-22 所示。

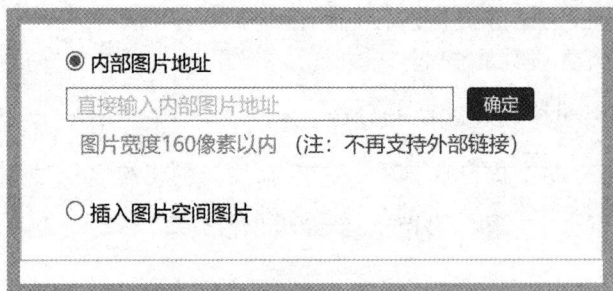

图 3-22 "添加图片"对话框

（4）如果要添加子分类，单击"添加子分类"按钮，填写子分类的具体信息。

（5）单击上移箭头和下移箭头，可调整商品分类的顺序。

（6）设置完毕后，单击右上角的"保存更改"按钮。

商品分类设置完成后，即可在"宝贝管理"中将店铺中的商品划分到相应的分类中。同一个商品可以划分到多个对应的分类中。

3.3.5 店铺主要页面的装修

1. 店铺首页的装修

（1）PC 端。在千牛卖家中心后台首页左侧导航栏中找到"店铺"，单击"店铺装修"下的"PC 店铺装修"选项，在基础页中开始装修首页。首页装修是千牛卖家店铺装修系统中最重要的内容和最丰富的板块，该板块分为页面编辑和布局管理两大块内容。

① 页面编辑：在页面编辑板块下，有非常多的模块可供卖家选择，功能也十分丰富，如图 3-23 所示。

图 3-23 页面编辑板块

网店首页的布局是否合理，效果是否美观，是网店能否吸引消费者的重要影响因素。在装修网店首页前通常需要先确定网店首页的组成模块。网店首页的组成模块主要包括以下 9 个。

- 宝贝推荐：该模块主要用于展示店铺中销售得较好的商品。
- 默认分类：该模块用于归类放置店铺的商品，并将商品按销量、收藏、价格、新品进行排列，引导消费者按类别选择需要的商品。
- 个性分类：商家根据自己店铺的特色和喜好，用一些个性化的文字或图片来设计商品的分类标签，可以在引导消费者消费的同时加深消费者对店铺的印象。
- 图片轮播：该模块用于放置单品或新品的促销广告，从而吸引消费者购买，是开展促销活动时的必备模块。
- 全屏宽图与全屏轮播：卖家可在该模块设置宽度为 1920 像素的全屏海报与全屏轮播图，其在网店首页中所占的区域较大，能给人带来震撼性的视觉效果，也是开展促销活动时常用的模块。
- 自定义区：由于没有固定尺寸的限制，该模块可以用来展示特色商品或店铺活动，是店铺装修常用的模块。自定义区模块结合第三方网站如码工助手可用于制作全屏宽图或全屏轮播。
- 购物券：购物券用于展示店铺的促销推广信息，一般要显示购物券的面值、使用范围、使用条件和使用时间。
- 宝贝搜索：设置搜索的关键词和价格区间，以便消费者搜索店铺内的所有商品。
- 客服中心：在店铺首页的页头、页中以及页尾处一般都需要添加客服中心模块，其目的在于让消费者很方便地咨询客服商品的相关信息。

卖家可对比分析同类商品网店的首页来设计自己网店的首页。大部分网店的首页基本包括店铺招牌、轮播海报、优惠券、促销专区等模块。把鼠标移至各个模块，会出现"编辑"按钮，单击"编辑"按钮，即可开始编辑模块。

② 布局管理：在布局管理板块下，卖家可以在该界面对选定页面的整体结构进行布局，如图 3-24 所示。从店铺的页头到页尾都可以进行拖拉删减，进行自定义设计。卖家可以增加或者减少某个模块，也可以把左侧需要用到的基础模块添加到对应的布局单元中去。布局管理功能可以很好地为后期的装修奠定基础，所以卖家可以先对布局进行设计，设计完成后再进行后期具体的装修。

图 3-24　布局管理板块

（2）手机端。在淘宝业务越来越多地向移动端倾斜的大趋势下，要想提高手机店铺的成交率，手机店铺装修是必不可少的考虑因素之一。精心设计的网店首页对推动网店发展具有重要的作用。部分卖家把 PC 端的图片迁移至手机淘宝，以致出现尺寸不符、效果不好、体验不佳的问题。

手机端装修和 PC 端装修大同小异。在千牛卖家中心后台首页左侧导航栏找到"店铺"，单击"店铺装修"下的"手机店铺装修"选项，进入首页装修。装修模块主要分为图文类、宝贝类、视频类、营销互动类等，如图 3-25 所示。但是，由于页面的大小是固定的，放进首页的模块数量是有限的，所以卖家要对这些模块有所选择。需要哪个模块，只需将相应模块拖动到右边的编辑区中，之后设置模块的参数，加入图片、文字、内容链接等内容，手机淘宝网店首页的装修就完成了。

最后，单击"预览"按钮，可通过手机淘宝客户端扫描二维码查看网店的装修效果，确认没有问题，单击"发布"按钮，即可发布成功。

2. 商品详情页的装修

网店的商品详情页除了能告知消费者该商品的基本情况，还能通过一些细节展示和文字描述来打消消费者的购买疑虑、售后顾虑，从而促成购买。可以说，网店商品详情页的好坏直接影响网店商品转化率的高低。

图 3-25　手机店铺装修模块

以手机端为例，一个好的手机版商品详情页不但可以为网店增添不少亮点，从而使商品的排名更好，而且能助力网店在手机端吸引更多的流量。设置手机版商品详情页的具体操作步骤如下。

（1）进入千牛卖家中心后台，在左侧导航处单击"商品—商品管理—商品装修"选项，进入商品列表页面，如图 3-26 所示。

图 3-26　商品列表页面

（2）在商品列表中要装修的商品右侧单击"装修商品"按钮，进入商品装修页面，如图 3-27 所示。

（3）在商品装修页面中，可依次对商品主图、图文详情等进行装修。其中，图文详情装修类似于手机端首页装修，页面如图 3-28 所示。可以在基础模块中添加图片、文字、视频和动图等，可以在营销模块中添加店铺推荐、店铺活动、优惠券、群聊，可以在行业模块中添加商品参数、颜色款式、细节材质、商品图片、商品吊牌、品牌介绍、商家公告，可以在自定义模块中添加图文模块、店铺推荐、品牌介绍、商家公告。

图 3-27　商品装修页面

图 3-28　图文详情装修页面

【小知识】

　　PC 端详情页的设计思路着重于全方位展示商品的各类信息，力求详尽且清晰，因此详情页通常篇幅较长，内容涵盖面广。相比之下，手机端详情页受页面屏数限制，展示内容更为精简，主要聚焦于商品最具竞争力的卖点、关键属性（如尺码与材质）、模特展示图以及细节特写图等核心展示要素，同时商品细节文案也应尽可能精炼。

课后习题

一、单项选择题

1．店招的文件最多不能超过（　　）像素。

A．80　　　　　　　　B．90　　　　　　　　C．100　　　　　　　　D．120

2．网店装修中，不能根据（　　）确定装修风格。

A．店铺主营商品　　　　　　　　　　　B．自己的审美观

C．当前季节　　　　　　　　　　　　　D．即将进行的店铺活动

3．以下哪个是不能利用旺铺自定义页面进行自由设计的项目？（　　）

A．链接外网商品　　　　　　　　　　　B．插入商品视频

C．利用店内商品做促销页面　　　　　　D．商品海报

4．要从店铺装修的（　　）进入，才能装修商品详情页。

A．装修页面　　　　B．设置风格　　　　C．管理页面　　　　D．布局管理

二、简答题

1．网店装修色彩设计应该遵循什么原则？

2．商品详情页主要由哪些部分构成？

实训练习

实训目标：

1．利用所掌握的知识设计制作店招、海报图片。

2．利用所掌握的知识对店铺进行设计装修。

实训内容：

1．用软件 Photoshop 为店铺制作店标、店招和海报图。

2．根据店铺商品特点和目标消费者的喜好，确定店铺风格，店铺风格设计要主题明确、布局合理、风格统一。根据店铺定位确定店铺的装修风格，装修店铺的 PC 端页面和手机端页面。

实训评价：

店铺装修完成后，进行站点发布，各团队之间相互点评。

课后拓展

页面装修要点

1．图文尺寸要求

图文尺寸是影响店铺展示效果的主要因素，同时也直接影响顾客的购物体验。在商

品发布过程中，除了商品图片尺寸有明确规定，店铺招牌、Logo 都有明确的尺寸要求，每个具体模块的尺寸要求是美工人员所必须熟悉的。

（1）PC 端淘宝页头店铺招牌规定为 950 像素×120 像素，页身通栏内容布局主要包括 950 像素和 1920 像素两种规格，两栏结构分别为 190 像素和 750 像素，一般商品详情页图片宽度多数设计为 750 像素。天猫店铺页头与淘宝店铺尺寸规格相同，也是 950 像素×120 像素，但页身的尺寸相对要比淘宝店铺宽裕，页身通栏内容布局主要包括 990 像素和 1920 像素两种规格，两栏结构分别为 190 像素和 790 像素。

（2）官方规定手机端店铺招牌为 750 像素×580 像素，Logo 为 120 像素×120 像素。由于移动端用户终端不同，图片自适应效果不同，因此手机端对详情页图片宽度没有特别具体的要求，规定 480~1500 像素都可以，官方建议 750 像素为宜，具体的尺寸宽度，商家可以根据商品和客户特征进行微调。

美工人员要牢记这些图片的尺寸要求，在拍图、选图、修图的时候要了然于胸，同时还要注意图片的格式、大小要求。

2. 避免违规触犯淘宝规则

在店铺装修的过程中，有很多规则是需要注意的，如避免使用收费字体造成侵权，避免使用"最""第一"等违反《中华人民共和国广告法》的限用语，避免页面描述出现"质量比××品牌更好，价格比××品牌更低"等语句。

3. 手机端店铺装修智能化模块应用

淘系平台千人千面智能化展示功能，不仅在前台的手机淘宝首页、搜索结果及后续商家推广、促销等行为中得到体现，还在商家后台店铺装修模块中初步呈现，主要包括智能双列、智能单列、猜你喜欢、人群优惠券、人群商品榜单、人群货架、人群海报、美颜切图、智能海报等，这些均是千人千面、标签化的展示效果。这种智能化展示有利于提高内容展示的精准度，提升客户体验。

4. 手机端个性化标签设置

在手机端店铺通用设置里有店铺印象、店铺搜索、内容管理等模块，商家可以依次完成对店铺介绍、店铺故事、搜索关键词、店铺印象标签、Ta 眼中的店等的设置。这些内容对于引导客户、促进店铺标签生成，都有一定的现实意义，有利于增加店铺、商品在每日好店、猜你喜欢等栏目的透出度（淘系术语，指系统给予商品展示的机会）。同时，商家可以在"宝贝管理"栏目下的"商品素材中心"完成商品素材和店铺素材的上传，这也有助于提升店铺形象及商品标签的形成，促进在手机淘宝千人千面场景的透出。

第 4 章

网店促销活动与营销工具

【思政案例导入】

店铺流量、销量呈现爆发式的增长与网店促销活动的开展与营销工具的使用有不可分割的关系。又一年"双十一"临近，上海市市场监管局提前开展行政指导，召集本市重点电子商务企业，就"双十一"网络集中促销活动进行合规指导，制定并发布了《"双十一"网络集中促销合规指导书（2022）》，向电子商务企业提出八方面合规要求。其中就包括加强促销方案的事前审查，不玩"促销套路"，促销规则简单明了；禁止采取"虚假打折"、"虚假标价"、不履行价格承诺等违法方式开展促销。

【案例思考】

1. 对于淘系商家来说，网店活动与促销方式有哪些？
2. 卖家在促销活动中应遵守哪些规则？

【案例分析】

一年一度的"双十一"促销活动中，众多电商企业异常忙碌，加足马力腾仓扩容，备足货源，全力"备战"，而消费者则开启"买买买"模式。在近年来"双十一"电商促销中，"先涨价后打折"的虚假打折，以及优惠规则比高等数学还复杂的促销方法频繁出现。此外，有的商家设置各种"买赠"模式，消费者实际到手价格与平时并无差别，甚至变成了全年最贵。

为保障消费者的合法权益，树立店铺和品牌形象，卖家必须诚实守信、实事求是，遵守营销活动和市场规则，不虚假宣传、不打价格战。

1. 了解目前主流电商平台网店促销常见的活动形式。
2. 熟悉淘系电商平台主流的官方促销活动形式。
3. 掌握淘系电商平台官方促销活动的报名条件、报名渠道。
4. 掌握聚划算、天天特价活动的类型、报名流程及活动中的要点。
5. 了解目前主流电商平台网店促销的工具和手段。

1. 能够根据网店的经营需要，策划相应的营销活动。
2. 能够熟练使用常用的营销工具。

在营销体系中，促销活动是激活老客户、拉动新客户的有力手段，不但可以大大提高店铺销售转化率，而且有助于商家迅速提升品牌影响力。在网店促销活动的实施过程中，从淘系的天天特价、淘金币、聚划算开始，促销活动运营已成为网店运营日常工作的一部分。"双十一"的示范效应将营销活动推向高潮，京东、苏宁易购、唯品会、拼多多等平台纷纷效仿，尤其是淘系促销活动运营，已成为提升平台活跃度的常规手段，同时也是网店运营工作中重要的组成部分。

4.1 官方促销活动

官方促销活动是指由网络平台组织商家开展的促销行为，一方面平台引导商家按要求参与各种活动，另一方面平台在站内各大主要栏目及站外进行宣传推广，吸引客户参与。由于平台拥有广泛的受众群体及强大的活动宣传影响力和吸引力，因此商家适度地参与活动对提升销量、积累客户、提升影响力等都有明显的促进作用。淘宝官方促销活动可以为卖家带来更多的流量及转化，是提高网店销量重要营销手段之一。一场成功的营销活动有可能带来价值可观的订单，对销售产生巨大的推动作用。大型活动会在行业内及用户中引起非常大的反响，品牌知名度得到很大的提高。丰富多样的活动也会提高客户的忠诚度，吸引客户持续关注。

目前，在网络零售平台上比较突出的活动有淘系的聚划算、"双十一"购物狂欢节（以下简称"双十一狂欢"）、"双十二"大促活动（以下简称"双十二大促"）、天猫"6·18"年中大促活动（以下简称"6·18年中大促"）；京东系的每日特价、大牌闪购等活动；拼多多的年货节、爱逛街、断码清场等活动；苏宁易购的"8·18"购物节等。

4.1.1 官方促销活动介绍

下面主要以淘系为例，系统介绍官方促销活动。

1. 官方促销活动的主要类型

淘系官方促销活动主要包括品牌型活动、行业型活动、节庆类活动。

（1）品牌型活动。聚划算、淘抢购、淘金币、全球购、极有家、天天特价、阿里试用等活动属于品牌型活动。这类活动面向整个淘系平台，在 PC 端、移动端首页及主要栏目都有流量入口，受众广、流量大，因此其销量拉动和品牌推广的效果比较明显。

（2）行业型活动。行业型活动即面向行业的专场活动，如女装、男装、女鞋、男鞋、运动户外、母婴、美妆、家居百货、家电数码等常规类目的活动，中国质造、潮电街、淘宝美食、农村淘宝等特色市场类目的活动。这类活动流量入口主要分布在类目频道页，虽然没有品牌型活动影响力大，但客户针对性更强。

（3）节庆类活动。节庆类活动，如面向淘宝商家的"淘宝嘉年华""双十二大促""双十一狂欢""6·18 年中大促""女王节""年货街"等活动，尤其是"双十一狂欢""双十二大促""6·18 年中大促"专场可以算得上是影响整个互联网的大型活动。

2. 淘系官方促销活动报名要求

营销活动流量巨大，促销、品牌宣传效果较好，因此成了商家竞相拼抢的"香饽饽"。为了保障平台的信誉度、提升客户体验，平台要求参加活动的商家必须具备一定的资质。一般要求商家必须符合《营销平台基础招商标准》，并且平台对商家和商品做出了详细规定。

（1）平台对淘宝店铺的要求如下。

① 商家要求方面：须支持淘宝消费者保障服务，近半年店铺 DSR 评分三项指标均值不得低于 4.7，店铺实物交易占比须在 95% 及以上，近 90 天店铺订单金额退款率不超过 30%，店铺的近 30 天纠纷退款率必须小于 0.1%，店铺在近 30 天及一年周期内不能触犯某些规则等。类目不同，要求各有差异，特殊类目除外。

② 商品要求方面：除特殊类目商品外，其他报名商品的报名价格须满足《天猫及营销平台最低标价规则》的规定，必须支持包邮。商家参与聚划算、淘抢购、百亿补贴期间，商品活动价应为任一国内电子商务平台中同款商品的最低商品价格（含拼团价格）。

（2）对比淘宝店铺，平台对天猫店铺的要求相对宽松一些。

① 商家要求方面：主要表现在商家基础服务考核分、商家活跃度（开店时长）、商家综合排名三个维度。商家基础服务考核分须达到该店铺所属主营类目的要求；商家开店时长（店铺上线时间）已满 180 天（含），近 180 天（含）内未达成任何成交的商家将被限制参加营销活动；天猫还将结合商家多维度经营情况（如诚信经营、品质情况等）进行综合排名，若综合排名较低，将被限制参加营销活动。

② 商品要求方面：商品须符合《天猫及营销平台最低标价规则》的规定。

除了以上规定，还要求商家店铺没有因违反"淘宝（天猫）规则"导致被限制的行为，主要表现在不存在下列违规行为：近 90 天（含）内因一般违规扣分累计达 48 分；近 90 天（含）内因严重违规扣分累计达 12 分；近 30 天（含）内因一般违规扣分累计达 12 分；近 30 天（含）内存在严重违规扣分（不含 0 分）；近 30 天（含）报名店铺在大促中存在虚假交易行为。

3. 官方促销活动报名入口

淘宝平台的活动报名入口主要有两种。

（1）商家后台营销中心入口。商家可以通过自己的千牛卖家中心进入"营销"栏目报名参加活动。店铺类型不同及所属类目不同，商家在对应后台报名页面看到的报名列表也有所不同，图 4-1 为淘宝商家后台营销活动中心活动报名页面。

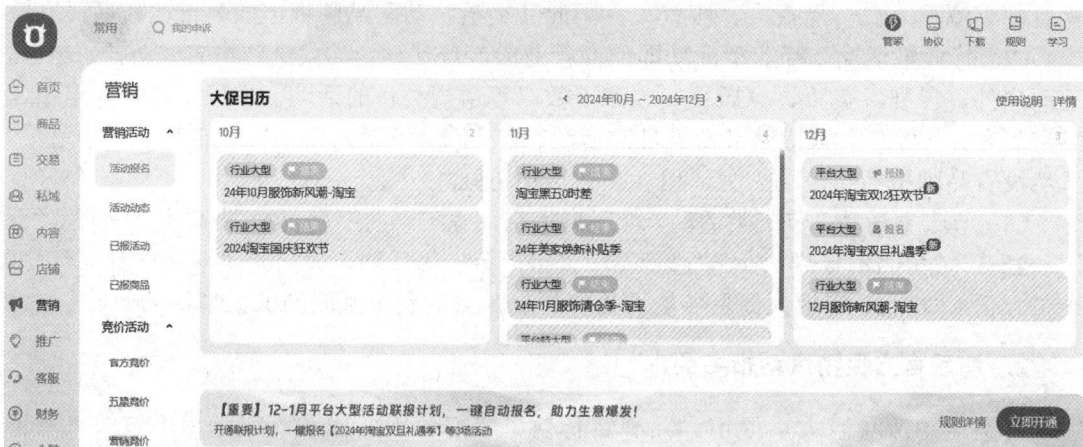

图 4-1　淘宝商家后台营销活动中心活动报名页面

（2）活动官方主页报名入口。商家也可以在对应的官方主页直接报名参加活动，如聚划算、试用中心、淘抢购等，还有一些活动可以在淘宝论坛、旺旺群报名。尤其是对于头部商家而言，旺旺群是一些优质资源活动的主要报名渠道。

4. 做好大促活动的技巧

报名参与平台大促营销活动前，卖家需要确定活动主题、活动时间、活动商品以及参与部门，确定相应的营销策略，并生成活动方案。

第一步，确定活动主题、活动时间和活动商品。

（1）确定活动主题。活动主题体现了活动的目的，一个好的活动主题有利于吸引消费者的注意。活动主题要简洁明了，一般在 10 个字左右。

（2）确定活动时间。确定活动时间有利于掌握活动节奏，明确活动各个阶段的具体时间。如根据"双十一狂欢"活动的特点，将"双十一狂欢"活动划分为规划期、筹备期、预热期、活动开始、爆发期、返场期六个阶段，并明确各阶段需要做的工作，以便后续工作的开展。对于较简单的活动如天天特卖活动等，无须划分活动阶段。一旦确定好活动时间就不能随意更改，且为了避免消费者混淆或者自己忙不过来，活动时间不应与其他活动时间相冲突。

（3）确定活动商品。活动商品即被选定参与活动的商品，选择活动商品要慎重。针对店铺的情况，一般选择有一定销量的商品，并且需要在报名参与活动前确定商品的价格、库存等信息。

第二步，确定参与部门。

大促活动对于店铺极其重要，在策划活动方案时，要详细规定各部门在大促活动各阶段的工作。

第三步，确定营销策略。

确定营销策略的关键在于选定营销推广的方式，以实现最大化的引流。商家可以搭配使用多种营销推广方式，从而增强活动效果。例如，某商家经过商讨，决定在"双十一狂欢"活动中以直通车和超级钻展推广作为主要方式进行引流，同时，鉴于天天特卖活动本身具备营销推广属性，该商家还计划通过设置优惠价格直接开展促销活动。

思考营销策略时，商家要从网店的实际情况出发，实事求是，多角度思考。同时，营销策略要符合活动规则，这是不断寻找适合店铺可持续发展方向的一种实践，不要只想着打价格战。

第四步，生成活动方案。

确定营销活动的内容后，需要将活动内容整理成活动方案，可根据活动的难易程度选择不同的呈现方式。表 4-1 为"双十一狂欢"活动方案示例。"双十一狂欢"活动涉及的事项较多，可以用表格详细列出各阶段的参与部门与事项。

表 4-1　"双十一狂欢"活动方案示例

活 动 阶 段	活 动 时 间	参与部门与事项
规划期	9 月 15 日—9 月 22 日	运营部：确定销售目标、流量目标、收入目标、其他目标 策划部：思考活动各阶段的文案 设计部：收集素材，思考详情页、主图、推广图的优化方案 仓储：清点商品库存
筹备期	9 月 23 日—10 月 26 日	运营部：确定各项目负责人，创建数据监控表并共享给其他部门，制作活动预热、爆发、返场等阶段页面的工单，准备备用方案等 策划部：编写活动各阶段所需文案 推广部：制订直通车、超级钻展推广计划和优化方案，测试活动期间要用的主图、商品图、推广图等，准备订阅、直播推广策略 设计部：设计预热期、活动开始、返场期等阶段的页面 仓储部：安排和培训人员，优化仓库运作流程 客服部：排好班次，培训客服人员
预热期	10 月 27 日—10 月 31 日	运营部：监控各项数据，包括收藏加购率、优惠券发放数量、流量来源、竞品数据等，并及时调整 推广部：根据预热效果调整推广方案 设计部：根据预热效果调整相应的页面 策划部：根据预热效果调整方案 客服部：引导消费者提前加购
活动开始	11 月 1 日—11 月 10 日	运营部：上线正式活动，监控各项数据 推广部：根据活动效果调整推广方案 设计部：根据商品销售情况调整页面 仓储部：及时发货，跟踪物流 客服部：接待、催付、处理售后问题
爆发期	11 月 11 日	活动爆发
返场期	11 月 12 日—11 月 18 日	运营部：爆款商品返场、活动复盘 仓储部：及时发货，跟踪物流 客服部：售后回访

天天特卖等活动较简单，其活动方案可以直接以文本方式呈现，如图 4-2 所示。

（1）活动主题：单品巨惠价格直降

（2）活动时间：10 月 20 日 00:00—11 月 13 日 23:59

（3）活动商品：卫衣

（4）参与部门：运营部、设计部、仓储部等

（5）促销策略：7 折左右

图 4-2　天天特卖活动方案示例

📖 【拓展知识】

淘宝活动的报名规则

淘宝活动有很多种，参与要求各不相同。卖家若想成功报名淘宝活动，首先要透彻地了解淘宝活动的报名规则。

淘宝活动的报名规则主要包括两部分：一是对卖家的考核，二是对报名商品的考核。对卖家的考核主要是对卖家的网店类别、物流服务、近 30 天网店纠纷退款、网店服务态度、是否因违规正在处罚期等方面进行考核。对报名商品的考核主要是对商品图片、商品价格、商品类目、商品库存是否在规定范围之内，以及商品是否应季、商品是否适应这个活动等方面进行考核，也会查看商品是否有品牌授权及相关安全认证。一般来说，活动规则中对于商品描述中的图文相关设置也有一定要求，如报名商品的主图、标题、内页等都要遵守活动规则。

4.1.2　聚划算活动

淘宝聚划算是由淘宝网官方开发并组织的一种线上团购活动，日访客过千万。从 2010 年诞生到现在，聚划算几经变革，从前期隶属于淘宝的一个频道到现在的淘系的独立部门，从前期商家免费参加到后来的商家以竞拍、付费方式参加。尽管聚划算活动不停地发生着变化，但它依然是淘系影响最大的官方活动之一。聚划算如今已经成为互联网买家的首选团购平台，聚划算首页如图 4-3 所示。淘宝（天猫）卖家已经把参加聚划算当作推广网店、打造人气商品的好方法，买家在聚划算花很少的钱就可以淘到中意的商品，聚划算实现了卖家和买家的双赢。

参加聚划算能迅速提高网店流量，其单品销售量比没有参加聚划算的单品高出几倍甚至上千倍，图 4-4 为聚划算活动带来的单品销量。参加聚划算一般都能让卖家的商品成为爆款。此外，参加聚划算还能使网店快速曝光，让网店的更多商品被买家看到，增加其他商品的销量。

1. 准入要求

不同类型的聚划算活动的报名条件要求各有差异，下面以商品团为例具体介绍一下活动对商家及商品的要求。报名条件要满足淘系营销平台基础招商要求，具体要求表现在商家店铺资质和商品资质两大方面。

图 4-3　聚划算首页

图 4-4　聚划算活动带来的单品销量

（1）商家店铺资质要求。商家店铺资质要求主要体现在开店时间、店铺信用、店铺评分、参聚退款率等方面。店铺开店在 180 天及以上；淘宝店铺一般类目信用在一皇冠及以上；店铺近半年的有效店铺评分数量，其中天猫店铺必须在 300 个及以上，淘宝店铺必须在 200 个及以上，特殊类目另行计算；参加过近 30 天聚划算的订单金额退款率不超过 50%，订单未发货金额退款率不超过 30%，特殊类目另行计算。

（2）商品资质要求。商品资质要求除符合《营销平台基础招商标准》外，在商品历史销售记录、库存数量、报名信息、商品标题和图片、商品限购数量、减库存方式等方面都有具体的规定。在具体活动中，报名商品一口价必须符合聚划算对商品历史销售记录的要求，如商品一口价在 500 元（不含）以下的，报名商品近 30 天的历史销售记录必须在 20 笔及以上等；报名商品的库存数量必须在 1000 件及以上；商品限购数量最高为 5 个等级，特殊类目除外。

卖家报名参加聚划算可在千牛卖家中心后台营销菜单中进入，如图 4-5 所示。

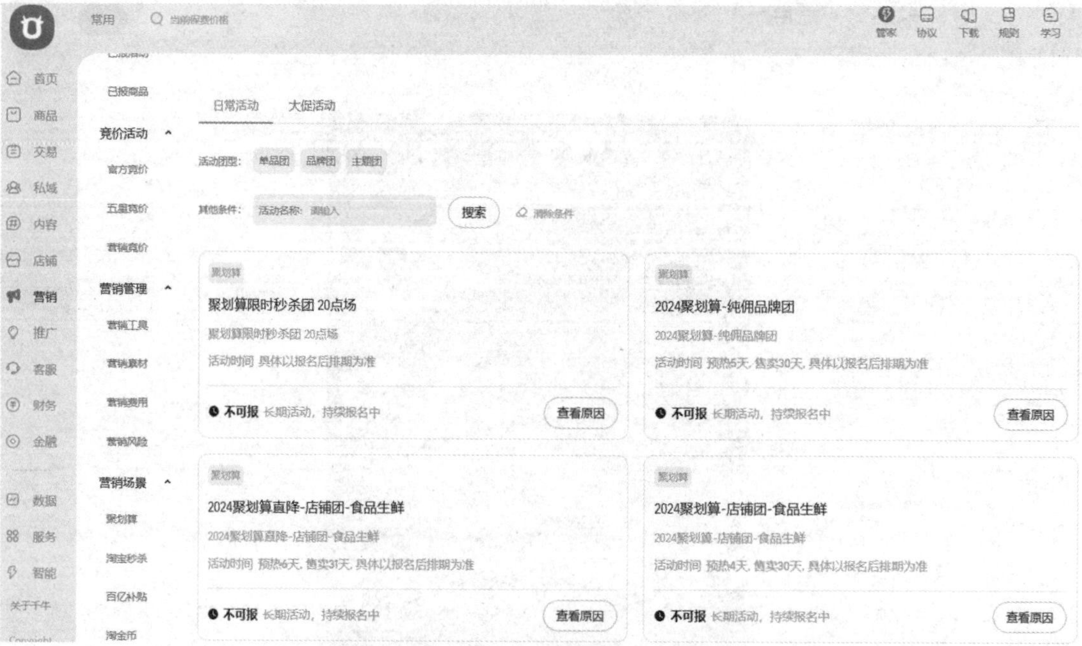

图 4-5　聚划算报名入口

2. 活动类型

随着聚划算体量的增加和活动场景的不断变化，目前聚划算频道类型也变得多种多样，从原来简单的商品团、品牌团、聚名品、聚新品等已延伸成聚划算优选团、量贩团、全球精选、视频团频道等数十种频道类型。不同的频道类型适合不同的营销场景，商品团是单品参加团购的形式，针对商家比较广泛；品牌团针对有影响力的品牌商家及商品开放，主要适合品牌商家；聚新品主要针对新品开放，助力商家"引爆"新品，快速积累客户群体。

3. 活动收费方式

费用问题关系到活动的投入回报比，因此费用是网店运营每个环节都必须考虑的。由于活动类型、活动类目及活动资源的不同，通常费用结算也有所差异，其总体分为基础收费模式和特殊收费模式两种。

（1）基础收费模式。基础收费模式包括基础技术服务费（以下简称"基础费用"）、实时划扣技术服务费、封顶技术服务费（以下简称"封顶费用"）的组合模式，基础费用及封顶费用标准均与天数相关。参加聚划算的商家在商品获得审核通过后，需要提前将基础费用划扣至聚划算账户。开团后，当根据交易金额和类目费率计算的实时划扣技术服务费等于或低于开团时已扣除的基础费用时，系统将不会执行实时划扣技术服务费操作；当实时划扣技术服务费高于开团时已扣除的基础费用后，系统将对超出部分收取实时划扣技术服务费，直至扣除的基础费用及实时划扣的技术服务费合计达到封顶费用时，系统停止扣费。单品团基础费用的标准为 2500 元/天，封顶费用的标准为 25000 元/天；品牌团基础费用的标准为 25000 元/天，封顶费用的标准为 60000 元/天；主题团基础费用的标准为 20000 元/天/团，按拼团商家数分摊，封顶费用的标准为 60000 元/家/天。

（2）特殊收费模式。特殊收费模式具体包括两种，一种是只收取实时划扣技术服务费的收费模式，且部分业务或品牌按照对应类目的实时划扣技术服务费的费率的 8 折扣费；另一种是固定费用收费模式，商家只需在开通前交纳一笔固定服务费即可，无须再交纳实时划扣技术服务费。

4.1.3 淘金币活动

淘金币是淘宝平台为淘宝卖家量身打造的免费网店营销工具，卖家可以通过淘金币账户赚金币，给买家发淘金币，打造网店专属的自运营体系，提高买家黏性与成交转化率。

1. 准入要求

不同类型的淘金币活动的报名条件各有差异，以"超级抵钱-30%抵扣活动"为例，其报名条件如表 4-2 所示。

表 4-2 "超级抵钱-30%抵扣活动"报名条件

报 名 条 件	具 体 内 容
星级标准	淘宝卖家店铺层级≥3 钻
近半年店铺物流服务 DSR	DSR≥4.6
近 30 天支付宝成交金额（元）	店铺近 30 天支付宝成交金额≥15000 元
近半年商品描述相符 DSR	DSR≥4.6
近半年商家服务态度 DSR	DSR≥4.6
近 365 天内无严重违规行为节点	报名活动的商家近 365 天内无严重违规行为节点处理记录
自然年无出售假冒商品扣分	参加大型营销活动要求店铺未因售假被处罚
店铺综合排名	从商品品质、商家历史诚信经营等维度对报名商家进行综合排序，店铺综合排名须符合活动要求
近 730 天内出售假冒商品分值未达 24 分	报名活动的商家近 730 天内出售假冒商品分值未达 24 分
涉及违规风险	为维护良好的市场秩序及保障交易安全，若卖家实际控制的账号或店铺实际控制人的其他账号曾存在严重违规行为并受到处罚或被采取特定管理措施，店铺将暂无法参与本次营销活动
廉正调查	从商品品质、商家历史诚信经营等维度对报名商家进行综合排序，店铺综合排名须符合活动要求
近 90 天内无虚假交易扣分	报名活动的商家近 90 天内无虚假交易扣分

续表

规 则 分 类	规 则 内 容
近365天内出售假冒商品分值未达12分	报名活动的商家近365天内出售假冒商品分值未达12分
近30天内纠纷退款率或纠纷退款笔数	近30天纠纷退款率超过店铺所在主营类目的纠纷退款率均值的5倍，且近30天纠纷退款笔数大于等于3笔的店铺，限制参加活动
须为淘宝网卖家	卖家须为淘宝网卖家
未在搜索屏蔽店铺期	报名活动的商家未在搜索屏蔽店铺期
近90天内无一般违规行为节点	报名活动的商家近90天内无一般违规行为节点处理记录

2. 活动类型

淘金币活动主要分为主题购、品牌汇两大类型活动，其中主题购包括每日必抢栏目。

【拓展知识】

促销活动中的违规行为

通常在淘系平台营销活动中的违规行为包括以下几种形式。

1. 活动后降价

活动后降价是指商家的商品在参加营销平台活动结束后15日内，出现实际成交价格低于其参加营销平台活动期间实际成交价格中位数的情形。

2. 品控DSR不达标

品控DSR不达标是指商家参加营销平台活动结束后30日内，成交笔数为100笔及以上且有效评价占比大于50%的活动商品，其活动订单对应的三项DSR均值低于或等于4.5分的情形。

3. 违背承诺

违背承诺是指商家未按照承诺向买家提供既定的服务或向营销平台履约的行为，这些行为包括以下内容。

- 出现强制搭售或拼款。
- 出现商品换款，与报名商品不一致。
- 营销活动承诺未兑现。
- 使用非官方工具进行免单、返现等活动。
- 商家参与聚划算、淘抢购等活动期间，商品活动价高于任一国内市场电子商务平台中商家及其关联方控制的各类型店铺的同款商品价格（含拼团价格）。

4. 排期违约

排期违约是指商家获得营销平台排期后，在活动开始前因自身原因临时退出，导致活动无法正常进行的行为。

5. 资质作假

资质作假是指商家在报名营销平台活动时所提供的资质材料，如质检报告、品牌授权书等存在作假的行为。

出现上述行为后，商家将面临警告、取消当次商品活动权、取消当次活动参与权、限期中止活动、永久终止合作等惩罚，而且需要接受不同程度的扣分处理。

4.2 网店营销工具

　　要想提高店铺盈利水平或参加"双十一狂欢"等大促活动,首先要为店铺引流,带动商品的销量。这需要借助一些营销工具开展促销活动,包括使用搭配宝设置搭配套餐,使用店铺宝设置"满就送""满就减"活动,以及发放优惠券等。

📖【拓展知识】

促销的最佳时机

　　促销虽好,但不能什么时候都用,如果全部商品都在搞促销,这样的促销也没有什么意义了。一般来说,促销的最佳时机有以下几种。

　　1. 节日促销

　　逢节日促销是现在卖家惯用的手法,尤其是国庆、五一、元旦等大节日更是给卖家带来了促销的理由。

　　当然,节日促销也要结合自身的商品实情及买家的特征来进行,如商家是卖女装的,父亲节搞促销显然不合适。

　　2. 新品促销

　　新品促销可以作为网店长期的促销活动,因为用心经营的网店总会源源不断地推出新品。新品促销既能加快商品卖出的速度,也利于维持老顾客的关注度,从而提高他们的忠诚度。

　　新品上市初期,若缺乏适宜的促销时机,其销售量往往难以突破上市初期的瓶颈。通常而言,新品上市一个月后,当铺货率接近50%时,开展促销活动的效果最为理想。

　　3. 季节性商品促销

　　具有明显季节性销售特点的商品,普遍存在淡季与旺季之分,且每年均遵循这一规律。在旺季来临前,网店需开展告知性促销活动,以此预热市场。此举旨在使商品顺利进入市场,获取前期市场反馈,为旺季销售的到来筑牢基础,甚至实现旺季的提前启动。例如,夏季是凉鞋的销售旺季,此时对凉鞋进行促销,无疑是绝佳时机。

　　当商品旺季正式开启,网店在对主打商品进行促销的同时,还可借助低价策略对其他商品开展促销活动。旺季过后,销售量逐渐下滑,为延长旺季销售周期,网店应迅速启动促销活动,尽可能多地消化库存。

　　即便市场步入淡季,开展促销活动依然不可或缺。此时的促销并非着眼于销售量,而是期望赢得买家来年更有力的支持。

　　4. 店庆促销

　　网店在"升钻升冠"之际,通常会举办庆祝活动,并推出促销优惠。网店开张周年庆则是开展大规模促销活动的绝佳时机,不仅可以推出大型促销活动,还可以向买家展示网店的发展历程,增强买家的信任感。

　　5. 换季促销

　　对于季节性较强的商品,换季促销时的活动力度往往较大,而买家也通常乐于参与此类换季清仓活动。

4.2.1 网店营销工具介绍

网店营销工具是指在网店运营过程中用于开展营销活动的各类工具。营销工具的设置既能体现一定优惠力度，又有一定时效限制。因此，商家将这些营销工具与推广活动相结合，能有效促进客户购买、提升店铺转化率、提升客单价、促进关联消费、提升店铺业绩。同时，基于网络数字化特征，网店营销工具在优惠分发、定向投放、效果统计方面的表现尤为出色。

在传统市场营销活动中，商家主要采用折扣券、减价优惠、组合销售、多买多送、赠品抽奖及团购活动等形式进行营销。在网店运营中也同样存在这些形式，如淘系的红包优惠券、拼多多的拼购等。以淘系平台营销工具为例，网店营销工具分为官方营销工具和服务市场提供的营销工具两类。

1. 官方营销工具

淘系平台为商家提供的营销工具主要有单品宝、店铺宝、优惠券、搭配宝等，这些在商家后台营销工具中心都有展示，如图4-6所示。

图4-6 淘宝官方营销工具

（1）单品宝。单品宝适用于单个商品，可以直接起到提升单品当次购买力度的作用，且对客户群体进行定向设置，因此它既适合日常单品促销，加快客户购买决策，提升单品销量，也适合有针对性地拉动特定客户群体。

（2）店铺宝。店铺宝可以同时应用于店铺内多个商品，且设有明确的门槛及对应福利赠送，总体优惠力度大、普适性强，在促进客户下单的同时提升客单价、客单量，尤其是与优惠券配合使用还可以拉动客户回购。

（3）优惠券。优惠券应用最为灵活，可以设置应用门槛，其不但应用类型多样，而且发放形式也比较灵活，既可以独立应用，也可以配合活动应用，还可以定向发放。因此，无论对于日常营销还是大型活动，优惠券都是促销利器，既可以提升商品当下销量，又可以提升整体客单价。

（4）搭配宝。搭配宝主要应用于关联性比较强、互补的商品，更侧重于拉动店铺整体销量，促进配套销售。

总体而言，各种营销工具各有所长。为达到更好的营销效果，商家应根据目标灵活使用、组合使用营销工具，同时要避免多种优惠叠加使用而导致亏损。

2．服务市场提供的营销工具

除了官方配套的营销工具，在淘宝服务市场交易平台还有第三方提供的各种各样的营销工具，如图 4-7 所示。这些营销工具同样可以帮助商家实现限时打折、打折促销、首件优惠、自动评价等诸多功能，满足商家多种场景的使用。

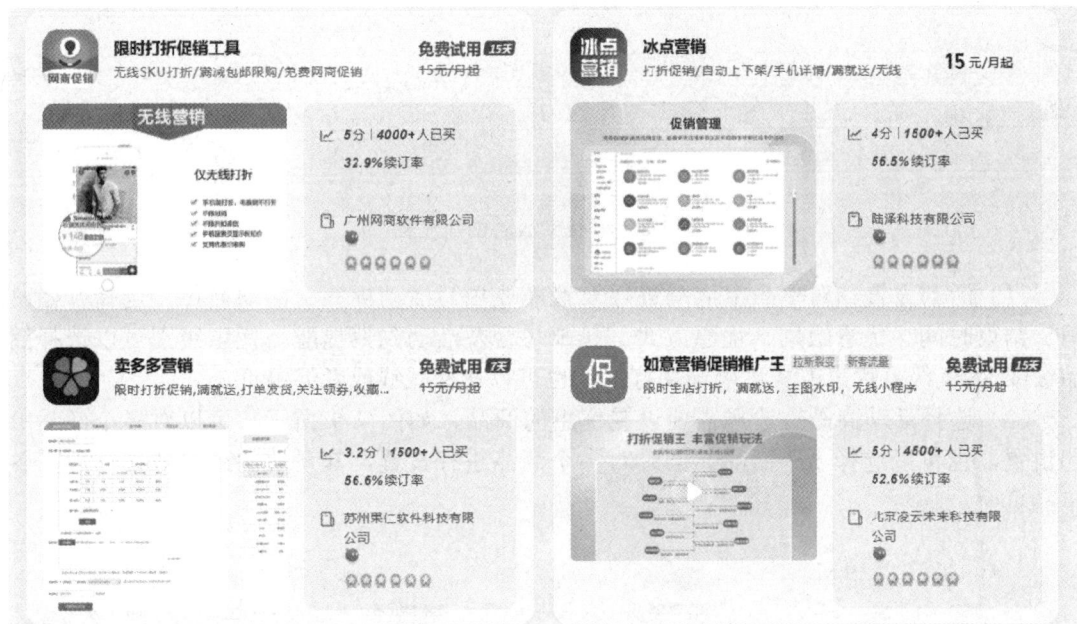

图 4-7　服务市场提供的营销工具

4.2.2　单品宝

1．单品宝概述

单品宝是针对店铺某个商品灵活设置打折、减现、促销价的工具，是原来"限时打折"工具的升级版。商家应用单品宝对商品进行设置后，对应商品的前台展示页面会自动呈现打折优惠效果。

2．单品宝活动创建流程

登录淘宝网，进入卖家千牛中心，选择"营销—营销工具"选项，单击"单品宝"功能模块下方的"立即创建"按钮，进入单品宝工具页面。流程主要包括活动设置、选择活动商品、设置商品优惠、完成 4 个步骤，如图 4-8 所示。随着系统升级，目前淘系已经把单品宝升级为粉丝专享价、会员专享价、新客专享价及老客专享价等多种应用场景。

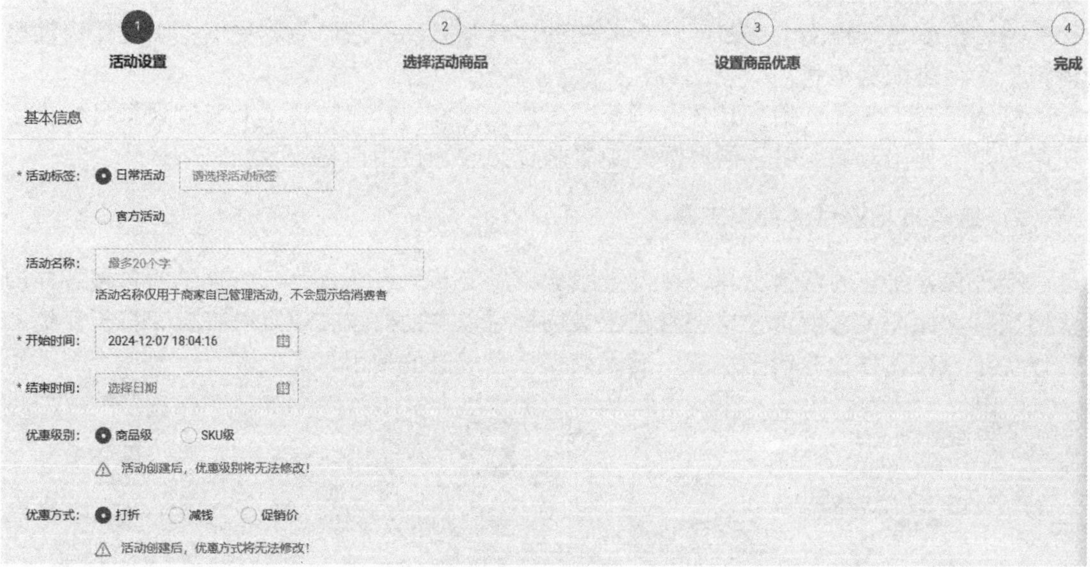

图 4-8　单品宝活动创建流程

（1）活动设置。对单品宝活动进行设置需要填写活动标签、活动名称，选择开始时间、结束时间、优惠级别、优惠方式、包邮与否及活动到期提醒。优惠级别可以选择商品级或 SKU 级；优惠方式可以选择打折，也可以选择减钱或者促销价。

（2）选择活动商品。选择需要设置优惠的商品，如图 4-9 所示，可以对多个商品一起设置，也可以选择一个商品。同时对多个商品进行设置，其设置的最终效果体现在各单品页面。

图 4-9　选择活动商品

（3）设置商品优惠。基于上面选择的优惠方式设置对应的促销价即可，如图 4-10 所示，然后进行保存，后台就会显示对应的单品宝活动管理列表，后续还可以根据需要对活动进行修改、删除、暂停。

图 4-10　设置商品优惠

（4）完成。上述设置完成后，前台展示页面就会出现对应的优惠，如促销价等。

3. 单品宝应用要点

商家设置商品优惠价是网络零售中常用的单品促销手段，但在这里需要注意以下事项。

（1）单品宝通常最多可以设置 100 个活动，商家要有针对性地使用，避免活动无效。

（2）设置的商品优惠价不能低于一口价的 3 折，否则不计销量。

（3）单品宝活动类型的选择取决于营销目的，以拉新促销为目的的可以设置价格为新客专享价，以回馈激活客户为目的的可以设置价格为会员和老客户专享价，以提升内容为目的的可以设置价格为粉丝专享价。

（4）应用单品宝后要随时关注优惠价格的到期时间以及使用效果，适当调整，避免其过期后影响客户体验。

4.2.3　店铺宝

1. 店铺宝概述

店铺宝是店铺级优惠工具，支持创建针对部分商品或全店商品的满减、满折、满包邮、满送权益、满送赠品等营销活动，是"满就减（送）"的升级版。店铺宝设置完成后，对应商品的前台展示页面会自动呈现优惠效果。

2. 店铺宝活动创建流程

登录淘宝网，进入千牛卖家中心，选择"营销—营销工具"选项，单击"店铺宝"功能模块下方的"立即创建"按钮，进入店铺宝工具页面。商家可以根据营销目标需要选择满件打折、满元减钱、满件减钱活动，如图 4-11 所示。

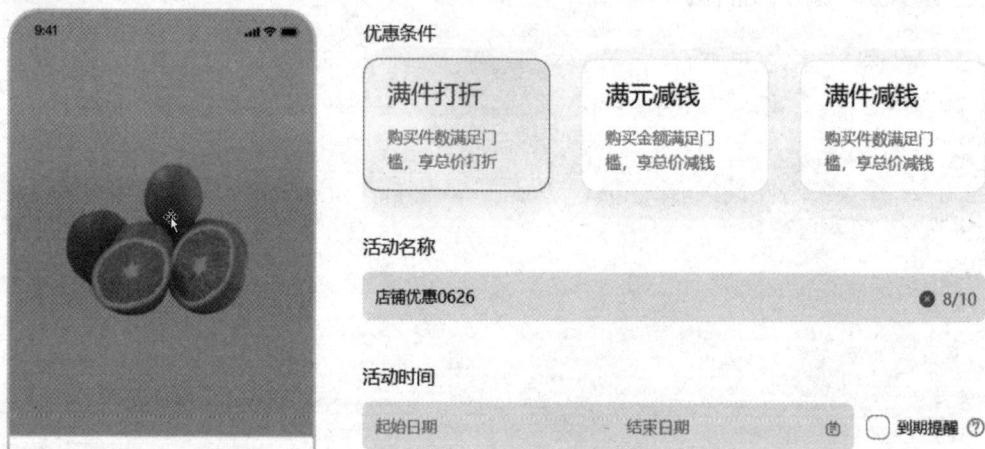

图 4-11　店铺宝工具页面

以满件打折活动为例，在页面中依次填写活动名称、活动时间，设置优惠，选择商品，完成即可发布活动，如图 4-12 所示。

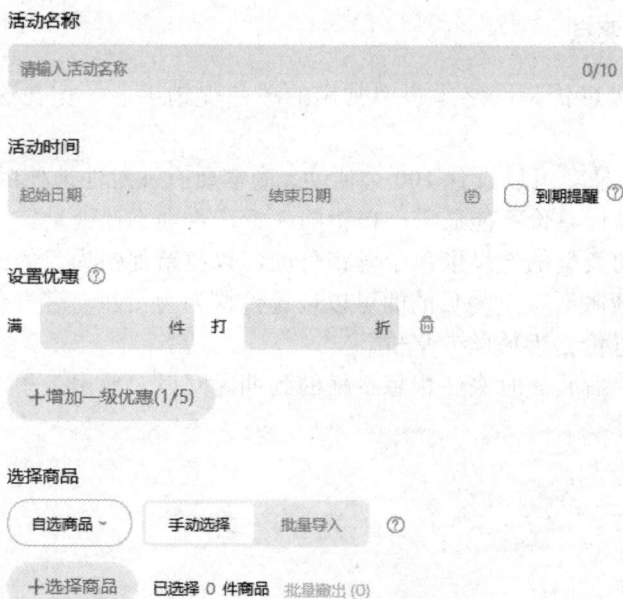

图 4-12　满减打折活动设置

4.2.4　优惠券

发放优惠券是一种非常直接的促销方式。为了让更多的消费者享受到优惠，吸引更多的消费者下单，商家可通过发放优惠券开展促销活动。首先确定发放优惠券的方案，确定使用时间及优惠力度，然后根据方案创建优惠券。根据适用范围的不同，优惠券分为店铺优惠券和商品优惠券。以店铺优惠券为例，设置优惠券的具体操作步骤如下所示。

（1）登录淘宝网，进入千牛卖家中心，选择"营销—营销工具"选项，单击"优惠券"功能模块，进入优惠券工具页面，如图4-13所示，单击新建店铺券的"新建"按钮，进入创建店铺优惠券页面。

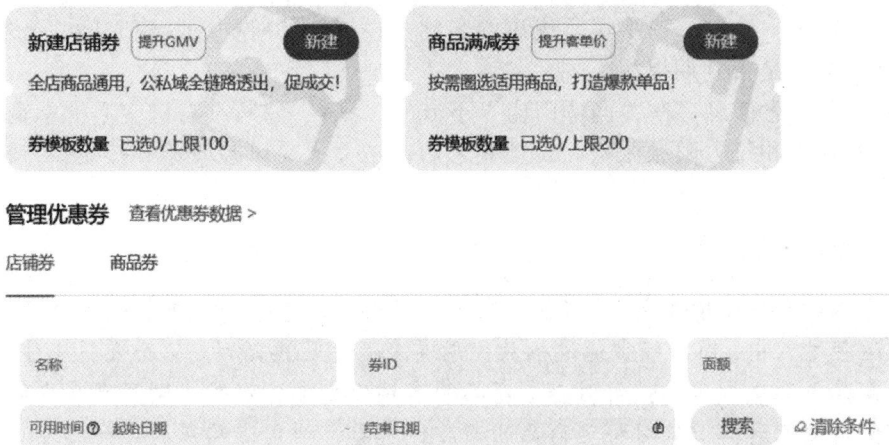

图 4-13　优惠券工具页面

创建店铺优惠券时设置的主要内容包括基本信息（名称、使用时间等）、优惠信息（面额门槛、发行量及每人限领）。优惠信息设置如图4-14所示。

图 4-14　优惠信息设置

（2）选择优惠券推广方式。

① 全网自助推广。全网自助推广是优惠券在公开渠道应用的一种方式，主要是指优惠券创建以后会自动在商品搜索结果页或者商品详情页标题下面直接显示，客户可以自主领取使用。

② 官方渠道推广。官方渠道推广是优惠券在特定场景公开应用的一种方式，主要应用于淘系官方场景。官方渠道推广应用场景包括官方活动招商、阿里妈妈推广、店铺宝满就送等。例如，聚划算等官方活动的优惠券需通过"官方活动招商"入口设置，淘宝客推广的优惠券需在"阿里妈妈推广"界面设置，店铺宝"满就送"活动使用的优惠券则需在"店铺宝满就送"模块中设置。在官方渠道推广中，商家需选择对应的应用场景并设置相应的优惠券，此后在应用阿里妈妈、官方活动、店铺宝的时候就可以直接调用。

（3）设置基本信息。依次填写优惠券名称，设置开始时间、结束时间、低价提醒，选择活动目标和是否到期提醒。

（4）设置优惠信息。在"面额门槛"下方的"满¥""减¥"右侧文本框中输入金额，然后设置发行量和每人限领张数。设置完之后单击"提交风险校验"按钮，待校验无误后完成投放。

> **【小知识】**
>
> 优惠券是一种虚拟现金券，消费者在付款时使用优惠券可以抵扣一定金额的现金。在网店运营过程中，商家经常通过投放优惠券来开展优惠活动，从而吸引消费者购物。
>
> 优惠券主要分为 3 类：针对全店商品的店铺优惠券，消费者购买网店内的任意商品均可使用该优惠券；针对特定商品的商品优惠券，消费者购买特定商品才可以使用该优惠券，且商品优惠券和店铺优惠券不可以叠加使用；裂变优惠券，消费者只有把该优惠券分享给足够数量的好友后才能领取并使用该优惠券。

4.2.5 搭配宝

搭配宝是淘宝官方提供的设置搭配套餐的工具。搭配套餐是指将两种或两种以上的商品搭配在一起组成一个套餐。设置搭配套餐有利于同时实现多种商品销量的提升和客单价的提升，进而提升店铺的销售额。设置搭配套餐的具体步骤如下。

第一步，选择合适的商品组成搭配套餐。搭配套餐中有两类商品，一类是主商品，另一类是搭配商品。主商品只有一个，且销量一般较高；搭配商品可以有多个，通常为利润较高或销量较低的商品，也可以选择销量较高的商品或需要引流的新品。例如，某卖家查看了已上架商品的销量后，选择了一款销量较高的商品作为主商品，一款销量较为逊色的商品作为搭配商品。

第二步，使用搭配宝设置搭配套餐。确定好搭配的商品后，卖家需要在千牛卖家中心使用搭配宝新建搭配套餐，以吸引消费者购买。

（1）登录淘宝网，进入千牛卖家中心，选择"营销—营销工具"选项，单击"搭配宝"功能模块下方的"立即创建"按钮，进入搭配宝工具页面，如图 4-15 所示。

（2）在搭配宝工具页面单击"+创建活动"按钮，进入创建套餐页面，如图 4-16 所示。在"主商图"栏下单击"添加主商品"按钮，打开"选择主商品"对话框，在列表框中选中相应的商品前的单选按钮，然后单击"确认"按钮。在"搭配商品"栏下单击"添加搭配商品"按钮，打开"选择搭配商品"对话框，选中相应的商品前的复选框，然后单击"确认"按钮。搭配商品最多可添加 8 个。

图 4-15　搭配宝工具页面

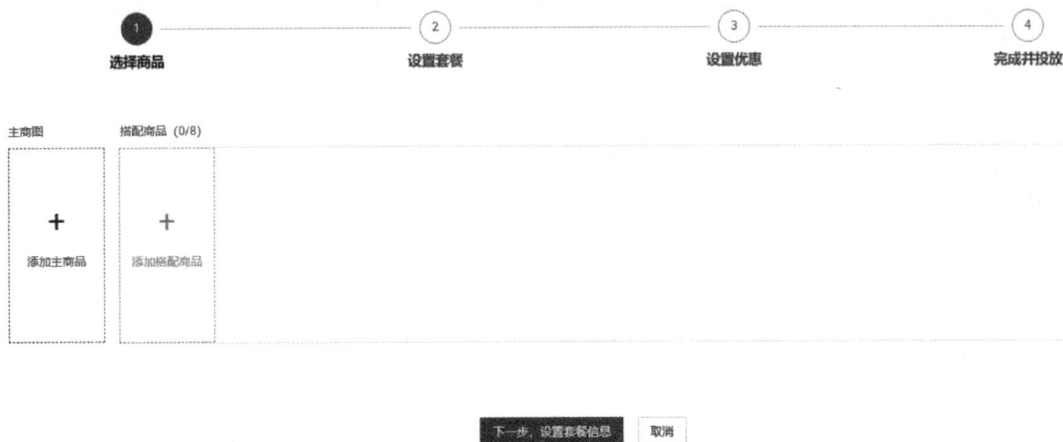

图 4-16　创建套餐页面

（3）单击"下一步，设置套餐信息"按钮，进入设置套餐页面，如图 4-17 所示。在"套餐名称"文本框中输入套餐名称如"搭配买更划算"，在"套餐介绍"文本框中输入介绍文本如"内衣+袜子，一站式购齐"，套餐类型选择"自选商品套餐"或"固定组合套餐"，套餐属性默认选择"标准套餐"。单击"套餐图"下方的"智能合图"按钮，系统将自动生成套餐封面图，也可以上传做好的图片。然后单击"下一步，设置商品信息"按钮。

（4）设置优惠。鉴于众多消费者期望商家提供包邮服务，建议卖家在设置搭配套餐时提供包邮服务，这将更有利于吸引消费者下单。在设置优惠页面，选中"基础优惠"栏下的"卖家承担运费"复选框。在"更多优惠"栏下设置"选择优惠"和"优惠类型"

（见图 4-18）。随后设置活动时间，并选择是否进行活动预热及到期提醒。单击列表中主商品对应的搭配价下方的"修改"按钮，弹出"设置搭配价格"对话框，设置主商品的搭配价，随后点击"确认"按钮。接着单击列表中搭配商品对应的搭配价下方的"修改"按钮，弹出"设置搭配价格"对话框，设置搭配商品的搭配价，随后点击"确认"按钮。系统将根据设置的搭配价计算出套餐价。点击"保存套餐"按钮，系统将投放该套餐，并在套餐中显示搭配购买可获得的优惠价格。

图 4-17　设置套餐页面

图 4-18　设置优惠页面

【小知识】

一个搭配套餐中只能选择 1 个主商品，最多可以添加 8 个搭配商品。商家可以一次性在对话框中选择所有搭配商品，也可以依次单击创建套餐页面的"搭配商品"栏下的"添加搭配商品"按钮，逐个添加搭配商品。要更改搭配商品时，可单击"搭配商品"栏下的"删除"按钮，重新选择搭配商品即可。

搭配商品应具有较强的关联性。既然是搭配套餐，在商品的搭配过程中，就要注意商品结构的合理性，确保搭配商品之间具有较强的关联性。强行搭配毫无关联的商品不仅不会带来好的促销效果，还可能削弱消费者的购物热情。

搭配套餐有一定的价格优势，比单独购买多个商品更实惠，可以吸引对多种商品有购买需求的消费者。但要实现这种效果，必须保证搭配套餐中的商品为同类型或相关联的商品。

设置搭配套餐后，当消费者选择套餐中的一种商品时，系统会将套餐中的其他商品推荐给消费者，从而达到增加搭配商品的曝光率和销量的效果。搭配套餐通常出现在商品详情页的主图所在区域以及"试试这样搭配"栏下方。

课后习题

一、单项选择题

1．平台活动开始前需要做很多的准备工作，若监控到流量少并且转化高，应当（　　）。

A．对接推广，增加流量渠道入口，提高销售量

B．对接运营，修改促销策略

C．对接美工，修改关联商品页面

D．对接客服，推荐店铺其他商品

2．单品宝活动创建流程不包括以下哪个步骤？（　　）

A．活动设置　　　　B．选择活动商品　　　　C．设置商品优惠　　　　D．设置套餐

3．搭配套餐中最多可以添加（　　）搭配商品。

A．6　　　　　　　B．7　　　　　　　C．8　　　　　　　D．9

二、简答题

1．报名参加聚划算的流程是什么？

2．简述如何做好一场大促活动。

3．店铺促销的形式有哪些？各有什么特点？

实训练习

实训目标：

1．掌握参加平台活动的方法。

2．能够根据店铺的实际情况设计店内营销活动。

实训内容：

1．为店铺报名参加 1～2 个平台活动，如淘金币、"双十一狂欢"活动等。

2．为一个淘宝零食网店策划双节（国庆、中秋）活动，包括网店的商品介绍、目标客户人群、目标客户的消费特征和购买习惯、销售推广渠道等，请自选一种促销方式来策划零食网店的促销活动。

实训评价：

以 3 人为一小组，首先对零食网店进行分析，选择一种促销方式来设计活动策略。然后根据所选择的促销方式来撰写零食网店双节促销活动报告书，并进行小组评价。

课后拓展

什么样的商品适合做促销

1．有众多潜在消费者

重点促销的商品最好选择市场规模大、目标用户群广泛的品类。如果选择的商品都是一些没有多少人会喜欢的冷门商品，甚至是卖不出去的商品，即使价格非常低，对于消费者来说也缺乏吸引力，这样的商品只能甩卖处理，不要指望它们带来流量和人气。

2．质量过关

尽管是促销商品，但购买这些商品的消费者有可能会成为店铺的回头客，甚至是忠实顾客。如果促销商品质量不过关，店铺以次充好，不仅很难赢得回头客，还有可能招致中差评，这对店铺的长远发展极为不利。

3．最好是店铺的主营商品

如果店铺主要卖女装，促销的商品选择女装就很适合。如果选择男装进行促销，那就很难带动女装的销量。

4．符合当前潮流趋势和社会主流价值需求

紧跟时尚潮流的商品更容易获得大众的认可。所以，建议店铺在促销商品时选取与潮流符合的样式，这样能够带来更好的效果，吸引更多的消费者购买。

5．有历史购买记录和购买评价

网购无法看到实物。除了通过图片和文字介绍来了解商品，历史购买记录和购买评价也是消费者决策的重要依据。所以，在可行范围内，应积极引导消费者认真填写评价。

6．货源充足

促销活动对商品的销量有提升作用，同时也可能产生滞后购买效应，因而库存充足也是促销活动不可忽视的问题。有充足的货源，才能避免商品在销售的过程中出现缺货情况。

第 5 章
网店推广

【思政案例导入】

受疫情影响，实体店店主王敏抱着试试看的心态在淘宝开起了网店。自从网店开起来后，虽然买家的浏览量很大，但成交率不是很高。然而，王敏一直在不断地推广宣传自己的网店。他会让朋友帮忙在周围进行宣传，自己也会在不同的论坛、博客等网站上宣传。经过不断推广宣传，网店浏览量每天都在增加，成交订单也从三天一笔到一天一笔，直到现在一天的三百多笔，这让身为新手的王敏更加兴奋，也对自己网店的盈利前景更加充满信心。

经过三个月的努力，王敏每天的利润从几元增加到几十元，甚至有时能达到几百元。而且，王敏对开网店也越来越有感觉，能够更好地用不同的宣传方式来吸引买家。

在淘宝开店让王敏找准了自己的发展方向，他坚信经过不懈努力，自己的网店会越做越好。

【案例思考】

1. 新手开店后，怎样低成本宣传推广自己的网店？
2. 网店推广需要注意什么？

【案例分析】

互联网的快速发展使网店推广营销的方式方法层出不穷。以 App 为基础的移动电商平台用户规模持续稳定增长。虽然推广渠道越来越多，但是推广难度越来越大。因此，必须深入调查，分析客户需求点和推广点的契合处，实施精准营销策略。网店推广中要遵纪守法、诚实守信，积极履行社会责任。同时，要遵守第三方平台的规则，努力创作积极向上、充满正能量的内容。

知识目标 →

1. 了解直通车等推广方式的相关知识。
2. 了解淘宝直播的相关知识。
3. 了解抖音的相关知识。
4. 了解搜索引擎优化的含义。
5. 掌握影响搜索引擎优化的主要因素。
6. 掌握商品标题优化的方法。

技能目标 →

1. 能够创建直通车、超级钻展等推广计划。
2. 能够根据网店经营需要开展直播活动。
3. 能够熟练应用标题优化技巧。

网店申请成功并完成商品发布、店铺装修后，商家首先面临的就是流量问题，没有流量就没有成交。从平台视角看，对于大多数商家而言，其店铺流量主要来源于站内流量和站外流量；从费用视角看，流量来源主要分为免费流量和付费流量。以有代表性的淘系平台为例，站内流量包括免费的搜索引擎优化流量、付费推广流量（淘系内直通车、引力魔方、淘宝客、品销宝等）、活动流量（淘系内聚划算、天天特卖等）和其他免费流量（淘系内每日好店、有好货、直播、订阅、店铺收藏、回头客等）。京东、拼多多等平台也有类似的流量来源。站外流量包括搜索引擎流量、站外广告流量、站外活动流量，以及论坛、博客、微博、微信、快手、抖音等社交流量等。

5.1 站内推广

站内推广尤其是站内付费推广是网店流量的重要来源之一，因此，下面主要介绍站内付费推广。当下网店竞争激烈，站内付费推广以其多样性和高效性广受商家推崇。按照当下广告扣费的形式划分，站内付费推广主要表现为点击计费（Cost Per Click，CPC）推广、千人成本（Cost Per Mille，CPM）推广、交易收费（Cost Per Sales，CPS）推广3种主要形式，如淘宝直通车、京东快车、多多搜索等就是CPC推广的典型代表，淘宝引力魔方、京选展位等是CPM推广的典范，淘宝联盟（淘宝客推广）、京挑客是业内具有代表性的CPS推广形式。

5.1.1 直通车

直通车是阿里妈妈旗下的一个付费推广工具，需要支付一定的推广费用才能使用。直通车是网店推广的得力助手，具有广告位极佳、针对性强和按效果付费等优势。直通车的核心作用是提高流量、吸引新买家，借助超高点击量提高网店的综合评分，进而增加自然搜索量。

1. 直通车的推广原理

直通车是一款付费推广工具，使用的是搜索竞价排名模式，投放在淘宝（天猫）等站内及站外平台，旨在为卖家获得所需的流量。直通车推广在给商品带来曝光量的同时，其精准的搜索匹配也给商品带来了精准的潜在买家。

直通车推广利用点击引导买家进入网店，有助于降低网店整体推广成本，提升网店的关联营销效果。同时，直通车还为用户提供了淘宝首页热卖单品活动、各个频道的热卖单品活动和各类直通车用户专享活动。

淘宝直通车的推广原理如下。

（1）如果想推广某件商品，首先要为该商品设置相应的关键词及标题。

（2）当买家在淘宝网通过输入关键词搜索商品或按照商品分类进行搜索时，卖家推广的商品将得以展示。

（3）买家通过关键词或商品分类搜索后，如果在直通车推广位点击了卖家的商品，系统就会根据卖家设置的关键词或类目的出价来扣费。

2. 直通车的广告展示位

直通车竞价结果可以在淘宝网以"图片+文字"的形式展示出来。每件商品可以设置200 个关键字，卖家可针对每个竞价词自由定价。直通车商品一般展现在以下位置。

（1）搜索展示位。

① PC 端主要展示位。当买家在淘宝网中输入关键词搜索商品时，搜索结果页面左侧 5 个商品广告位和搜索结果页面右侧"掌柜热卖"一栏 16 个商品广告位都是直通车的展示位。搜索结果页面左侧和右侧的展示位如图 5-1 所示。

图 5-1 搜索结果页面左侧和右侧的展示位

在搜索结果页面的下端也会出现带有"掌柜热卖"标签的 5 个直通车商品广告位。搜索结果页面下方的展示位如图 5-2 所示。

② 移动端主要展示位。移动端淘宝/天猫直通车展示位和自然搜索结果是混排在一起的，而且不同的移动设备展示位也有所区别。表 5-1 为淘宝/天猫直通车对应不同移动设备型号的展示位。

图 5-2　搜索结果页面下方的展示位

表 5-1　淘宝/天猫直通车对应不同移动设备型号的展示位

移动设备型号	展　示　位	说　明
iOS	1+5+1+5+1+10+1…	每隔 5 或 10 个商品有 1 个展示位
Android	1+5+1+5+1+10+1…	每隔 5 或 10 个商品有 1 个展示位
iPad	1+5+1+15+1+20+2…	每隔 5、15 或 20 个商品有 1 个或 2 个展示位
WAP	1+20+2+20+2…	每隔 20 个商品有 2 个展示位

（2）定向推广展示位。定向推广分为站内和站外两部分，其中，站内定向推广分为定向推广 PC 端展示位和定向推广移动端展示位两种。

①　定向推广 PC 端展示位如下。

* 我的淘宝——已买到的宝贝。
* 购物车——掌柜热卖。
* 单品——淘宝订单详情页。
* 我的淘宝——猜你喜欢。
* 我的淘宝——物流详情页。
* 收藏夹——热卖单品。

②　定向推广移动端展示位如下。

* 手机淘宝——猜你喜欢。
* 手机淘宝——购后猜你喜欢。
* 手机淘宝——淘好物活动。
* 手机淘宝——购中猜你喜欢。
* 手机淘宝——首页猜你喜欢。
* 平台营销会场。

3. 直通车推广方式

直通车有 3 种推广方式，分别是标准推广、智能推广和直播推广。

（1）标准推广：标准推广是一种手动推广方式，需要商家手动设置推广计划的日限额、投放位置、投放地域、投放时间、推广商品等，可以达到精准控制推广计划的目的。

（2）智能推广：智能推广由直通车系统自动进行推广，不需要手动设置。

（3）直播推广：直播推广是指使用直播的方式进行推广。

4．直通车的扣费原理

直通车推广能给网店带来巨大的流量，那么直通车的扣费原理是怎样的呢？

（1）当买家搜索卖家设置的关键词时，卖家的商品就会出现在直通车的展示位上。只有当买家点击商品时才收费，不点击商品则不收费。

（2）卖家为关键词设置的价格，是卖家愿意为该关键词带来一个点击量而付出的最高价格。当商品被点击时，扣费将小于或者等于卖家的出价。

（3）直通车没有任何服务费。第一次开户需要预存一定金额，目前最低预存金额为200 元，该金额全部作为广告费。当开展广告活动后，买家点击产生的费用就从这里面扣除。

（4）直通车扣费公式是"实际扣费=下一名出价×下一名质量得分/卖家的质量得分+0.01 元"。我们所看到的质量得分（1～10 分）实际上是经过相对化比较并进行四舍五入处理后的结果。

（5）卖家关键词的排名有高低之分。同一个关键词，出价高的排在前面，依次排列，类似于百度的竞价推广。因此，新手需要学习关键词设置技巧以及成本控制方法。

> 📢【小提醒】
>
> 　　可能有的卖家会提出疑问，如果有其他人对直通车商品进行恶意点击，卖家岂不是花了冤枉钱？
>
> 　　淘宝直通车配备强大的防恶意点击系统，能够保证每个点击都是真实有效的。为了促使淘宝直通车实现长远发展，为了让用户切实感受到淘宝直通车是真正有效的，淘宝绝不会纵容任何恶意点击和损害用户利益的行为。

5．直通车推广的策略

（1）关键词合理定价策略。众多卖家往往不清楚关键词到底该如何出价。下面将阐述基于流量价值的商品定价方法，以实现收益最大化，并根据流量价值动态调整关键词出价。

① 根据流量价值调整出价。首先介绍两个重要概念：转化率和流量价值。

转化率是指在一个统计周期内，完成购买行为的成交量占总点击量的比率。其计算公式为：

$$转化率=成交量/总点击量$$

流量价值就是每个流量单位产生的价值。其计算公式为：

$$流量价值=利润转化率=商品利润/成交需要的点击量$$

例如，一件商品的利润是 20 元，每带来一笔成交需要 50 次点击，那么利润转化率就是 0.4，每次点击平均带来 0.4 元的利润，0.4 元就是该商品的流量价值。也就是说，这件商品设置的关键词价格只要低于 0.4 元，流量越多，获取的利润就越多。

点击转化率随着排名的上升而提高，但是排名之间转化率的提高幅度不同，转化率提高幅度就是流量价值的提高幅度。

② 合理定价。上面讲到流量价值决定了出价，商品定价又在很大程度上决定了流量价值。下面介绍一种合理定价的方法，以实现收益最大化。

众所周知，在成本已知的情况下，商品定价越高，单笔利润越高，而不同定价又对应不同的成交量。所以，在定价范围内可以找到一个定价，使"总收益=（定价-成本）×成交量"的值达到最高，也就是说，在这个定价下，卖家的收益是最高的。例如，商品的成本是 100 元，该商品定价为 120 元、150 元、180 元时的平均成交量分别为 240 件、160 件、80 件，那么 3 种定价的总收益分别为 4800（20×240）元、8000（50×160）元、6400（80×80）元，所以该商品在定价为 150 元时，总收益是最大的。

（2）提高关键词的质量得分。在淘宝直通车中，有一个影响直通车费用的关键因素，那就是质量得分。质量得分是关键词的搜索匹配相关度的综合指标，当买家搜索关键词时，匹配相关度越高的商品质量得分越高，反之则越低。只要商品相关信息质量得分足够高，就可以用相对更少的推广费用把更优质的商品信息展现在更适当的展示位置上，从而实现买卖双方的互利双赢。

质量得分与类目相关性、属性相关性、关键词出价等因素密切相关，相关性越强，质量得分就越高。

① 类目相关性：推广商品上传至正确的类目下，质量得分就高。
② 属性相关性：商品属性越全面、越准确，质量得分就越高。
③ 推广标题：如果推广标题里面包含推广关键词，则该关键词的质量得分就高。
④ 关键词出价：出价越高，质量得分越高。
⑤ 商品图片：图片清晰度越高，突出性越好，质量得分就越高。
⑥ 关键词竞争：竞争压力越小，质量得分就越高。

5.1.2 淘宝联盟

淘宝联盟（淘宝客推广）是按成交付费的站外引流营销产品。商家可自主设置佣金比率，由淘宝客（个人或网站主）将商品投放到网站、App、微博、微信、QQ 群等站外渠道进行推广，只有买家通过推广链接购买并交易成功（确认收货），才会从商家店铺绑定的支付宝中扣除佣金费用。卖家进入淘宝联盟商家中心，如图 5-3 所示，可设置淘宝联盟推广计划。

图 5-3 淘宝联盟商家中心首页

1. 淘宝客推广原理

商家根据营销需求，在商家后台设置推广佣金；淘宝客获取推广链接后在站外多渠道进行推广；商家按照实际成交金额支付淘宝客佣金费用。具体推广流程如图 5-4 所示。

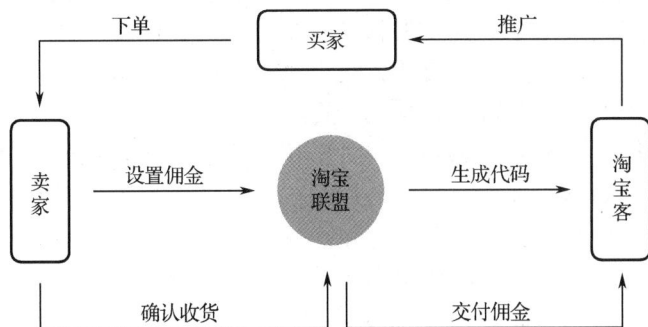

图 5-4　淘宝客推广流程

2. 推广优势

（1）展示点击免费，成交后结算佣金，不成交不扣费，投资日报率更可控。

（2）私域高转化，深度触达社群、达人等各类消费者私域场景，助力店铺新品、爆品实现爆发式销售。

（3）站外消费者全场景触达，覆盖导购媒体、社交平台、内容创作、线下零售等站外多场景，流量渠道更丰富。

5.2　淘宝直播

卖家通过直播不仅可以与消费者更好地互动交流，还能迅速增加商品的销量。特别是大型促销活动的直播，其效果几乎决定着活动营销目标能否顺利实现。

5.2.1　直播营销的概念、特点及优势

1. 直播营销的概念

直播营销是指在现场随着事件的发生、发展同时制作和播出节目的营销方式，该营销活动以直播平台为载体，帮助营销主体达到企业品牌知名度提升或商品销量增长的目的。

2. 直播营销的特点

（1）实时互动。网络直播营销模式极具新媒体特性，具有其他任何传播平台所没有的实时反馈和调整功能。直播的即时互动为营销主体以外的参与者赋权，用户在场域内拥有话语权，和营销主体处在更加平等的交流位置。用户可以通过实时弹幕提出问题或发表评论感想，表达诉求，营销主体可以针对这些诉求及时做出回应和调整。直播营销属于互动仪式的共同场域，有相同志趣的用户聚集在一起会相互感染，能达到情感、气氛上的高潮，实现与用户间弱关系向强关系的转换。

（2）场景触发。营销主体在进行直播营销活动之前，首先应细分受众，了解自己需要推广的商品适宜在什么类型、内容的直播中展示。不同的直播有特定的受众和粉丝群，相应的直播场景能触及用户的不同需求，在直播过程中主播的表演会形成对某些场景的触发，从而激发用户的兴趣和需求。例如，女明星直播时常会被问到口红的色号、即将上映的电影等，这些元素都是可开发的营销商机。

（3）游戏传播，过程消费。直播营销是一种过程消费模式，与传统的购买模式（钱货两清即完成交易）不同。在观看直播的一两小时内，用户会持续不断地获得服务和消费暗示，消费后获得的心理满足感也更持久。用户一旦进入直播间，就如同进入了游戏场域，主播的语言或动作会不断引导和鼓励用户与其互动，同时其他用户的消费或购买也会进一步地刺激这种"游戏体验"。在直播过程中，用户处于情感兴奋的氛围之中，打赏主播或点击购买链接不会像平时的消费那么理性。平台的购买机制使用户对实际价格的感知变得不那么敏感，从而在"边看边买""边玩边买"中就完成了消费。

（4）强烈真实感。网络直播营销的独有特征之一是其强烈的真实感。用户在观看直播时，往往会产生"所见即所得"的直观感受，这是其他任何线上营销活动所无法企及的，而线下营销因为场地等限制无法达到直播营销的规模。直播营销对产品或服务超立体化地展示、对现实线下场景真实地还原复制，与可以后期精修的照片或短视频带给用户的低可信度完全不同。用户可以实时观看长时间、无编辑的直播影像，并且可以通过弹幕要求营销主体进一步诠释细节。这种高度的透明性和互动性进一步增强了用户的信任感。

3. 直播营销的优势

直播营销是一种营销形式上的重要创新，也是互联网视频特色的重要体现。对于广告主而言，直播营销有着极大的优势。

（1）某种意义上，在当下的语境中，直播营销可被视为一种事件营销。除了本身的广告效应，直播内容的新闻效应往往更明显，引爆性也更强。一个事件或者一个话题，相对而言，可以更轻松地进行传播和引起关注。

（2）能体现出用户群的精准性。在观看直播视频时，尽管用户需要在一个特定的时间共同进入播放页面，这似乎与互联网视频所倡导的"随时随地性"背道而驰，但这种播出时间上的限制，能够真正识别出并抓住一批具有忠诚度的精准目标人群。

（3）能够实现与用户的实时互动。与传统电视相比，互联网视频的一大优势就是能够满足用户更为多元化的需求。用户不再仅仅是单向观看内容，还能一起发弹幕进行"吐槽"，为喜欢的主播献花打赏，甚至还能动用民意的力量改变节目进程。这种互动的真实性和立体性也只有在直播的时候能够充分展现。

（4）深入沟通，情感共鸣。在碎片化、去中心化的时代背景下，人们在日常生活中的交集越来越少，尤其是情感层面的交流越来越少。直播，这种带有仪式感的内容播出形式，能让一批具有相同志趣的人聚集在一起，聚焦于共同的爱好，情绪相互感染，情感气氛得以升华。如果品牌能在这种氛围下恰到好处地进行助推，其营销效果往往能事半功倍。

5.2.2　淘宝直播的准入条件及申请流程

1．准入条件

商家要开通直播须具备一定的条件，如商家店铺信用等级须为一钻或以上；主营类目在线商品数≥5，且近 30 天店铺销量≥3，近 90 天店铺成交金额≥1000 元。同时，无论是淘宝商家还是天猫商家，都要具有一定的微淘粉丝量、客户运营能力、控场能力和与粉丝互动的能力。

2．申请流程

（1）开通淘宝直播权限。"淘宝直播"App 的下载界面如图 5-5 所示。商家下载完成后，打开 App 进行注册并登录后，入驻淘宝直播，选择"商家入驻通道"，也可以在手机淘宝或者 PC 端淘宝网申请，符合条件即可开通直播。

图 5-5　"淘宝直播"App 下载界面

（2）创建直播。在淘宝直播 PC 端后台单击"自运营中心—直播"选项，进入淘宝直播中控台，单击右上角"创建直播"按钮，进入"发布直播"页面，选择"普通直播"类型，单击"开始创建"按钮。

进入直播信息设置页面后，按照要求填写对应内容，并选择直播中对应的商品（可以是单个也可以是多个商品），单击"发布"按钮，正式发起直播，然后单击"正式开播"按钮。

直播过程中可以即时查看直播实时数据，并随时结束直播。此外，在手机端淘宝直播 App 中也可以发起直播。

5.2.3　自主创建和策划淘宝直播

直播前卖家首先需要详细策划直播脚本，发布直播预告，并在直播前完成直播场地的布置、直播间的装修、互动方式的设置、直播的推广等工作。

清晰明了的直播脚本有利于推动直播有序进行。在策划直播脚本时，卖家首先需要罗列直播各要素，包括直播的人员、时间、背景、主题、商品、交谈内容等，然后梳理需要进行直播推广的商品，并按照商品的销量对商品进行调整，如设置每推广两个销量一般的商品便推广一个销量较好的商品，以调动直播间的气氛。

5.3 站外推广

卖家除可以利用站内各种资源对店铺进行推广外，还可以通过站外平台来进行宣传，以积累和提升自己店铺的资质与人气。网店经营一段时间后，仅仅在淘宝站内引流不能满足网店的发展需求，还要尽可能地借助站外的一些渠道为网店引流，包括微信、微博、抖音等。卖家需要根据网店的实际发展情况，选择合适的平台对网店进行有针对性的推广。

5.3.1 社交媒体推广

1. 微信推广

微信是当下人们使用较广泛、依赖度较高的 App，因此，以微信为渠道开展网店推广的商家越来越多，甚至有些商家直接将微信渠道作为客户私域流量运营的最佳选择。尽管腾讯对淘系链接进行了部分限制，但淘系陆续推出的淘口令、微海报等推广工具可谓商品微信推广的"神器"。一般而言，商家在微信端推广主要借助微信公众号、微信群、微信号、微信朋友圈四种形式。借助微信公众号进行品牌宣传、新品发布；借助微信群实现对客户分类维护、新品发布、活动预热；借助微信号实现与客户一对一的沟通交流、售后服务等。当然，目前在微信体系内应用最为广泛的就是淘客通过微信群和微信朋友圈助力商家开展的推广。

网店微信推广的方式主要有三种：一是为网店注册微信公众号，并使用微信公众号推广网店；二是使用淘宝 App 和千牛 App 将商品信息分享到微信朋友圈；三是建立微信群，并在微信群中推广网店。

2. 微博推广

微博社交性、传播力强，是商家进行店铺推广的重要平台。商家通过微博既可以宣传品牌、发布新品、维护客户，又可以直接发布链接，方便客户跳转至淘系店铺，直接促进购买。此外，微博提供了粉丝通、微博置顶、粉丝头条等多种推广工具。从淘客的角度来看，微博也是商家利用淘宝客推广的重要阵地。

与微信不同，微博是一个公开的社交平台，通过微博可以达到实时发布消息和与用户互动的目的，因此，很多网店选择将微博作为推广平台。为此，卖家首先需要为网店开通微博账号，然后使用该账号发布微博推广内容，并做好微博账号运营。

在微博推广中，常见的内容类型有以下几种。

（1）店内优惠或上新信息。发布这类微博推广内容的目的是传达网店促销信息、商品上新动态，通过商品本身以及促销活动来吸引用户，从而为网店引流。编写此类微博时，卖家只需要将店内商品详情页使用的文案加以筛选提炼，再配以高品质的商品图片，最后附上店铺地址或商品链接即可，如图 5-6 所示。

（2）有奖互动。为了拉近与微博用户的距离，一些网店会经常在评论区中与用户展开互动，除了时常回复用户评论、转发用户留言，还会发起话题讨论或投票，以增强品牌的影响力。通常，这些话题讨论或投票活动有一定的奖励。

图 5-6　店铺上新

（3）买家秀。优质的买家秀拥有强大的说服力，能够提升商品的可信度和吸引力。一些网店也会时常在微博上发布效果好的买家秀图片或视频，以达到推广商品的目的。为了使买家秀更具有说服力，网店还会发动购买过本店商品的用户发布买家秀微博，然后使用自己的官方微博账号转发或重新编辑发布。当店铺积累了一定数量的买家后，还可以在微博发布名为"××店买家秀"的话题，为店铺和商品带来更多流量。

（4）知识分享。除此之外，一些网店也会在微博上分享一些实用性较强、贴近生活的知识和技巧，这些知识和技巧通常与网店的商品有关，且简单明了，如图 5-7 所示。

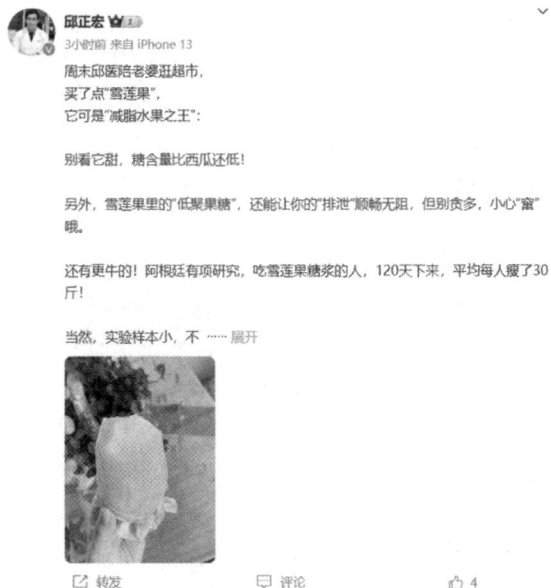

图 5-7　知识分享

卖家还可以在微博开通微博小店，在发布微博推广内容时添加商品，这样用户在浏览内容时可以直接单击该商品跳转到网店购买。具体操作方法：在"我"界面中选择"创作中心"选项，打开"创作者中心"页面，在其中选择"小店"选项，完成人脸识别，开通微博小店，在"发微博"页面单击右下角的"+"按钮，添加商品。

3. 抖音推广

抖音是一个发展迅速的短视频平台，其吸引力远超传统图片或文字内容，是推广网店的有力工具。卖家可以为网店注册抖音账号，并制作与网店商品相关的短视频，然后进行推广。

（1）抖音广告与其他广告相比，其优势体现在以下几个方面。

① 优质的用户资源。抖音用户以"95 后""00 后"为主，这类用户生活条件优越，思想独立，对新鲜事物的接受能力强，广告曝光率高。

② 个性化营销更吸引人。广告主可以将广告的商品特性与短视频轻松娱乐的内容巧妙结合，把内容与广告融为一体，通过软性广告的形式向受众传递信息。有故事性的情节更生动形象，在吸引受众的同时，更易提高受众的接受度。

③ 智能社交，用户黏性好。抖音的智能社交特性强化了创作者与"粉丝"的关系，构建了抖音短视频内容的智能社交生态，有助于提高用户黏性。

④ 互动性强。抖音短视频以音乐为切入点，搭配舞蹈、表演等创意内容，为用户提供了丰富多样的玩法，以内容带动人气，并在抖音社区与众多用户互动，广告转化率高。

⑤ 名人资源丰富。抖音特有的社交模式吸引更多名人以及明星入驻，为品牌推广提供了强大的名人效应。

（2）目前抖音官方已经开放的推广方式有信息流广告和开屏广告两种形式，卖家可以自行按需选择。

① 信息流广告。抖音信息流广告是在抖音 App"推荐"页面内出现的广告，即用户日常浏览最多的页面。信息流广告也被称为原生广告，是目前效果比较好的一种广告方式，这种广告的最大优点是将广告融入用户所浏览的内容中。在用户观看新视频时，不定期插入视频广告，这些视频大多制作精良并且富有创意，不会对用户使用体验造成干扰。同时，在广告页面底部拥有非常明显的广告标识和操作选项，如"查看详情""立即购买"等。此时，用户如果对该商品感兴趣，就会点击该广告进一步了解该产品。图 5-8 为抖音信息流广告。

② 开屏广告。开屏广告是一种常见的营销形式，几乎成为所有 App 的标配。抖音开屏广告即在抖音 App 启动时展现的广告，广告播放完毕后进入"推荐"页面。开屏广告的优势很明显，就是曝光效果好，只要打开抖音就可以实现曝光；缺点也很明显，价格高，比较适合品牌型的大客户和追求高曝光的客户。作为移动端的黄金广告位，抖音的开屏广告也在第一时间抢占了用户的注意力。图 5-9 为雅诗兰黛的开屏广告。

对于品牌来说，开屏广告是一种有效的广告营销形式，尤其是对于抖音这样的人气平台来说。抖音开屏广告具有以下几个特点。

a．曝光量巨大。开屏广告在投放时面向全网用户，因此广告的曝光量是巨大的。开屏广告支持按特定条件定向投放，投放开屏广告的品牌一般投放品牌形象广告、新品上市形象广告等以形象展现为主的广告。

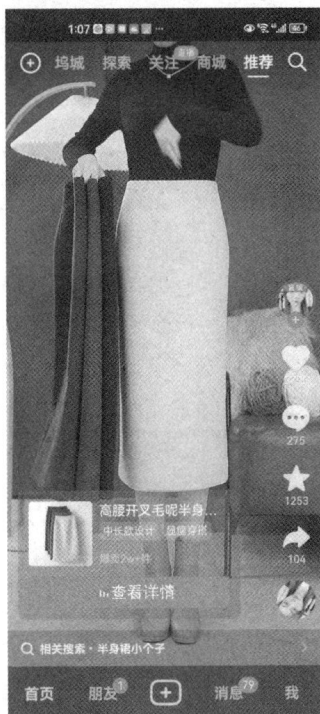

图 5-8　抖音信息流广告　　　　　　　图 5-9　抖音开屏广告

b．视觉效果好。抖音开屏广告以巨幅图片或视频的形式在抖音 App 启动时展现，以相对酷炫的效果自动呈现，给用户感官上的冲击非常大。

c．广告费用高。由于抖音开屏广告曝光量巨大，广告位置佳，其费用会更高。广告投放费用 100 万元起，相比抖音信息流广告来说，开屏广告的价格要高很多。

d．可定向投放。抖音开屏广告在投放时是支持定向投放的，目前支持按地域、性别等基础条件进行定向。广告主可以根据当前客户、目标市场等的特点进行定向投放，使得广告曝光更有效率。

除了主动推广，如果短视频内容制作精良，能引起众多用户的关注，就有机会被推荐上热门。这些受欢迎的短视频存在一定的共性，如贴近生活和体现人性、紧跟社会热点、表达鲜明态度、打造了符合人设的流行语等。在制作短视频时，卖家可以从这些方面增强短视频的吸引力，激发用户的自动推广行为。

同时，作为淘宝商家，除了推广自己制作的短视频，还可以在"巨量星图"上寻找"达人"（精通某一领域的人）推广网店中的商品。巨量星图是抖音提供的营销服务平台，汇聚了众多达人，商家可以在此寻找符合条件的达人进行合作。在抖音搜索"巨量星图"，单击巨量星图官方小程序，进入"选择您的身份"界面，单击"我是客户"超链接，授权登录，填写"账号昵称""联系人姓名"等基本信息，选中"我已仔细阅读并同意《星图协议》"单选项，单击"我已开启星图之旅"按钮，即可进入该平台发布推广任务。

4．今日头条推广

今日头条是主流的信息流投放媒体之一，拥有广泛的用户群，是目前做得非常好的自媒体平台之一。越来越多的人开始在今日头条平台上推广自己的商品。下面主要介绍今日头条高转化的信息流广告创意素材要求、头条号的推荐机制。

（1）今日头条高转化的信息流广告创意素材要求如下。

① 点明核心内容，确保用户理解。策划广告创意之前需要了解推广内容的核心是什么，提炼核心关键词，简明扼要地表达推广信息，降低用户的理解成本。广告创意要明确表达核心内容，才能更加精准地吸引用户。

② 明确目标受众，有效锁定用户。明确目标受众画像，针对意向用户群体的不同特点，逐一策划创意内容，通过细分用户、有针对性地投放广告来实现目标用户的最大化锁定。

③ 发掘用户痛点，吸引用户注意。信息流广告的核心在于"广告找人"，寻找潜在用户群体。因此，激发潜在用户需求是吸引用户注意的关键因素。通过发掘用户痛点，将推广内容与用户痛点关联，更能吸引用户注意。例如，针对女性可以突出美容产品。

④ 内容真实统一，提高用户留存率。推广信息真实，创意与落地内容统一。这可以降低用户从点击到访问过程中的流失。用户留存率越高，越有利于实现高转化。

（2）头条号的推荐机制有其基本的规则。首先，文章通过审核后，系统会将文章推送展示给"粉丝"和相关关键词人群。然后，系统会对用户的阅读速度和文章停留时间进行分析，判断是否扩大文章的推荐范围，当阅读人数较多时，系统会持续推荐，直到24小时后或者推荐量与阅读量比例低于 10∶1，才会逐渐停止推荐。具体而言，影响推荐的因素包括如下几方面。

① 是否专注于一个领域，精耕细作。无论哪个平台，都倾向于支持专业性强的作者。专注于一个领域，才能更集中地发挥自己的优势，展现出自己在这个领域的专长，从而赢得读者的喜爱。不能一篇文章发布旅游攻略，一篇文章探讨汽车知识，另一篇文章又转向娱乐八卦，这会削弱读者的信任感。

② 是否为原创。原创功能是为了鼓励更多的优质作者来今日头条创作，其要求所发布的文章或视频都是自己原创的。

③ 内容质量。内容质量越高，推荐越多。优质内容才是根本，这一点毋庸置疑。别人看后感觉有收获，学到了技能，了解到了常识，获取了娱乐资讯，得到了身体和精神的放松等，这样的内容才是质量高的。

④ 点击率+读完率。点击标题并读完文章的人越多，推荐量越高。在发布文章的时候，标题非常重要。只有标题吸引人，才能够引起用户点击。但不建议使用"标题党"手法，因为内容不好，用户点击完就离开，读完率就会降低，影响推荐量。

⑤ 分类明确与否。文章兴趣点越明确，推荐就越多。分类就是要把文章放到相应的主题分类中去，如新闻、社会、娱乐、电影等。

⑥ 互动数、订阅数。读者越活跃，推荐就越多，读者活跃表现在评论、点赞、分享等方面。一篇文章好，当然就会引发用户的互动和分享等。

⑦ 站外热度。在互联网上关注度越高的话题，推荐越多。所以发布热点话题也会快速获得更大的推荐量。

⑧ 发文频率。经常发文，保持活跃很重要。平台喜欢活跃的作者，因为这样的作者才能够持续产生有价值的信息。

5.3.2　第三方平台推广

1．折 800 推广

折 800 是一家专注于商品超低折扣特卖的网站，其注册用户已经超过 1 亿人次，日均在线特卖商品过万件。很多淘宝卖家都会选择通过参加折 800 上的活动来对自己的商品和店铺进行宣传推广。

折 800 为商家提供了两种合作模式，一是入驻折 800 特卖商城，二是与淘宝、天猫合作（导购）。两种合作模式的特点如表 5-2 所示。

表 5-2　折 800 的合作模式

合 作 模 式	特　　点
入驻折 800 特卖商城	商家入驻后，在折 800 站内完成交易，商家可以享受精装流量、平台补贴、源头好货等服务
与淘宝、天猫合作（导购）	淘宝、天猫卖家将商品展示在折 800 上，折 800 扮演导购的角色，买家在折 800 上点击商品后进入淘宝、天猫完成交易

折 800 为商家提供各种活动，参与活动的商品可以获得在网站上展示和出售的机会。折 800 站内主要活动类型如表 5-3 所示。

表 5-3　折 800 站内主要活动类型

活 动 类 型	活 动 名 称	活 动 简 介
特卖商城活动	品牌专场	活动特点：折 800 平台重要的品牌运营形式，活动商品在首页和分类页列表中展示，流量集中 活动时间：活动商品每天 9 点定时更新，活动周期为 5～7 天 活动效果：有助于品牌规模化出货，帮助商家快速抢占市场份额，有效提升品牌知名度等
	品牌活动 ——专题	活动特点：针对用户需求，结合季节、节日、热门话题等因素，精选平台优质商品，为用户提供各类话题式、场景式购物的活动形式 活动时间：专题每个月排期 1 次，通常情况下单次活动在线时间为 3 天 活动优势：商家可以获得各类主要列表的"坑位"、Banner 等资源；折 800 曾开展"图书节""大闸蟹开湖"等一大批成功活动 报名要求：商品必须符合专题的活动主题
	拼团	活动特点：用户开团后通过 QQ、微信发起邀请（分享），邀请亲朋好友一起组团购买，享受多人一起购买带来的优惠和乐趣，让爆款好货形成网状式传播和多件式销售，帮助商家开展全新的社交化销售。折 800 拼团拥有独立频道入口、定制化互动活动、爆款特推服务，并拥有数百万微信粉丝及多样化推广渠道 活动优势：商家可以通过对应的类目专员申请参与拼团，高质量、低折扣商品可获取最大曝光
	单品活动 ——限时抢	活动优势：限时秒杀频道是折 800 流量最大的运营模块，它具有流量大、推广资源好、引流效果佳、商品售罄率高、口碑传播良好的特点，是商家打造爆款和新品首发的理想平台，也是通过引流带动店铺关联销售和成单量的关键渠道 活动要求：商品须质量优良、性价比高

续表

活 动 类 型	活 动 名 称	活 动 简 介
淘宝、天猫活动	单品活动	活动优势：流量精准，面对优质的买家群体，整合全站新品好货，帮助商家打造畅销单品，限时秒杀频道流量大、推广资源好、审核流程快、商品售罄率高 活动时间：全品类长期招募，7 天为一个活动周期
	拼团	超高性价比引流方式，多样化的商品能够帮助商家聚集更多的流量，让商品得到更丰富的展示，进而提升全团的转化率

淘宝、天猫的卖家可以实时关注折 800 网站的各类活动，根据相关要求选择适合自己参与的活动，为自己的商品和店铺吸引更多的站外流量。

2. 返利网推广

返利网是一个返利导购平台，拥有大量的网购会员。买家通过返利网去各大网上商城购物，购物完成后，返利网可以从这些网上商城得到一定比例的销售提成，然后返利网将这些提成按照一定的比例以返利的形式返还给买家。返利网本身不出售任何商品，具体交易的所有流程均在合作的网上商城中进行。

返利网的合作伙伴涵盖大多数知名电商平台，包括天猫、淘宝、京东、苏宁易购、苹果中国官方商城等 400 多家电商网站，以及 20000 多家知名品牌店铺。

商家与返利网的合作模式主要有 3 种，如表 5-4 所示。

表 5-4　商家与返利网的合作模式

合 作 模 式	模 式 简 介	模 式 特 点
超级返合作	针对品牌商户提供的一项保证投资回报率效果的营销服务	合作对象：知名品牌商、运营知名品牌网上店铺的公司、品牌经销商等 合作类型：天猫、京东等知名 B2C 平台店铺、独立 B2C 网站 合作要求：商家向返利网发送邮件，邮件中需要写明店铺链接、品牌名、品牌数据魔方类目排名、年销售额、线下门店数量，若有专柜，则需要附专柜地址、品牌介绍等
B2C 独立网站 CPS 合作	为 B2C 独立网站提供的单独的合作模式	合作网站与返利网签订合作协议，并交纳相关费用，完成技术接口后，返利网会为合作网站提供专属页面，引导买家去合作网站下单、完成交易。合作网站每月中旬与返利网核对上月完成的订单数据，按销售效果支付佣金，返利将一部分佣金返还给买家，使买家得到实惠
9 块 9 合作	致力于为买家提供平价精品百货服务	合作对象：知名淘宝商家及优质天猫商家 合作要求：商家向返利网发送邮件，邮件中需要写明店铺链接、店铺名、淘宝店铺等级、天猫店铺综合评分、报名商品近一个月销售额等

3. 卷皮网推广

卷皮网是一家为用户提供日常生活所需品的平价电商平台，它在国内电商行业中创新探索出"平价零售"模式，主打平价优质商品，精选优质商家和商品，通过差异化运营模式来确保商品价格更低。商家可以通过在卷皮网参加活动，推广商品与品牌，提升商品与品牌的人气，进而提高销量。

卷皮网的商家活动有卷皮特卖、卷皮折扣、品牌折扣、九块邮等模式。其中卷皮特卖是供应商平台，商家报名后可以享受卷皮网专业团队一对一服务，由卷皮网为商家接待买家咨询。

淘宝、天猫卖家参加卷皮折扣、品牌折扣、九块邮等活动，有利于提升买家的关注度，增加店铺的流量，提高店铺的转化率。以上 3 种活动的特点如表 5-5 所示。

表 5-5　卷皮折扣、品牌折扣与九块邮活动的特点

活动名称	活动介绍	商家等级要求
卷皮折扣	单个商品参团，活动商品在卷皮网页面显示，高性价比的商品优先展示 商品报名价格需在 20 元（包括 20 元）以上，审核通过后获得排期，活动时间为 7 天	集市商家 2 钻以上、天猫商家不限
品牌折扣	一个商家至少可有 12 款、至多可有 24 款商品参团，活动商品在品牌折扣频道下展示 商品报名价格不限，审核通过后获得排期，活动时间为 7 天	仅支持天猫各品牌商家
九块邮	单个商品参团，活动商品在 PC 端卷皮首页"今日新品"最前面展示 商品报名价格要低于 20 元，审核通过后获得排期，活动时间为 7 天	集市商家 1 钻以上、天猫商家不限

5.4　商品信息优化

在淘宝平台上，商品信息的质量直接影响搜索排名和买家购买决策。优秀的商品信息不仅能提升搜索引擎的抓取效果，还能通过精准的标题、吸引人的主图和详细的描述，快速建立买家信任，促进转化。本节将从淘宝搜索引擎优化、商品标题优化、商品主图优化、商品描述优化等维度，系统讲解如何优化商品信息，从而使卖家在竞争中脱颖而出，获得更多流量与订单。

5.4.1　淘宝搜索引擎优化

1. 淘宝搜索引擎优化的定义

淘宝搜索引擎优化即通过对淘宝网店各方面进行优化设置，达到网店商品关键词排名靠前、商品曝光率和点击率增加的目的，同时通过提升进店买家的购物体验，进而提高商品转化率，从而达到网店生意兴隆的效果。传统的淘宝 SEO 即淘宝搜索引擎优化，是通过优化网店商品标题、类目、商品详情页等来获取较好的排名，从而获取淘宝搜索流量的一种技术。广义的淘宝 SEO 除淘宝搜索引擎优化外，还包括一淘搜索优化、类目优化、淘宝活动优化等，也被叫作"淘宝站内免费流量开发"，即最大限度地吸引淘宝站内的免费流量，从而销售商品的一种技巧。

真正意义上的淘宝 SEO 可以分为两个主要方面：第一，淘宝网店在淘宝网站外的搜索引擎（如百度、谷歌等）的搜索排名优化；第二，在淘宝网站内的搜索排名优化。本章主要讲述第二个方面。

淘宝 SEO 包含以下基本内容：商品关键词优化、商品标题优化、商品主图优化、商品详情页优化。

2. 影响淘宝搜索排名的因素

想要淘宝网店销量好，就要熟悉淘宝搜索引擎的工作原理。买家在淘宝购物时，最直接的方式还是搜索商品名称，商品展示和排名均与搜索引擎原理密切相关。

淘宝搜索引擎抓取的是商品信息，具体而言只抓取商品发布的类目、商品发布时填写的属性和商品标题。网络蜘蛛将网页信息抓取回来以后，搜索引擎会对这些文件进行分解、分析，并且将结果以巨大的表格形式存档数据库，同时建立调用索引。搜索引擎中的索引能快速找到并且调用买家需要的网页。当买家在搜索引擎中输入关键词之后，单击"搜索"按钮，搜索引擎首先会对买家输入的关键词进行处理。处理完关键词以后，淘宝的搜索引擎就会将它认为可能是买家需要的商品提取出来并进行推荐，搜索引擎这时就要通过计算对这些商品进行排序。影响搜索排名的因素主要包括如下几方面。

（1）违规因素。违规因素是影响商家商品搜索排名的重要因素，商家一旦触犯平台规则，商品就没有资格参与搜索排名。在影响搜索排名的规则中，比较有代表性的就是虚假交易规则。以淘系为例，规则明确指出触犯虚假交易规则的商品将面临搜索降权的处罚：涉嫌虚假交易（不论次数和笔数）单个商品降权 30 天。另外，淘系还明确规定搜索作弊行为包括虚假交易、重复铺货、广告商品、错放类目和属性、标题滥用关键词、价格不符、邮费不符等，此类行为一旦被发现，商品都会被降权。

（2）文本因素。文本因素是指在商品发布的过程中，在遵循商品特质的基础上，商家要围绕客户搜索关键词来布局商品标题、属性，以及店铺相关内容。因为搜索引擎优化工作是以关键词搜索为基础的，淘系搜索引擎优化也不例外。从搜索原理分析，如果标题和属性中没有对应关键词，那么商品几乎不可能出现在对应搜索结果中。做好淘宝搜索关键词处理工作，商家要填写准确的商品标题、属性，满足客户搜索需求，主要包含三方面的工作：关键词查找工作、关键词的选用和布局工作、准确书写商品属性的工作。

（3）人气因素。人气因素主要是指商家商品在客户搜索结果中的点击率、收藏率、加购率、转化率、熟客率、流量、销量等因素。准确地说，在诸多因素满足的情况下，人气因素是决定商品搜索排名的核心因素，而且人气因素的原理也适用于直通车、钻石展位、超级推荐等诸多场景。

（4）类目因素。类目因素主要是指商家在商品发布过程中一定要精准选择类目，填写的精准与否会直接影响商品的排名。在网络商业行为中，类目划分是常规分类管理的初始环节，是淘系商品关键词分类的基础，也是客户查找信息的一项重要依据。商品类目选择如图 5-10 所示。例如，为儿童配饰发梳选择类目，从商品的角度讲，它可以选择很多类目，首选类目是"饰品/流行首饰/时尚饰品（新）>发饰"；但从应用场景的角度讲，它应该归属于"童装/婴儿装/亲子装>儿童配饰>发饰"类目。一旦放错类目，就会在本应该展示的类目中失去排名优势。

（5）服务因素。服务因素指商家服务客户过程中涉及的各种因素，表现指标有投诉率、纠纷率、退款率、旺旺响应时效等，综合体现为后台操作中的 DSR 指标、综合体验星级、基础服务考核分等。当这些指标达到类目平均水平以上的时候，平台会给予对应的店铺商品优先排序。

图 5-10　商品类目选择

（6）个性化因素。个性化因素是指淘系在统计分析客户购买偏好（个性化标签）的基础上，往往会把商品优先展示在对应标签的客户浏览结果中。其影响因素包括但不限于客户成交价格区间、店铺偏好、属性偏好、品牌偏好、类目偏好等。如果客户经常在某个店铺购买商品，当客户搜索同类商品的时候，那么该店铺商品在排序结果中就会有更突出的表现。例如，某客户经常购买高客单价的商品，低客单价的商品在其搜索结果中排名就不会表现很突出。目前，由于淘系大数据分析愈加完备精准，千人千面式的个性化展示已被广泛地应用在淘系的各个领域，如手淘首页、搜索结果页等。

当然，影响平台搜索引擎优化排名的因素还有很多，如店铺动销率、主营类目权重、新品标签等。尤其是随着网络环境的变化，这些排名因素会不断调整。总体而言，以上6 个方面是影响淘系搜索引擎优化排名的主要因素。

搜索引擎优化工作是一项系统工程，仅靠单纯做好其中的一个或几个方面是无法取得理想的排名效果的。因此，要做好搜索引擎优化工作，就需要扎扎实实地做好每个环节的工作，落实到每个步骤，不能顾此失彼。

5.4.2　商品标题优化

在淘宝开店，要想让商品被买家搜索到，应着重优化商品标题。在影响淘宝站内搜索结果排名的诸多要素中，商品标题描述绝对是最重要的一个。卖家要把商品的优势、特色、卖点融入标题。商品标题的优化原则是尽量符合用户的各种搜索习惯，最好将用户可能会搜索的各种词汇综合起来。

1．商品标题的结构

一个完整的商品标题应该包括三部分。第一部分是"商品名称"，这部分要让买家一眼就能明白商品是什么。第二部分由一些"感官词"组成，感官词在很大程度上可以激发买家点击商品链接的兴趣。第三部分由"优化词"组成，可以使用与商品相关的优化词来提升商品被搜索到的概率。

这里举一个有关商品标题的例子来进行说明。例如，"【热销万件】2024冬季新款男士短款鸭绒外套正品羽绒服"，这个商品标题会让买家产生对商品的信赖感。"鸭绒外套""男装""羽绒服"这三个词是优化词，它能够让潜在买家更容易找到商品。

在商品标题中，感官词和优化词是提升搜索量和点击量的关键因素，但并非必不可少。商品名称是不可或缺的，必须准确描述商品。

一般商品标题主要有下面几种组合方式。

- 品牌、型号+商品名称。
- 促销、特性、形容词+商品名称。
- 地域特点+品牌+商品名称。
- 网店名称+品牌、型号+商品名称。
- 品牌、型号+促销、特性、形容词+商品名称。
- 网店名称+地域特点+商品名称。
- 品牌+促销、特性、形容词+商品名称。
- 信用级别、好评率+网店名称+促销、特性、形容词+商品名称。

这些组合不管如何变化，商品名称这一项一定是其中的一个组成部分。因为在搜索时首先会使用到的就是商品名称关键词，在这个基础上再增加其他关键词，可以使商品在被搜索时有更多的入选机会。至于选择什么关键词来组合最好，要靠卖家依据市场分析、商品竞争激烈程度和目标消费群体的搜索习惯来最终确定，以找到最合适的组合方式。

📖【拓展知识】

优化商品标题的技巧

优化商品标题时最重要的就是把商品最核心的卖点用精练的语言表达出来。卖家可以列出四五个卖点，然后选择其中最重要的三个卖点融入商品标题中。下面是优化商品标题时的一些技巧。

1. 标题应清晰准确

商品标题应该准确且清晰，让买家在快速浏览时能轻松读懂。

2. 体现价格信号

价格是买家关注的重要内容之一，也是最能直接刺激买家做出购买行为的因素。所以，如果商品具备一定的价格优势，或者正在进行优惠促销活动，如"特价""清仓特卖""仅售××元""包邮""买一赠一"等，就完全可以在标题中用简短有力的词注明。

3. 注明进货渠道

如果网店的商品是厂家直供或从国外直接购进的，可在标题中注明，以突出商品的独特性。

4. 注明售后服务

在网上购物不能看到实物，对于某些商品，许多买家会有所顾虑。因此，许多卖家都提供了颇具特色的售后服务，如"无条件换货""全国联保"等，这些都可以在标题中注明。

5. 网店高信誉度记录

如果网店的信誉度较高，达到了皇冠级、金冠级等，就可以在商品标题中注明，以增强买家对与卖家进行交易的信心。

6. 单品超高的成交记录

如果网店中某件商品的销量在一段时间内较高，就可以在标题中使用"月销上千"等文字。善用这些能够调动人情绪的词语，对网店的生意很有帮助。这样会令买家在有购买意向时，极大地降低对该商品的后顾之忧。

7. 适当分割以便阅读

如果 30 个字的标题中间没有停顿，会让人感到困惑。例如，"全场包邮 2024 秋冬新款冬裙羊绒毛呢加厚短裙半身裙包臀裙子"，这么多字中间没有一个标点符号，虽然有利于加大被搜索到的概率，但也会让买家看得很辛苦，甚至厌烦。所以，少量而必要的断句是必需的。

2. 关键词的来源

对于新开的网店来说，绝大部分访客都是通过在淘宝内搜索某商品找到该店的，因此对商品标题的优化尤为关键。关键词挖掘是一项系统性工作，必须结合商品属性进行。那么，应该从哪里挖掘关键词呢？淘宝有多个获取关键词的途径，下面将详细介绍。

（1）将淘宝直通车系统提供的商品匹配的关键词作为自己的关键词。通过淘宝直通车后台流量解析工具或推广计划来发掘不同的关键词。流量解析工具的具体使用方法是，打开淘宝直通车后台，选择流量解析工具，输入核心关键词进行搜索，相应关键词就会呈现在结果栏中。商家通过"淘宝直通车后台—流量解析—关键词分析"获取相关词推荐。在直通车计划中添加关键词，在直通车后台打开相应的计划商品，单击"添加关键词"按钮，进行核心关键词搜索，也可以发现相应结果。

（2）使用同类商品标题中的关键词。

（3）使用商品详情里的属性词。

（4）使用淘宝首页搜索下拉框中的关键词，如图 5-11 所示。这是淘宝商家通用的一种方式，方法简单且相关关键词的搜索量一般都比较大。其具体方法是把客户可能搜索的关键词放在搜索框中，相关的关键词就会以下拉框的形式展现出来。当然，商家也可以通过切换不同的通用词来发现更多下拉词。

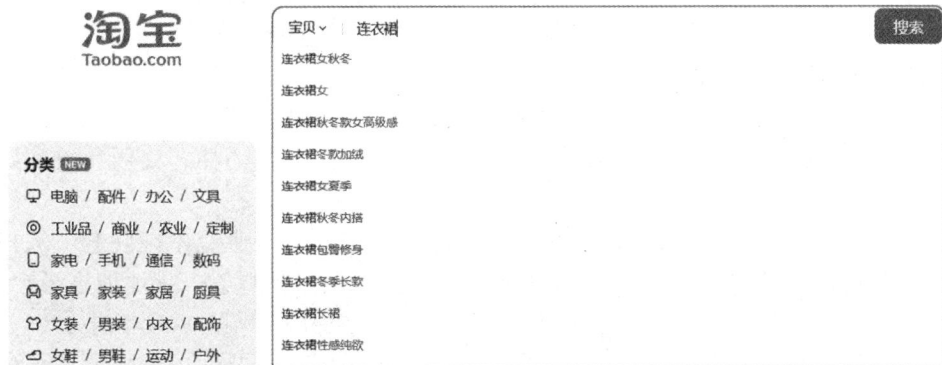

图 5-11　搜索下拉框中的关键词

（5）利用生意参谋查找关键词。生意参谋是淘系的官方数据分析工具。进入路径为："生意参谋—市场—搜索分析—相关分析"，输入相关核心关键词确认，查看相关词分析，包括相关搜索词、关联品牌词、关联修饰词、关联热词。与之对应，同时需要考虑对应关键词的点击率、商城点击占比、支付转化率等数据，以便全面了解关键词情况并做出合理选择。

📖【拓展知识】

选取关键词的技巧

关键词是描述网店商品及服务的词语，选择适当的关键词是创建高访问量网店的第一步。

（1）认真思考并记下与网店或商品有关的所有关键词。尽量从买家的角度出发考虑问题。

（2）多征求周围人的意见。例如，多问问家人、朋友、同学，什么样的词适合描述商品。

（3）设置热门的关键词，如一些因电视剧流行的饰品、明星代言的商品以及近期热门的关键词等。如果有可能，应该合理利用这些关键词来为商品争取更多的流量。

（4）参考其他网店。查看同类网店的商品名称，了解他们的命名方式。这样有可能会得到一些令人意外的关键词。

（5）如果在商品名称中使用了错别字，会加大买家的搜索难度，如"生肖"打成"生俏"，这样的失误无形中使商品失去曝光机会。

（6）建议不要在同类商品中仅使用少量的几个关键词，而应尽可能使用更多词语来丰富关键词词库。

3. 关键词的组合

收集好关键词以后，接着就是选择关键词，在标题中合理地布局和组合相关关键词，同时在属性中选择对应关键词，原则如下。

（1）前期以转化率高的长尾关键词为主，循序渐进地拉动核心关键词。关键词筛选出来之后，商家应该如何在诸多关键词中做选择呢？若选择核心关键词，虽然流量可观，但竞争过于激烈，排名并不一定能够马上靠前；而选择长尾关键词，尽管流量可能不大，但竞争相对小，精准性好，而且可以循序渐进地拉动核心关键词的排名。所以，建议新店商家初期推广时重点考虑有一定流量的长尾关键词，一些有运作实力的商家可以选择核心关键词或较热门的关键词。

（2）应有效利用关键词，合理使用标题字数，避免出现无效留空的情况。以淘宝为例，标题共计可以写30字，要选择合适的关键词尽量将30字的标题使用得恰到好处。每多放进去一个关键词，客户搜索到该商品的概率就会增加一些。

（3）将客户需求和商家、商品的特点有效地融合在一起，避免生搬硬套。选择关键词，平台搜索数据是依据，但筛选的基础仍在于商品特质，要避免一味地迎合平台数据。如果关键词与商品契合度不高，即便流量再大，也无法保障后期的转化效果。

（4）合理组合关键词，避免大量重复使用相似关键词，不要使用怪异的符号分割标题，在标题中大量重复使用相似关键词会被淘宝认定为违规行为。

注意： 当商家有大量同类商品时，还需要注意避免所有商品选用共同的关键词，对同一店铺、同样的关键词，淘系首页同时展示的数量一般不超过两个。如果相同的关键词布局在大量的同类商品上，就会造成关键词内耗和浪费。

5.4.3　商品主图优化

主图是商品的展示图，买家在搜索商品时首先看到的就是商品主图。主图优化对于提高商品的点击率很重要，因为展现在买家眼前的并不是一件商品，而是众多商品。要在众多商品中脱颖而出，吸引买家点击自己的商品，这就是主图优化的作用。商品主图是网店的核心灵魂。设计出一张具有视觉冲击力和个性的淘宝商品主图，不但能让自己的商品在众多竞争者中脱颖而出，而且能为网店获得更多的流量和点击率。因此，淘宝商品主图的优化是卖家的必修课程。

1．主图优化的原则

淘宝主图是买家对商品的第一印象。若想让买家第一眼就看上商品，图片一定要进行优化，不仅要展示清楚，还要增加促销信息，彰显品牌和信誉。主图优化应该遵循以下原则。

（1）严谨。在优化主图的时候，一定要找到适合自己网店、商品的方法，不盲目。

（2）凸显卖点。把商品的卖点即商品的优点展示出来，如折扣、包邮、价格低等。

（3）注重实际效果。图片制作完成后一定要进行对比测试，不要主观地认为自己制作的图片一定就好。要客观对待，通过流量变化来判断。对未达到优化预期效果、不合格的图片要果断删除，然后继续优化。

2．如何优化商品主图

（1）突出重点。很多卖家在设计商品主图时往往会忽略突出商品重点这个细节。分不清主次，容易造成视觉混乱。

（2）保证图片的清晰度。要让图片吸引人，提高买家的购买欲，必须保证商品图片清晰。清晰的商品图片不仅能展现出商品的细节和各种相关的信息，还能极大地增强商品的视觉冲击力。模糊的商品图片只会降低买家的体验感和购买欲，甚至让买家怀疑是盗图，从而对商品失去信心。

（3）注意美观度。商品图片的设计还要注意美观度。很多卖家为了突出自己商品的优势和特点，会选择在商品图片上加上一些字眼，如真材实料、正品甩卖、爆款促销等。卖家在添加这些字眼的时候一定要选择最重要的，不要把所有的字眼都加在图片上，否则会造成图片混乱，缺乏美感，甚至给人本末倒置的感觉。

5.4.4　商品描述优化

网店的商品描述能告知买家商品的基本情况，还能通过细节展示和文字描述来打消买家的购买疑虑、售后顾虑，从而促成购买行为。可以说，商品描述优化的好坏直接影响网店商品转化率的高低。

1. 撰写商品描述的步骤

在网上购物时，影响买家是否购买的一个重要因素就是商品描述是否精美，很多卖家会花费大量的心思在商品描述上。下面是撰写商品描述的步骤。

（1）制作精美的商品描述模板。卖家最好有一个精美的商品描述模板，商品描述模板可以自己设计，也可以在淘宝上购买，还可以从网上下载免费的版本。精美的商品描述模板不仅能向买家展示卖家用心经营网店的态度，还能衬托商品，促进销售。

（2）拍摄好商品照片。在发布商品描述前还要拍摄并处理好商品照片。图片质量直接关系到交易的成败，一张好的商品图片能向买家传递很多信息，可以在上面添加货号、美化装饰品、网店防盗水印等。

（3）设计吸引人的开头，快速激发买家兴趣。商品描述开头的作用在于吸引买家注意，迅速唤起其兴趣，使其产生继续阅读的强烈欲望。撰写任何商品描述前，都必须先了解潜在买家的需求。要洞察他们的想法，找出能吸引他们兴趣的点，并思考如何将商品与他们的兴趣联系起来。

（4）突出卖点，为买家提供购买理由。商品的诸多细节与卖点需由卖家深入挖掘，并在商品描述中予以突出展示。每个卖点都是说服买家的关键因素。商品描述中所呈现的卖点越丰富，就越能吸引买家，从而取得更好的销售效果。

（5）为买家提供购买推动力，促使其尽快采取行动。当买家对商品产生兴趣却仍在犹豫不决时，就需要给予其一定的推动力，避免潜在买家出现"考虑考虑"的拖延情况。可在商品描述中设置免费赠品，并明确告知买家，此类赠品活动随时可能结束，以此促使买家尽快做出购买决策。

（6）通过建立信任，消除买家疑虑。充分利用买家的评价，并将其附加在商品描述中。展示买家的好评及聊天记录，以此增强商品的说服力。第三方的评价往往更具可信度，只有当现有买家对商品给予好评时，其他潜在买家才会更愿意相信并选择该商品。

2. 如何优化商品描述

（1）写好售后服务内容。商品名称、商品图片以及商品描述，本质上都是卖家与买家之间交易的条款与契约。例如，商品是全新的还是二手的，其具体信息有哪些，所有这些买卖双方关心的问题都应真实、详细地体现在商品描述中。再如，一双鞋，是皮鞋、布鞋、棉鞋还是凉鞋，其面料、颜色、尺码如何，适合何种体型的人穿着，出现质量问题该如何处理，退货要求及费用如何，买家需要在商品描述中找到所有这些问题的答案。因此，商品描述越详细，日后出现纠纷的可能性就越小，也越容易打动买家并促成交易。除了商品的详细情况，买家通常还会关心售后服务，如在何种情况下可以退货、换货，以及退换货时邮费由谁承担等。不同地区和物流方式会产生不同的邮费，对于邮费的说明，每个买家都会仔细查看，详细说明这些问题对商品的成功销售能起到积极的推动作用。图 5-12 为产品售后保修流程。

（2）附上商品的权威证书。在页面中展示商品的权威证书和证明，能让买家感受到网店的专业性。对于功能性商品，需展示能证明自身技术实力的资料。提供可证明非虚假广告的文件，或者如实展示人们关心的商品制作过程，这些都有助于提高网店的可信度。若所售商品曾在电视、报纸等新闻媒体上被报道，收集并展示这些资料也是一种很好的方法。图 5-13 为商品的权威检验报告。

图 5-12　产品售后保修流程

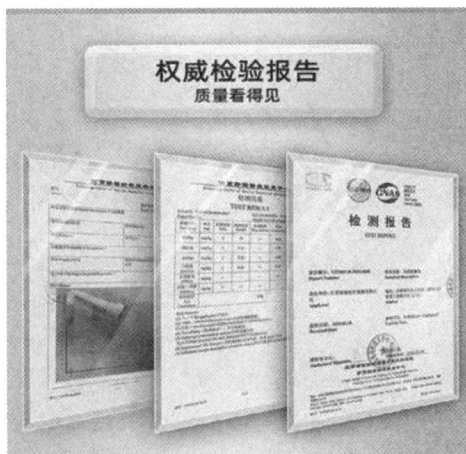

图 5-13　商品的权威检验报告

（3）准备出色的商品图片。网上开店与日常面对面交易不同，买家难以亲身感受商品的质地、做工、细节及其他特点。在这种情况下，商品图片的重要性不言而喻。要让商品图片吸引人，需注意以下内容。

① 商品图片的整体效果。通过整体效果图片，买家可对商品有一个总体了解。

② 图片背景。拍摄照片时，适当加入背景可更好地展示商品，但背景切勿喧宾夺主。要牢记图片的目的是展现商品，应做到主次分明。

③ 道具搭配拍摄。商品图片中的道具不宜过大，以免喧宾夺主。

④ 使用真人模特。商品图片旨在为买家呈现商品的形象，若有真人模特示范，则能为买家提供更直观的参考，增强其购买信心。

⑤ 外景拍摄。部分商品适合外出拍摄，将四季的氛围融入商品展示中，营造出自然之感，因此，外景拍摄也是一种很好的选择。

一张优质的图片能起到事半功倍的效果，但前提是图片质量必须过关。模糊的图片不仅会影响买家对商品的认知，还会破坏买家浏览时的心情。

（4）做好细节图。许多新手卖家不注重细节图的拍摄，甚至在页面上未放置细节图，这很难赢得买家的信任。若想提高商品的成交率，除商品自身的独特性与性价比外，细节图也起着至关重要的作用。因此，为了网店的生意，商品细节图的拍摄不可或缺。例如，服装类商品需拍摄的细节部分包括吊牌、拉链、线缝、内标、Logo、领口、袖口及衣边等。细节图越多，买家看得越清楚，对商品产生好感及购买的可能性也就越大。图 5-14 呈现了使用多幅图片详细展示商品不同部位的效果。

图 5-14　使用多幅图片详细展示商品不同部位的效果

5.4.5　其他类型优化

1. 类目优化

要做好商品发布与类目选择工作，必须准确选择商品所在类目。在发布商品、选择类目时，应通过搜索商品关键词来确定最适合的类目。当类目难以抉择时，可参考"生意参谋—市场—搜索分析—类目构成"，也可借助第三方工具分析同行竞品所属类目。

2. 价格优化

淘宝店铺价格优化策略能够帮助卖家设置出更合理的商品价格，采用该策略后可进一步赢得客户。

（1）满足价格弹性设置。价格弹性用于衡量价格与销售量之间的关系，其计算公式为：价格弹性=销量变化百分比/价格变化百分比。若计算出的价格弹性小于 1，则可适当提高商品售价；反之，则不建议调整。

（2）接近买家的认知价格。买家愿意为某款商品支付的最高价格即为认知价格，基于此消费心理，衍生出了边缘定价等淘宝店铺价格优化策略。在设定商品价格时，价格越接近买家的最高出价，买家就越会犹豫是否购买。因此，对于买家最多愿意支付 80 元的商品，卖家可将价格设在 75～79 元，这样可消除买家的购买顾虑，促进销量增长。

（3）采用差别定价。可将商品分为主要盈利商品（高毛利商品）和吸引买家购买的特惠商品，分别进行定价。简单来说，就是对店内高毛利商品，尤其是畅销商品，可适当提高价格进行销售；而从其他商品中挑选一部分，作为树立网店低价形象的商品，适当降低价格，这也是以低价销售为主的淘宝店铺的价格优化策略。差别定价的好处在于，在保证店铺利润的同时，树立低价实惠的店铺形象。

3. 商品上下架时间优化

为了让每件商品都有展示的机会，接近下架时间的淘宝商品都会获得靠前的排名。商品上下架时间以 7 天为一个周期，因此，要根据这个周期合理安排每个商品的上架时间，确保在不同时段都有商品得到展示。

卖家还需清楚了解淘宝的流量高峰期，如 10—12 点、15—17 点以及 20—22 点这三个时段流量较高。也就是说，如果商品的上下架时间在这三个时段内，商品都能获得较好的流量数据。此外，卖家要把握好周末的时间，因为周末两天都是淘宝的流量高峰期。卖家要注重对店铺数据的分析，根据自身所处的流量高峰期时段来调整商品上下架时间，尽可能让更多商品在该时间段上下架。之后还需持续关注商品在各时段的排名，再对商品上下架时间进行细微调整。

课后习题

一、单项选择题

1. 以下属于免费推广的是（　　）。

　　A. 友情链接　　　　B. 直通车　　　　　　C. 淘宝客　　　　　　D. 钻石展位

2. 一个完整的商品标题应包括三个部分，以下不属于的是（　　）。

　　A. 商品名称　　　　B. 感官词　　　　　　C. 优化词　　　　　　D. 形容词

3. 以下不属于淘宝站外推广的方式的是（　　）。

　　A. 在微信朋友圈发布　　　　　　　　　　B. 短信群发

　　B. 微博发布　　　　　　　　　　　　　　D. 微淘广播

4. 随着淘宝圈子的兴起，移动端的消费占比越来越高，邀请淘宝达人为自家的店铺

推广，已经成为一种新型的流量获取方式。经营日韩代购美妆护肤品的淘宝店铺应该邀请谁作为淘宝达人呢？（　　）

  A．拥有 100 万粉丝的 20 岁美女网红主播

  B．拥有 10 万粉丝的爱晒奢侈品的 30 岁少妇网红主播

  C．一线女明星

  D．拥有丰富育儿经验、擅长网购的辣妈

  5．下列关于商品标题描述正确的是（　　）。

  A．商品标题与客户搜索关键词联系最直接

  B．商品标题可以影响商品的搜索展现

  C．在商品标题组合的过程中切忌使用未经授权的品牌词

  D．商品标题可以根据自己的想法写

二、简答题

  1．淘宝平台的免费和付费推广方式各有哪些？

  2．淘宝直通车有哪些推广类型？各种推广类型有什么特点？

实训练习

实训目标：

  1．能为店铺制定站内和站外推广方案。

  2．掌握搜索引擎优化的方法。

实训内容：

  1．为一家经营护肤品的店铺写一条营销微博，推荐一款新上架的商品——洗面奶。其卖点为深层清洁，控油且补水。

  2．根据店铺的实际情况，申请直通车推广，然后创建直通车推广计划，依据预算和行业类目竞争实际完成直通车关键词选择和价格设定。

  3．观看并分析淘宝直播。下载淘宝直播手机客户端，观看热门直播，分析并回答以下问题。

  ① 该主播采用了哪些手段与消费者互动？效果如何？

  ② 该主播是如何引导消费者前往店铺查看商品，为店铺引流的？

  ③ 该主播是如何促进店铺的成交转化的？

  ④ 该主播的直播风格、直播内容是否与店铺经营类目相契合？

  4．优化店铺商品的标题，利用第三方工具如生意参谋等查找数据表现好的关键词，删除原标题无效的关键词，再根据标题结构组合关键词，最终形成标题。

实训评价：

  1．根据商品特性，分析微博内容类型，如可挑选两款同类产品进行对比，设计的微博内容语言要轻松活泼、有亲和力，要体现两款洗面奶的不同，含蓄地表达出所推荐商

品的优势与特点。

2. 全班同学 2～3 人为一个小组，依据实训条件，每组完成直通车推广开通。建立沟通协调机制，团队成员讨论完成直通车推广位流量和流量价值分析。团队成员依据行业实情，选定关键词并给出合适竞价。各项目团队完成实训报告，小组分享竞价情况。

课后拓展

淘宝新手开网店怎么推广

许多新手卖家开店后常问如何推广网店，怎样让客户知晓店铺。不少新手卖家开店后便急于推广，这实则是新手卖家常犯的致命错误。由于急于成单，卖家往往会盲目推广。然而，推广前需做大量基础工作，若基础工作不到位，后续推广不仅无效，还可能适得其反。新手网店推广应关注以下几点。

（1）淘宝最佳的推广手段是利用免费的优化排名。即客户搜索商品关键词时，商品能排在前列。客户点击无需付费，这种优化排名效果显著。因为客户搜索时目的明确，即希望购买该商品。所以前期应将精力集中在淘宝优化排名上，这是目前既有效又免费的推广方式。不过，该方式见效较慢，通常需一至一个半月。此外，若不学会优化店铺各方面，排名难以提升。

（2）第二种重要的推广方法是直通车推广，其性质与淘宝排名优化相似，但为付费形式。卖家付费提升商品排名，客户点击商品时，卖家需支付费用。直通车推广是助力新品打造爆款的关键推广方法，能有效提升新店铺、新商品的权重。但若未学习过直通车推广知识，切勿盲目开通。因为开通直通车推广需掌握众多知识点和方法。若未掌握这些知识而盲目开通，可能导致花费大量金钱却毫无效果。因此，推广前务必认真学习淘宝直通车推广知识。

（3）一些常见的免费推广方式，规则较为简单，易于掌握。虽然其效果相对较弱，但只要坚持每日推广，也能取得一定成效。例如，微信朋友圈推广和QQ空间推广，可将店铺或商品的淘口令分享至朋友圈，告知朋友自己新开了一家淘宝店，店内商品质量上乘、价格实惠，若有相关商品需求，可随时联系自己。由于朋友之间存在信任基础，新店初期可尝试与身边朋友进行交易。因微信和QQ禁止直接发送淘宝链接，故需采用淘口令进行店铺推广。

对于微信群和QQ群推广，可多加入一些相关群组，并在群内发布广告。发布广告时，可发放一些红包，以避免因发广告而被群主踢出群聊，同时也能吸引更多人关注广告内容。应尽量选择与商品相关的群组进行推广，例如，若销售儿童用品，可优先加入宝妈QQ群和微信群。总之，客户群在哪里，就应重点加入哪些群组。

（4）百度贴吧、百度知道是百度系列的推广渠道。卖家可以多在百度知道回答与商品相关的问题，积累粉丝和关注量，这将对后期销售大有裨益。同时，多逛逛与商品相关的百度贴吧，发布一些专业帖子，吸引粉丝关注，为后续商品推广奠定基础。

（5）知乎也是一个优质的推广平台。可在知乎注册账号，积极回答或提出问题，积累浏览量，后续可将流量引导至淘宝店铺。

（6）当前短视频热度很高，可为商品录制专业视频，发布在抖音、快手、火山等平台。通过吸引粉丝关注，后续可开展直播卖货，或开通抖音会员，在视频中附上淘宝链接。

（7）淘宝客推广是网店前期可采用的推广方式。其模式是他人帮助推广店铺和商品，成交后抽取佣金。这种方式适合新手，但存在受众杂乱、稀释店铺人群定位的缺点。前期可用于冲基础销量，但不宜长期使用。新店使用淘宝客推广时，需设置较高佣金，以吸引推广者。

（8）要多了解淘宝各类活动，积极参加官方活动。淘宝营销活动丰富多样，不同商品和行业各有专属活动。卖家需深入了解活动，挑选符合商品特点的活动报名。通常可参与"天天特价""6·18年中大促""双十一狂欢"等活动。新店虽无法参与部分活动，但需多了解，以便找到适合商品的活动，逐步积累店铺流量，实现订单持续增长。

第6章
网店物流与仓储

德化宝美村有一栋两层的房屋，部分屋顶还盖着瓦片，这样一栋老旧的房子前却停了一辆宝马汽车。昏暗的一楼堆满了各类纸箱子。沿着楼梯来到二楼，两个房间每个角落都堆满了泡沫盒子，仅有的一张桌子上还摆满了未完工的檀木佛珠手链。这就是孙义辉的发家之处。

孙义辉一手创办了德化县辉跃经典陶瓷有限公司，是德化早期做淘宝电商并挖到"第一桶金"的典型。2009年，孙义辉在淘宝上注册了一个C店，与父母共同做起了淘宝电商。刚开始时，每天淘宝店只有一两个订单，备货量也少，房子也很宽敞。可是到了2010年，孙义辉的淘宝店就已发展到一天100多个订单，每天都能赚2000~3000元。订单增加后，孙义辉明显感觉到空间不够用，屋子被物料占用，还经常被箱子绊倒。孙义辉想到其他地方购置另外的仓储间，但父母觉得太浪费钱，最后只能作罢。

2011年，孙义辉的事业达到了顶峰，在旺季一天就可以接到1500多单。尽管孙义辉一家人都做起了淘宝，但还是无法全部按时发货。孙义辉不顾家里人的反对，招聘了村里的20多人做客服、销售，现在已拥有3家天猫店铺和1家京东店铺。在2014年"双十一"当天，其陶瓷茶具销售额跻身前三。

事业的发展、人员的扩充，使孙义辉再次意识到扩充仓储室的迫切性。这次孙义辉不顾父母的反对，在德化县中心购置了另一套房子，空间比老房子大了足足两倍。孙义辉将大部分的陶瓷备货与客服中心都搬往新房子，而老房子则被当作后方支援地，做后备仓储使用。

【案例思考】

1. 该案例说明了物流仓储在网店运营过程中发挥了怎样的重要作用？
2. 如何在后续的发展中解决物流仓储的难题？

【案例分析】

仓储和物流是电商行业绕不开的两项内容。而对淘宝村来说，仓储、物流配套是否跟得上，更是决定了农村电商发展脚步的快慢。在不少淘宝村，狭小的农村老宅堆积了如山的货物的情景并不少见，而相对高昂的物流成本则让一些网店经营者选择外迁。如何解决淘宝村的物流、仓储难题，成了众多议题中的当务之急。随着订单量的增加，孙义辉不得不采取各种措施来满足仓储的需求，而这也是他后续扩张过程中急需解决的难题。

知识目标 →

1. 了解物流仓储对于网店发展的重要性。
2. 掌握网店运营中仓储的流程和原则。

技能目标 →

1. 能够诊断网店仓储存在的问题并提出优化方法。
2. 能够使用物流工具进行模板及运费的设置。

6.1 网店物流方式的选择

在电子商务中，物流是连接卖家与买家的关键纽带。网店商品的送达离不开物流的支持。

6.1.1 网店物流方式

网店物流方式大体可分为邮政配送、快递发货和物流托运 3 种。

1. 邮政配送

中国邮政提供的服务主要包括邮局普通包裹（平邮）、快递包裹、EMS（Express Mail Service，特快专递）、e 邮宝、国际特快专递 5 种配送方式，每种配送方式都有自己的特点，如表 6-1 所示。

表 6-1　中国邮政配送方式及其特点

邮政配送方式	特　点
平邮	普通包裹一般寄达时间为 7～15 天，全国范围内 7～30 天到达，每天中午和晚上发件
	基本邮费按目的地远近及包裹重量计算，每 500 克为一个计费单位，附加费用有挂号费、保价费和回执费
快递包裹	全国范围内运达时间通常是 3～5 天
	计费方式与普通包裹大致相同，首重 1000 克，续重以 500 克为一个计费单位，具体资费标准以邮局当期公布价格为准

续表

邮政配送方式	特　点
EMS	主要采取空运方式，运送速度较快，根据地区远近，一般 1～8 天到达
	物品安全有保障，但价格较为昂贵，20 元起价，而且不包括包装和运单费用，节假日不送货
e 邮宝	采用全程陆运模式，其享有的中转环境和服务与 EMS 大体相同
	价格大致为 EMS 的一半，省际起重 1000 克资费为 8 元，省内及江浙沪互寄、京津冀互寄起重资费更低至 5 元
国际特快专递	在各国邮政、海关、航空等部门均享有优先处理权
	高速、高质地为用户传递国际紧急信函、文件资料、金融票据、商品货样等各类文件资料和物品，同时能为用户提供多种形式的邮件跟踪查询服务
	提供代客包装、代客报关、代办保险等一系列综合延伸服务

2. 快递发货

由于快递公司的运费比较便宜，配送速度较快，支持上门取货和送货上门，多数网店卖家会选择通过快递公司来配送商品。随着物流行业的发展，快递公司内部管理结构越来越完善，服务质量持续提升。但是，快递公司配送也存在不足之处，即一些偏远地区难以运抵，大件商品快递费过高。

3. 物流托运

如果卖家要发出的货物数量比较多，体积比较大，使用平邮或快递就会非常贵，这时卖家不妨借助客车运输货物。买家如果离卖家不远，卖家可以借助短途客车托运货物。这种运输方式一般会要求寄送方先付运费。卖家一定要及时通知收货方收货，并且在货物上写清联系方式和收货人姓名。卖家在托运前必须严格按照合同中的有关条款、国际货协和议定书中的规定对货物进行包装和标记。距离远的大件物品可使用铁路托运。

（1）汽车托运。运费可以选择到付，也可以选择现付。货物到达之后可能还会向收货方收取卸货费。一般来说，汽车托运不需要保价。当然，有条件的话最好选择保价，保价费一般是货物价值的 4‰。收货方的联系方式最好能提供两个：一个是手机号码，另一个是固定电话号码，以确保能接到电话通知。

（2）铁路托运。铁路托运一般价格低廉，速度也较快，但是只能到达火车站。火车站有价格表可供查询。如果包装良好，一般不会打开检查，还会贴上"小心轻放"的标签。收件方需要凭传真件和身份证提货，运费需现付，相对不太方便。

（3）物流公司。物流公司的发货方式与其他托运方式不太一样。其他托运方式一般是点对点运输，而物流公司可以将货物转运到一个城市中的几个地点，卖家可选择收货方方便取货的地点。这种送货方式速度慢，中转次数多，因此要求卖家将货物包装好，否则容易造成破损。

6.1.2　主流的快递公司

物流是国民经济的重要组成部分，也是我国经济发展新的增长点。很多卖家刚刚接触网店运营时，对于物流的认识不足，不知如何选择物流方式，导致大量订单因为运输问题增加了运输成本。本节将介绍电商物流常用的几家快递公司，帮助卖家可以选择合适的物流方式。

1. 顺丰速运

1993 年，顺丰速运（以下简称顺丰）诞生于广东顺德。经过多年发展，顺丰已成为国内领先的快递物流综合服务商、全球第四大快递公司。顺丰秉承"以用户为中心，以需求为导向，以体验为根本"的产品设计思维，聚焦行业特性，从客户应用场景出发，深挖不同场景下客户端到端全流程接触点需求及其他个性化需求，设计适合客户的产品服务及解决方案，持续优化产品体系与服务质量。同时，顺丰利用科技赋能产品创新，形成行业解决方案，为客户提供涵盖多行业、多场景、智能化、一体化的智慧供应链解决方案。

顺丰围绕物流生态圈，横向拓展多元业务领域，纵向完善产品分层，满足不同细分市场需求，覆盖客户完整供应链条。经过多年发展，依托于公司拥有的覆盖全国和全球主要国家及地区的高渗透率的快递网络，顺丰为客户提供贯穿采购、生产、流通、销售、售后的一体化供应链解决方案。同时，作为具有"天网+地网+信息网"网络规模优势的智能物流运营商，顺丰拥有对全网络强有力管控的经营模式。

（1）顺丰的优点如下。

① 服务完善。顺丰为客户提供多项服务，比较有代表性的有以下几项。

a. 365 全天候服务，一年 365 天不分节假日提供服务。

b. 代收货款、保价、等通知派送、签回单、代付出/入仓费、限时派送、委托收件、MSG 短信通知、免费纸箱供应等多项增值服务。

c. 呼叫中心采用 CTI 综合信息服务系统，客户可以通过呼叫中心快速实现人工、自助式下单、快件查询等功能；方便快捷的网上自助服务，客户可以随时登录顺丰网站享受网上自助下单和查询服务。

d. 拥有灵活的支付结算方式，可以通过寄方支付、到方支付、第三方支付，现金结算、月度结算、转账结算、支票结算等方式结算。

e. "四件制"上门服务时效为收件 1 小时、派件 2 小时，选用该产品的用户也将享受顺丰航空件所包含的增值配套服务。

② 速度快。顺丰拥有自营的运输网络、信息监控系统。HHT 手持终端设备和 GPRS 技术全程监控快件运送过程。根据调查，民营快递企业比 EMS 速度快约 50%，而顺丰比其他民营快递企业快约 20%。顺丰拥有自己的航空公司和专运货机，自有专机和 400 余条航线的航空资源以及庞大的地面运输网络，保障快递在各环节最快发运，在正常情况下可实现快件"今天收明天到"。在机动性和快件时效性上具有主动性，顺丰在速度方面富有竞争力。

③ 经营灵活。顺丰与其他快递公司相比更加灵活。从服务方式上来说，顺丰实行门到门、手对手交接，上门收件送件，对大顾客实行派驻专人给客户提供上门送件服务，并且对于客户寄送的物品没有太多的限制和要求。

从服务时间上来说，顺丰更加具有竞争力。顺丰目前实行的两班制，属于昼夜不间断的营运机制。顺丰延长收取快件时间，在北京市、天津市以及山东省、江浙沪、广东省以及安徽省部分服务地区推出夜晚收件服务，保证客户的快件能够在第一时间进行中转派送。

（2）顺丰的缺点如下。

① 资金不足，融资渠道不通畅。物流快递行业是资金投入较大的行业。很多外国快递企业每年都要投入大量资金来扩大和完善其服务范围。而顺丰则是通过自身的经济实力来维持企业的发展，虽然顺丰资金雄厚，但这种自给自足的运营方式已经制约了企业本身的发展。快递企业通过银行贷款、非金融机构及其他机构融资的比例也相对比较低，大部分都是通过自身的融资来发展的，所以融资难是制约快递企业发展壮大的一个"瓶颈"。

② 快递网络局限。顺丰的网点分布存在局限性。顺丰定位中高端市场，网络主要覆盖经济发达的乡镇及其附近的村庄。不健全的网络覆盖或多或少限制了顺丰的发展机会。

③ 费用普遍比其他快递高。顺丰配送速度快，是因为其拥有完善的物流系统、节点布局和发达的交通网络。为了支持内部发展和运营需求，顺丰不得不提高运费。

2．圆通速递

圆通速递创立于 2000 年 5 月 28 日，目前已发展成为一家集快递物流、科技、航空、金融、商贸等于一体的综合物流服务运营商和供应链集成商。

2016 年 10 月，圆通速递在行业内率先上市。截至 2020 年 12 月，圆通速递全网拥有分公司 4600 多家，服务网点和终端门店 7 万多个，各类转运中心 133 个，员工45 万余人，快递服务网络覆盖 31 个省、自治区和直辖市，县级以上城市已基本实现全覆盖。

3．申通快递

申通快递品牌初创于 1993 年，公司致力于民族品牌的建设和发展，不断完善终端网络、中转运输网络和信息网络三网一体的立体运行体系。申通快递立足传统快递业务，全面进入电子商务领域，以专业的服务和严格的质量管理推动中国快递行业的发展。经过二十余年的发展，申通快递在全国范围内形成了完善、流畅的自营快递网络。截至 2021年 1 月，公司拥有独立网点及分公司超 4500 家，服务网点及门店 2.5 万余个，从业人员超过 30 万人，每年新增就业岗位近 1 万个。2016 年 12 月 30 日，申通快递在深交所上市，为中国快递行业上市军团再添劲军。

4．中通快递

中通快递创建于 2002 年 5 月 8 日，是一家以快递为核心业务，集跨境、快运、商业、云仓、航空、金融、智能、传媒、冷链等生态板块于一体的综合物流服务企业。2016 年10 月 27 日在美国纽约证券交易所上市，向全世界打开了一扇了解中国快递发展的窗口；2020 年 9 月 29 日在中国香港实现二次上市。2021 年，中通快递全年业务量达到 223 亿件，同比增长 31.1%。

中通快递在行业内率先开通跨省际网络班车、实施并完善有偿派送机制、优化二级中转费结算体系、推出全国网络股份制；率先成立网络互助会、中通大家园并实施"亲情 1+1"等福利政策。

截至 2021 年，申通快递全网拥有服务网点 30000 多个，转运中心 99 个，直接网络合作伙伴 5700 多个，自有干线运输车辆 10900 辆（其中超 9000 辆为高运力甩挂车），干线运输线路约 3700 条，网络通达 99% 以上的区县，乡镇覆盖率超过 93%。

5. 百世快递

百世快递原名"汇通快运"，成立于 2003 年，总部位于杭州，阿里巴巴持有最大股份，业务范围很广，与世界 200 多个国家均有业务来往。

百世快递是百世集团旗下的知名快递品牌，2010 年 10 月成为百世集团一员，以信息化、自动化建设为核心竞争力，在国内率先运用信息化手段探索快递行业转型升级之路，综合实力位居行业前列。目前，百世快递通过深度的物流网络覆盖、升级自动化设施以及逐渐完善的客服体系，致力于打造更高效、服务更优质的快递网络，为客户、合作伙伴创造更多价值。百世快递 2019 年前三季度快递包裹量超过 51.4 亿件，同比增长 42.7%，高于 26.4% 的全国平均增幅。

6. 韵达快递

韵达快递（以下简称"韵达"）创建于 1999 年 8 月 8 日，总部位于上海，致力于成为领先的综合快递物流服务商。韵达于 2016 年 12 月 23 日上市，以"传爱心，送温暖，更便利"为企业使命，努力实现"成为受人尊敬、值得信赖、服务更好的一流快递企业"愿景。

韵达经营以快递业务为主业，同时包括供应链、国际、冷链等丰富的周边产品线，持续打造综合快递物流服务提供商。截至 2020 年年末，韵达服务网络覆盖 31 个省（区、市）及港澳台地区，通达全球 30 余个国家和地区，为国内外客户提供优质的生活方式体验。

2020 年，韵达递送包裹超 140 亿件，同比增速达 41.02%，市场份额近 17%。在规模快递企业中，韵达在快件时限、客户满意度等方面名列前茅。

6.1.3 快递公司的选择

作为电商实物产品卖家，与快递公司打交道是必不可少的环节。快递是连接卖家和买家的桥梁，直接关系到店铺 DSR 评分、评价、客户体验等。如何选择合适的快递公司，以及如何与快递公司进行有效谈判，成为卖家必须面对的重要课题。

1. 选择快递公司应考虑的因素

（1）快递价格。价格通常是每位卖家考虑的第一要素。为了吸引顾客，大多数卖家会采用包邮的方式。如果快递价格太高，产品的利润空间就会受到挤压。

卖家可以结合自身产品的成本和定价的实际情况，选择价格相对合理的快递公司。但是同时也要注意，不要一味图便宜，因为价格和运输时效一般是成正比的。

（2）运输时效。运输时效关乎着店铺的 DSR 评分。卖家可以选择几家价格有优势的快递公司，分别通过这些快递公司邮寄包裹，然后根据实际物流信息更新情况，比较哪家公司的运输时效最快。

（3）配送区域。随着网购的普及，农村买家数量日益增多，卖家在选择快递公司时需考虑其配送区域。若产品主要面向农村或偏远地区，应确保快递公司能够将包裹送达这些地区。如果快递公司只能配送到镇级区域，买家可能需要花费较长时间才能取到包裹，这可能会引发买家不满，进而给予物流低评分，影响店铺的总体评分。

（4）包裹安全。为保障包裹安全，卖家需考察快递公司的丢件率以及货物在运输过程中的损坏情况。如果快递公司在包裹运输过程中监管不力导致包裹丢失，或者运输过程中操作不当导致包裹损坏，买家将获得不佳的购物体验，店铺也会受到间接影响。为确保包裹安全，对于贵重物品可选择 EMS 并进行保价，以保障买家利益。在选择其他快递服务时，应有购买保险的意识，并了解理赔流程。此外，可在包装箱上标注"易碎""轻放"等字样，提醒快递公司注意保护包裹。

📢【小提示】

对于易碎、易损坏的商品，卖家不仅需要进行多重保护，叮嘱快递公司安全运送，还需要提醒买家在签收之前先进行验货。

（5）服务质量。服务质量也是卖家挑选快递公司的衡量标准之一。作为服务行业，快递行业应该具备服务行业的精神，遵守服务行业的准则。优质的快递服务会给买家带来舒适的服务体验，从而增加买家对店铺的好感度。

2. 选择快递公司的建议

（1）选择有资质、口碑好、社会信誉度高的快递公司和物流从业人员。

（2）刚开始可以多选择几家快递公司发货，然后从时效、服务程度等方面进行综合评估，最后选出几家各方面都不错的快递公司进行长期合作。

📖【拓展知识】

店铺 DSR

1. DSR 即店铺动态评分

店铺动态评分是指在交易成功后，买家可以对本次交易的卖家进行如下三项评分：宝贝与描述相符、卖家的服务态度、物流服务的质量。每项店铺评分取连续 6 个月内所有买家给予评分的算术平均值（每天计算近 6 个月之内数据）。

2. DSR 评分低的不利影响

（1）影响活动的通过率。

（2）影响自然搜索排名。

（3）影响产品转化率。

3. 如何提升店铺动态评分

（1）确保产品质量。差评通常是由于产品的质量问题，若商品品质让买家满意，得到五星好评是很自然的事。因此，提升好评率的关键之一便是确保产品质量。

（2）商品与描述相符。商品与描述必须保持一致，若照片与实物存在不一致之处，如有色差等，一定要用文字加以说明。若商品与描述不相符，就有欺诈之嫌，买家当然不满意，不愿意给五星好评。

（3）提供优质售前服务。顾客询问时，回应要快。确实太忙时，需要设定自动回复或快捷回复，以防顾客感觉被忽视而有不太好的体验。与此同时，确保流量大的时段旺旺在线。

6.2 物流工具的设置

网店卖家发布商品、发货等都需要在卖家中心后台进行物流的相关设置，如服务商、运费模板、地址库等。

6.2.1 服务商的设置

服务商是指提供物流服务的快递公司。以淘宝网的店铺后台为例，卖家需要在千牛卖家中心进行设置，具体操作如下。

（1）登录淘宝网，进入千牛卖家中心，在左侧菜单栏中选择"交易—物流管理—物流工具"选项，进入物流工具页面，如图6-1所示。

图6-1　物流工具页面

（2）在"物流工具"页面单击"服务商设置"选项卡，进行相应服务商的选择，单击"开通服务商"按钮，如图6-2所示。开通后页面将显示已开通。

图 6-2 开通服务商

6.2.2 运费模板的设置

不同地区的快递服务费用不同，卖家可以设置运费模板，对不同地区的运费进行区分。运费相同的商品可设置同一个运费模板。当需要修改运费时，这些关联商品的运费将一起被修改。那么该如何设置运费模板呢？本节以淘宝网后台为例，介绍如何设置店铺运费模板。

在"物流工具"页面单击"运费模板设置"选项卡，进入运费模板设置页面，如图 6-3 所示。

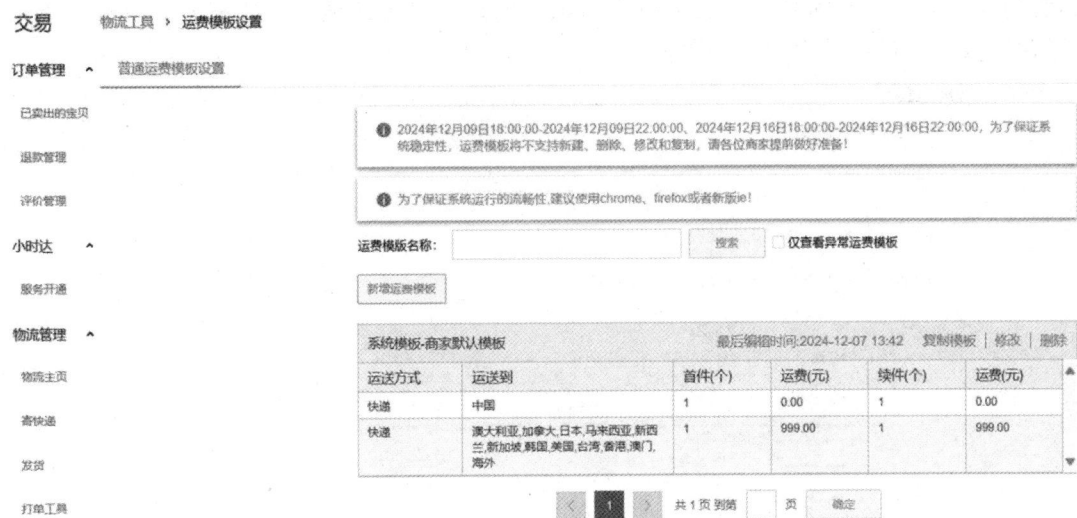

图 6-3 运费模板设置页面

（1）在运费模板设置页面单击"新增运费模板"按钮，弹出"新增运费模板"对话框，如图 6-4 所示。按照提示填写模板名称、发货地等信息，并根据是否包邮、计价方式和运送方式勾选相应选项。

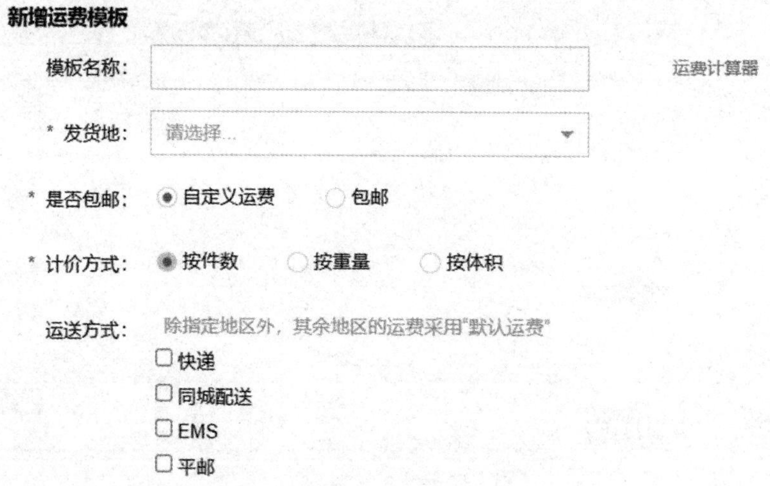

新增运费模板

模板名称：	运费计算器
* 发货地：	请选择...
* 是否包邮：	● 自定义运费　　○ 包邮
* 计价方式：	● 按件数　　○ 按重量　　○ 按体积
运送方式：	除指定地区外，其余地区的运费采用"默认运费"
	☐ 快递
	☐ 同城配送
	☐ EMS
	☐ 平邮

图 6-4　"新增运费模板"对话框

（2）根据卖家的实际情况填写发货地。

（3）设置是否包邮。如不包邮选择"自定义运费"。

（4）设置计价方式。根据产品的实际情况选择按件数、按重量或按体积计价。

（5）选择运送方式。这里有四个选项：快递、同城配送、EMS、平邮。以快递为例，选中"快递"复选框，展开列表如图 6-5 所示。设置默认运费，除设置的指定地区的运费外都将使用这个运费价格。根据物流的费用情况，设置超出默认运费之外的运费。如需要为指定地区设置不同的运费，单击"为指定地区城市设置运费"按钮就会弹出地区运费列表，如图 6-6 所示。单击"编辑"按钮勾选要设置的地区，如图 6-7 所示，单击"保存"按钮，最后填上价格即可。

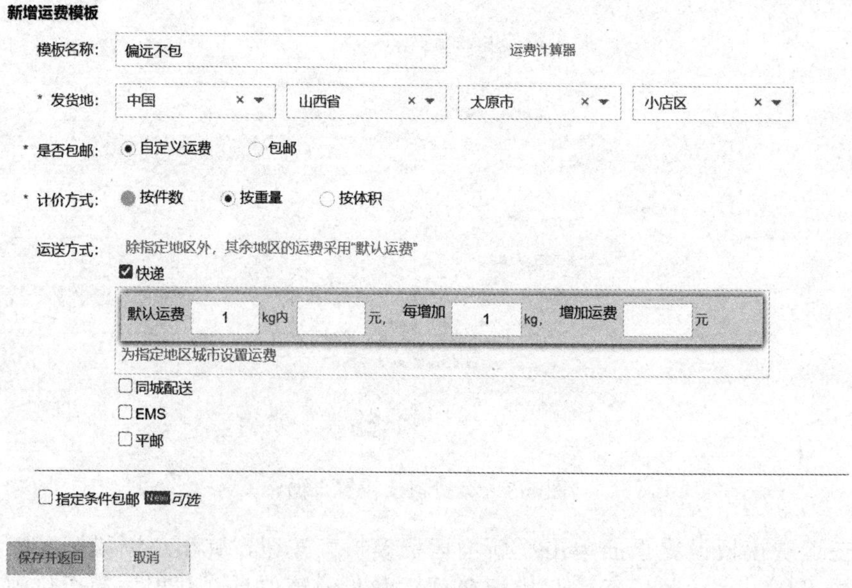

新增运费模板

模板名称：	偏远不包　　　　运费计算器
* 发货地：	中国　×▼　　山西省　×▼　　太原市　×▼　　小店区　×▼
* 是否包邮：	● 自定义运费　　○ 包邮
* 计价方式：	○ 按件数　　● 按重量　　○ 按体积
运送方式：	除指定地区外，其余地区的运费采用"默认运费"

☑ 快递

默认运费	1	kg内		元，	每增加	1	kg，	增加运费		元

为指定地区城市设置运费

☐ 同城配送
☐ EMS
☐ 平邮

☐ 指定条件包邮 New 可选

保存并返回　　取消

图 6-5　快递设置

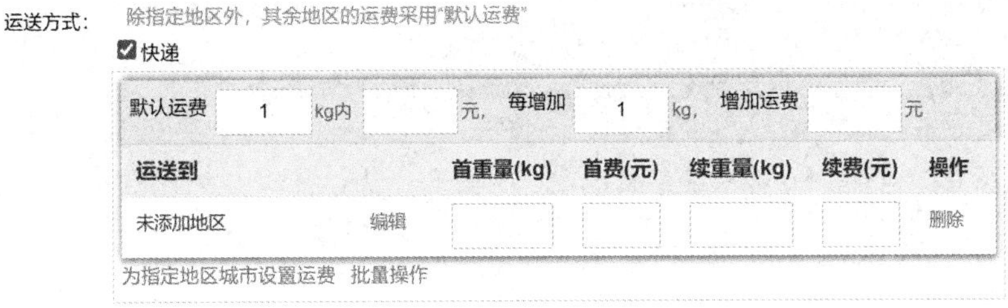

运送方式：　除指定地区外，其余地区的运费采用"默认运费"

☑快递

默认运费	1	kg内		元，每增加	1	kg，增加运费		元
运送到			首重量(kg)	首费(元)	续重量(kg)	续费(元)	操作	
未添加地区		编辑					删除	

为指定地区城市设置运费　批量操作

图 6-6　指定地区运费设置

图 6-7　勾选地区

在运费模板最下方，有一个"指定条件包邮"复选框，针对有些客单价比较低的行业，可以设置包邮条件，如满多少元包邮，刺激消费者多买，最后单击"保存并返回"按钮。

可根据不同快递公司的价格设置多个运费模板，在发布宝贝时选择对应的运费模板即可。

6.2.3　地址库的设置

在"物流工具"页面单击"地址库"选项卡，添加新地址，完成后单击"确认提交"按钮，如图 6-8 所示。

📢【小提示】

▶ 平邮是最慢的，但是价格比较低，不建议用平邮发货给买家，时效太慢。

▶ 快递是比较快的，1～3 天就可以送到，价格也适中，是最常用的运输方式。

▶ EMS 一般 1～8 天送到，卖家用的快递公司不能到达的地方，就可以用 EMS 发货，因为 EMS 是国际邮件快递服务，配送区域范围广。

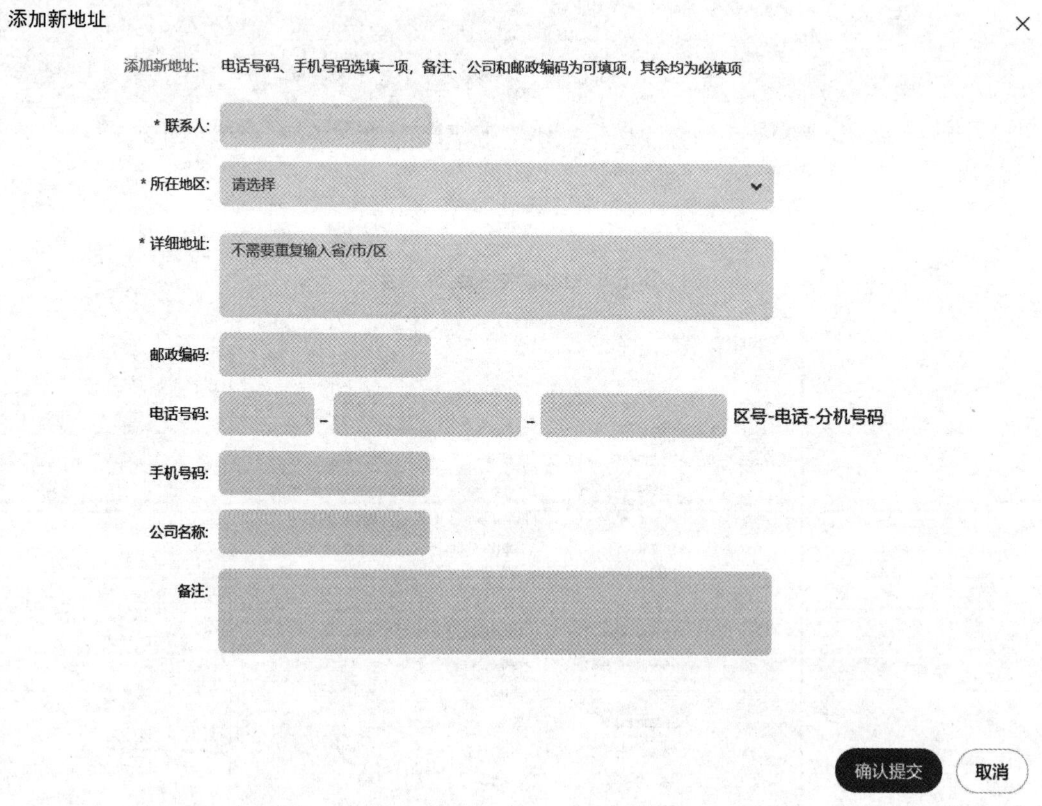

添加新地址   ✕

添加新地址：电话号码、手机号码选填一项，备注、公司和邮政编码为可填项，其余均为必填项

* 联系人：

* 所在地区： 请选择   ∨

* 详细地址： 不需要重复输入省/市/区

邮政编码：

电话号码： ———— ————   区号-电话-分机号码

手机号码：

公司名称：

备注：

确认提交   取消

图 6-8   添加新地址

6.3 仓储管理

仓储管理是指对仓库和仓库中储存的物资进行管理，通过仓库对商品进行储存和保管。"仓"即仓库，是存放物品的建筑物和场地，包括房屋建筑、大型容器、洞穴或者特定的场地等，具有存放和保护物品的功能；"储"表示收存以备使用，具有收存、保管、交付使用的含义，当适用于有形物品时也称储存。"仓储"指利用仓库存放、储存未及时使用的物品的行为。简言之，仓储就是在特定的场所储存物品的行为。

由于现代仓储的作用不仅是保管，更多的是物资流转中心，所以对仓储管理的重点也不再仅仅着眼于物资保管的安全性，更多关注的是如何运用现代技术，如信息技术、自动化技术来提高仓储运作的速度和效益。

在网店物流中，仓储管理是一个基本的环节，是指对仓库及其库存物品的管理。仓储系统是企业物流系统中不可缺少的子系统。图 6-9 是某淘宝店铺商家的仓储场所。

1. 仓库管理流程

仓库管理流程是一项系统性工作，涉及货物的接收、存储、保管、盘点、出库等多个环节。以下是一个典型的仓库管理流程：货物接收—入库登记—货物存储—库存管理—订单处理—拣货与打包—出库准备—货物出库—退货处理—数据分析与报告—持续改进。

图 6-9　某淘宝店铺商家的仓储场所

2. 仓库管理的总体要求

（1）仓库是企业物资供应体系的重要组成部分，是企业各类物资周转储备的关键环节，同时承担着物资管理的多项业务职能。其主要任务是：妥善保管库存物资，确保数量准确、质量完好，保障安全，实现收发迅速，紧密围绕生产需求，提供优质服务，降低运营成本，加速资金周转。

（2）应依据生产需求和现有设备条件进行统筹规划，实现合理布局；在内部管理方面，强化经济责任制，实施科学分工，构建物资分口管理的保障体系；在业务操作层面，推行工作质量标准化，运用现代管理技术及 ABC 分类法，持续提升仓库管理水平，有效减少库存积压与呆滞现象，避免在整装过程中出现停工待料的情况。

📖 【拓展知识】

ABC 分类法

ABC 分类法全称应为 ABC **分类库存控制法**，又称帕累托分析法，也叫主次因素分析法，是由意大利经济学家维尔弗雷多·帕累托首创的。1879 年，帕累托在研究个人收入的分布状态时，发现少数人的收入占全部人收入的大部分，而多数人的收入却只占全部人收入的一小部分，他将这一关系用图表示出来，就是著名的帕累托图。后来，帕累托分析法被不断应用于管理的各个方面。1951 年，管理学家戴克将其应用于库存管理，命名为 ABC 法。1951—1956 年，约瑟夫·朱兰将 ABC 法引入质量管理，用于质量问题的分析，被称为排列图。1963 年，彼得·德鲁克将这一方法推广到全部社会现象，使 ABC 法成为企业提高效益的普遍应用的管理方法。

ABC 分类法是一种基于"重要的少数和次要的多数"的基本原理，用于确定各因素权数的方法。它被广泛应用于企业管理中，特别是在库存管理中。ABC 分类法将库存物品按品种和占用资金的多少，分为特别重要的库存（A 类）、一般重要的库存（B 类）和不重要的库存（C 类）三个等级，然后针对不同等级分别进行管理与控制。

ABC 分类法的优点是明显的，这种方法把"重要的少数"与"不重要的多数"区别开来，使企业将工作重点放在管理重要的少数库存物品上，压缩了库存总量，释放了占压资金，使库存合理化，节约了管理投入。但是，ABC 分类法忽视了 C 类和 B 类库存物品对企业的影响，某些 C 类和 B 类库存物品的缺乏会对企业生产造成严重影响，甚至会导致整个装配线的停工待料。

ABC 分类法的具体步骤：①收集数据，首先收集有关库存物品的年需求量、单价以及重要程度信息；②处理数据，利用收集到的年需求量、单价，计算出各种库存物品的年耗用金额；③编制 ABC 分析表，将各种库存物品按照年耗用金额从大到小的顺序排列，并计算累计百分比；④确定分类，按照 ABC 分类法的基本原理，对库存物品进行分类；⑤绘制 ABC 分析图。

6.3.1 商品入库

商品入库是商品进入仓库时所进行的卸货、清点、验收、办理入库手续等工作的总称，是仓库业务活动的第一道环节，是做好商品储存的基础。

1. 商品入库作业的具体内容和程序

（1）做好入库前的准备工作。事先掌握入库商品品种、性能、数量和到库日期，安排商品接货、验收、搬运、堆码所需设备、场地和人力。

（2）进行商品接收工作。根据业务部门的入库凭证，按大件核点品种、规格、数量、包装及标志等，检查单、货是否相符，有无多送、少送或错送等情况。

（3）办理商品交接手续。仓库收货人在送货单上签收。如有问题，应会同交付入库的有关人员做出记录、分清责任，并立即通知业务部门及时处理。

（4）检验商品数量、质量。根据货主及仓库规定，开箱、拆包点验品种、规格、数量是否正确无误，检查质量是否符合标准。

（5）办理商品入库手续，包括凭证签收、货品分发和库存登账。根据验收结果，由仓库管理员在商品入库单上逐项按实签收，并注明实收数量和堆码仓位。

2. 商品验收入库管理规范

（1）商品验收流程。商品送达仓库后，由仓库管理员/收货人依据采购清单所列明的名称、规格型号、数量及技术参数进行详细核对与清点。所有商品必须经过采购人员与仓库人员共同进行质量检验，确认合格后方可办理正式入库手续。

（2）入库单据管理。完成商品验收后，仓库管理员应当场规范填写入库单。入库单需经仓库管理员与采购人员双方核对确认无误后签字确认，并按照以下要求分发：①仓库联，由仓库管理员留存作为记账凭证；②财务联，提交财务部门进行账务处理；③采购联，作为采购人员办理请款报销的凭证。

（3）拒收管理规定。仓库管理员在验收过程中发现下列情形之一时，必须拒绝验收或入库：①采购行为未经总经理或部门主管正式审批；②到货商品与采购合同、计划或请购单内容存在不符；③商品质量不符合既定标准要求。

（4）特殊情况处理。对于因销售急需或其他特殊原因无法按常规流程办理入库的商品，仓库管理员应当：①立即前往现场与采购员进行联合验收；②特殊情况需及时协调处理；③同步跟进后续补办采购手续事宜。

（5）责任追究机制。在验收交接过程中如发现数量不符等问题，应严格执行以下程序：①详细记录差异情况；②明确界定责任归属；③由责任方承担相应经济损失。

6.3.2　商品包装

包装环节可以被视为连接生产与物流的桥梁。作为生产的终点，产品生产工艺的最后一道工序是包装，包装完成标志着生产的完成。作为物流的始点，包装完成之后，产品便可以进入物流环节。在整个物流过程中，包装可发挥对产品的保护作用，提高运输效率，促进销售。由此可见，包装在物流体系中占有极为重要的地位。

1. 包装的类型

包装的类型很多，其材料、方式、用途非常广泛。

（1）按材料分：纸包装，塑料包装，金属包装，玻璃包装，陶瓷制品包装，木制包装及由麻、布、竹、藤、草等其他材料制成的包装。

（2）按功能分：执行运输、保管、流通功能的工业包装，面向消费者起到促销或广告功能的商业包装。

（3）按包装形态分：个性包装、内包装和外包装。

（4）按包装方式分：防水防潮包装、高阻隔包装、防锈包装、抗静电包装、水溶性包装、防紫外线包装、真空包装、防虫包装、缓冲包装、保冷包装、抗菌包装、防伪包装、充氮包装、除氧包装等。

（5）按包装内容物分：食品包装、机械包装、药品包装、化学包装、电子产品包装、军用品包装等。

（6）按包装软硬程度分：硬包装、半硬包装、软包装等。

2. 不同类型商品的包装技巧

销售的所有网上商品，无论顾客是否需要拆封，都应保持原包装进行邮寄。那么选用何种包装材料更经济实惠、安全结实呢？本节针对常见的不同商品类型进行细分，并逐一进行详解。

（1）鞋、帽子、包等。鞋：利用其原装鞋盒，在鞋盒外面套上布袋，或者包上牛皮纸。包和帽子：除非是质地柔软的毛线、尼龙包或帽，可以用布袋、泡泡袋邮寄外，其他质地和款式的建议最好用纸盒进行包装，如图6-10所示。

图6-10　纸盒包装

（2）护肤品、香水等液体类商品。该类型商品的包装技巧如下。

① 内层包装：护肤品、香水等液体类商品在空运过程中容易汽化或泄漏，所以一般要求液体容器必须预留约10%的空隙，为汽化液体提供一定的空间，以降低物品爆炸的风险。此外，还应做好液体物品的密封工作，并对容器口进行二次密封，防止液体溢出。

② 外层包装：完成内层包装后，需将此类商品缠绕上气泡膜，如图6-11所示，然后装入纸箱。如果纸箱内有空隙，一定要填充一些填充物，如报纸或泡沫等，防止物品在箱内晃动。包装完成后，必须用胶带将纸箱的缝隙和边角处粘贴牢固。

（3）耳环、项链、手表等饰品。这类商品适宜采用纸箱进行包装，如图6-12所示，可有效避免在运输过程中出现损坏、变形、进水等问题。之前，有卖家曾尝试使用挂号信的方式邮寄耳环等小型饰品，但由于各地邮局的监管标准不一，部分信件检验机无法通过硬物，导致买家收到的挂号信邮寄的饰品可能只是一个空信封。为了避免此类误会，同时也为了保护邮局的检验机器，建议统一使用纸箱进行邮寄。

图6-11　气泡膜包装

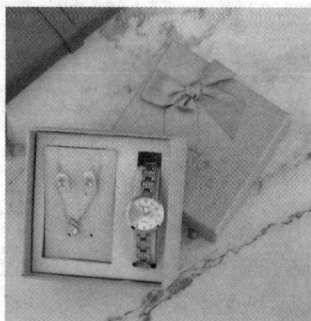

图6-12　耳环、项链、表等饰品包装

（4）笔记本、手机、相机等贵重商品或者玻璃制品等易碎商品。该类型商品在包装时可选用以下材料。

① 气泡膜：对于易碎商品的邮寄，气泡膜发挥了重要的作用，避免了硬物之间的挤压和磨损，很大程度上减少了对商品的损坏。

② 纸箱：在放入纸箱之前，需先缠上气泡膜，放入纸箱后塞满填充物，使其不摇晃，没有多余空间，外面用胶带封好。最好粘贴上警示语，如"易碎物品""小心轻放""注意防潮"等字样，如图6-13所示。

图6-13　包装警示语

③ 木箱：成本大，费用高，比较结实、安全。包装起来比较费劲，拆开也比较费劲。所以，一般情况下，用加厚的纸箱即可满足要求。

（5）书、杂志等印刷品。纸盒：结实，在书外最好包上一层塑料袋，避免进水，同时可以防潮。牛皮纸：同样建议在书外先套上一层塑料袋，再用牛皮纸包好。

（6）食品。易碎食物、罐装食物宜用纸盒或纸箱包装，如图 6-14 所示，让买家看着放心，吃着也放心。

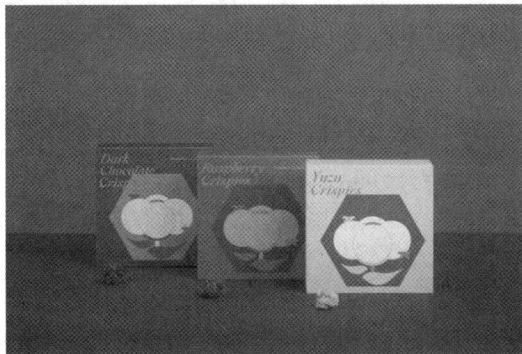

图 6-14　某食品包装

6.3.3　商品出库

商品出库是指商品离开仓库时所进行的验证、配货、点交、复核、登账等工作的总称，是仓库业务活动的最终环节。

1. 商品出库流程

（1）做好商品出库前的准备工作。

（2）审核商品出库凭证。

（3）登记代管商品账目，核销库存存量。

（4）根据出库凭证，核实备货。保管员根据出库凭证所列品种、规格、数量，经审核无误后，先核销保管卡上的存量，然后从各个货位上分拣出商品，加以集中。

（5）复核查验，防止发货出现差错。

（6）编配包装，集中待运。

（7）交接发货，放行出库。仓库发货时，发货人应向收货人或运输人员按单逐件点交清楚，以划清责任。

2. 商品出库形式

（1）存货方或用户自提。

（2）保管方送货上门。

（3）保管方代办运输。

3. 商品出库凭证

发放商品必须有正式的出库凭证，严禁无单或白条发货。只有对方持有符合财务制度要求且有法律效力的出库单据时，方可办理出库手续。坚决抵制不合法的单据（如白条）和不合法的做法（如经电话、短信、传真通知等），杜绝凭信誉出库的行为，抵制特权人物的违规行为。出库凭证有涂改、复制、伪造，收货单位与提货人不一致，各种印鉴不合规定，超过提货有效期等情况时，保管员应保持高度警惕，不得敷衍了事，应及时联系货主并查询单据的合法性，以保障货主和公司的财产安全。

4. 商品出库原则

（1）出库不能当天办完，需要分批处理的，应该办理分批处理的手续。

（2）复核工作应由不同的人采用不同的方法进行，须经双人签字确认后才能出库，单人无权擅自提取货物。

（3）对于近效期产品、失效产品、变质产品、没有使用价值的产品，在未获得特殊批准的情况下，坚决禁止出库。当然，应销毁或者作为废品处理的例外，严禁以次充好。

（4）当商品未入库验收、未办理入库手续时，原则上应暂缓发货。

（5）如果将出库凭证遗失，客户应及时向仓库管理人员和财务人员挂失，将原凭证作废，延缓发货；如果挂失前货物已经被冒领，保管员不承担责任。

总之，仓库管理的出库工作应严格遵循先进先出、凭证发货等原则，越规范越有利于出库管理，确保出库流程顺畅、合规。凭证发货既能保障收货人的合法权益，也能有效规避保管员的责任风险。

课后习题

一、单项选择题

1. 以下提升淘宝动态评分的方式不包括（　　）。
A. 改善售前服务　　B. 改进商品描述　　C. 与顾客协商修改　　D. 确保产品品质
2. 耳环、项链等饰品应采用（　　）的包装方式。
A. 纸箱　　　　　　B. 泡沫箱　　　　　C. 防水袋　　　　　D. 牛皮纸
3. 商品出库是仓库业务活动的（　　）。
A. 首要环节　　　　B. 最终环节　　　　C. 中间环节　　　　D. 第二环节

二、简答题

1. 请简述选择物流时应考虑的因素。
2. 请简述商品入库作业的具体内容和程序。

实训练习

实训目标：

1. 掌握快递公司选择的方法。
2. 熟悉电商仓库的日常运作流程。

实训内容：

1. 对比常见的几家快递公司，分析各家的优势与劣势，并结合自己网店的情况选择适合的快递公司并说明理由。

2．参观附近的一家电商公司的仓库，了解其日常运作的流程，包括入库、出库、库存管理等。

实训评价：

1．将全班学生划分为多个小组，每组 2～3 人，各小组同学汇报实训的情况，主要围绕以下两个问题进行讨论。

（1）选择快递公司应考虑的主要因素有哪些？

（2）电商仓库管理的作业流程和操作规程是什么？

2．评价与总结：各小组提交网店物流方案并互相评价。

课后拓展

电商物流变革：无人机配送时代的机遇与挑战

在电子商务蓬勃发展的今天，物流配送作为关键环节，正经历着前所未有的变革。无人机配送这一新兴模式正逐步走进大众视野，为电商物流带来新的曙光。

1．无人机配送，开辟电商物流新速度

无人机配送在电商物流中具有显著优势。首先是速度与效率的大幅提升，在城市中，交通拥堵是传统物流的一大阻碍，而无人机凭借空中飞行的特性，能够轻松避开拥堵路段，实现"点对点"的快速投递。

无人机还拓展了配送范围。一些偏远山区、海岛等地，地形复杂，传统物流难以覆盖或成本极高。而无人机能够轻松跨越山川河流，将商品送到这些地区居民手中，让电商服务惠及更广泛的人群。

2．突破困境，解锁无人机配送发展密码

尽管无人机配送前景光明，但前行之路并非坦途。在法规政策方面，相关法律法规尚不完善。无人机飞行空域如何划分、飞行资质如何认定、出现事故责任如何界定等问题，都缺乏明确统一的标准。不同地区的规定差异较大，给无人机配送跨区域运营带来阻碍。社会接受度也是挑战之一，部分民众担心无人机配送时噪音扰民，如无人机在居民区频繁飞行，其产生的噪音会影响居民生活，或者存在隐私泄露风险。

3．多方携手，共筑无人机配送美好未来

面对这些挑战，需要多方共同努力。科研机构与企业应加大研发投入，在电池技术上取得突破，提升无人机续航能力；优化机身设计和材料，增加载重能力；完善避障、导航等系统，提高复杂环境应对能力。

4．新机遇

政府部门应加快法规政策的制定，明确空域管理规则、飞行许可流程、安全标准和事故责任认定等，为无人机配送提供法律依据和规范指导。同时，加强宣传教育，向公众普及无人机配送知识，提高社会接受度。

企业自身也要加强管理与运营优化，建立完善的无人机配送监控体系，实时掌握无人机飞行状态和货物运输情况；与传统物流协同发展，发挥各自优势，构建更高效的物流配送网络。

无人机配送为电商物流带来了新机遇，尽管挑战重重，但只要各方齐心协力，定能推动无人机配送在电商物流领域发挥更大作用，为我们带来更便捷、高效的物流服务。

第 7 章
网店客户服务与客户关系管理

【思政案例导入】

李某在 M 书店经营的网络店铺中付款 22172 元购买书籍，因该电商平台关联的银行账户额度所限，经与店铺客服沟通后，李某通过平台付款 10172 元，向店铺客服赵某微信转账 12000 元。2024 年 8 月 25 日李某告知赵某书单有变化，待确定后再发货，赵某表示同意。后双方对购买商品品种和数量做了变更，交易价格变更为 1223 元。M 书店将通过平台支付的 10172 元退还给李某，但通过微信支付给赵某的款项扣除交易价款后尚有 10777 元未退回。多次要求退款无果，李某将 M 书店诉至法院，请求退还购书款。

【案例思考】

1. 客服在网店运营过程中发挥了怎样的作用？
2. 客服在与客户交易过程中需把握的原则有哪些？

【案例分析】

便捷、快速地进行交易是互联网消费的优势之一，而交易的安全性和稳定性同样是消费者权益保护的重要组成部分，两者皆不可偏废。在现实情境中，考虑到消费者购物习惯的不同以及其他具体的特殊情况，不宜仅仅因为消费者未完全通过电商平台进行支付，就轻易否认消费者与商家相关交易行为的法律效力。该案例中认定店铺客服有权代表店铺进行交易，既是对交易中消费者对店铺信任的保护，也是对交易秩序和安全的维护，同时压实了商家主体责任。此举能够提示并督促商家加强内部管理与监督，从而进一步规范线上交易中商家的销售行为，促进互联网数字经济行业的有序发展。

知识目标 →

1. 了解网店运营中客户服务的重要性。
2. 掌握网店运营中客服人员与客户沟通的原则和技巧。

技能目标 →

1. 能够诊断网店运营中客户服务存在的问题并提出优化方法。
2. 了解客服人员售前和售后服务的具体职责，能够利用沟通技巧与客户进行沟通。

7.1　网店客户服务认知

网店客户服务是决定网店成败的关键环节。前面的美工文案、推广、促销工作即便做得再出色，如果没有客户服务环节的大力跟进，整体效果也会大打折扣。买家对客户服务环节的满意度越高，就越愿意在店铺内购买商品。同时，客户服务也是一种重要的网店推广方式。优质的客户服务能够提升买家的购物体验，促使买家对网店形成良好的口碑宣传。

7.1.1　网店客户服务概述

网店客户服务是基于互联网的一种服务形式，通过网络为客户解答疑问和提供售后服务等。网店客服人员运用各种通信工具，以网上即时通信工具（如旺旺）为主，为网店客户提供各种服务，包括客户答疑、促成订单、店铺推广、完成销售、售后服务等。

1. 客户服务的意义

优质的服务是企业成功的关键。从经济学的角度来说，现代市场所需要的不再是一味打价格战，服务所占比重越来越大，不管是企业还是网店，优质的客户服务是成功的一半。网店客户服务在网店的推广、产品销售以及售后的客户维护方面都起到极其重要的作用。

（1）塑造店铺形象。对于一家网店来说，客户通常通过图文介绍了解商品，既看不到店主本人，也看不到商品，因此往往容易产生距离感和怀疑感。优质的客户服务能够通过店主或客服人员与客户进行在线交流，使客户逐渐了解店铺的服务和态度。客服人员热情的问候让客户感受到自己并不是在与冷冰冰的网络进行互动，从而慢慢放下原有的防备心理，接受店铺和商品，这样店铺就通过优质的客户服务树立了良好的形象。

（2）提高成交率。现在，很多客户都会在购买前针对不清楚的内容咨询卖家，如果客服人员能够及时在线回复客户的疑问，让客户及时了解所需信息，这将有助于其做出购买决策，从而促成交易。有时候客户并不是对商品有什么疑问，而是想确认网店的真实性和商品介绍是否与事实相符，这时在线客服人员通过与客户交流，可以打消客户的很多疑虑，促成店铺交易。

（3）提供良好的购物体验。具备专业知识和良好沟通技巧的客服人员，可以为客户提供更多的购物建议，能够更完善地解答客户的疑问，能够更快捷地对售后问题给予反馈，从而更好地服务于客户。

2. 客户服务的沟通原则

（1）服务意识，能服务好客户，处理好售后问题。
（2）销售意识，能根据店主的要求去销售产品。
（3）品牌意识，能让客户深层次了解并认同店铺。

3. 客户服务的流程

网店客服人员是和买家直接接触的工作人员，对于产品的销售、客户的维护都有着极其重要的作用。如果客服人员在和买家沟通时，缺乏良好的沟通能力，那么交易就有可能失败。

网店客服人员通常分为售前客服人员、售中客服人员、售后客服人员三种。售前客服人员主要是解答买家咨询的问题，售中客服人员以销售产品为主，而售后客服人员则是进行客户维护，各司其职。如果三种客服人员能够相互配合，那么从产品的销售到老客户的维护，就能获得想要的效果。想要做好这些工作，首先需要了解客户服务的工作流程，进行有针对性的培训。

（1）熟悉产品，了解产品的相关信息。对于客服人员来说，熟悉自己店铺的产品是最基本的工作。新产品上市之前，很多公司都要开展相关的产品培训。客服人员是联系店铺和客户的桥梁，万一这座桥没搭好，也许店铺就永远失去了这个客户。客服人员对于产品的特征、功能、注意事项等要做到了如指掌，这样才能流利解答客户提出的各种关于产品的问题。

（2）接待客户。一个优秀的客服人员要懂得如何接待好客户，同时还能引导客户进行附带消费。例如，对于那些讨价还价的客户，首先需要阐明店铺立场：商品的价格已经很低，难以再还价。如果客户仍纠结于价格因素，客服人员需要根据实际情况决定是否继续。即便最终给予客户优惠，也要让客户感觉优惠来之不易，是店铺给他个人的特殊优惠。

（3）查看商品库存数量。店铺商品详情页面上的库存与商品实际库存有时候存在差异，所以客服人员需要查看商品的实际库存量，以避免出现缺货的情况。

（4）客户下单付款后，与客户核对收件信息。很多卖家容易忽视这一点，虽然大部分客户在购买的时候填写的地址是正确的，但也有一部分客户的收件信息发生变动。在客户付款之后，客服人员应当及时让客户核对收件信息。这样不仅可以减少物流发错的损失，还可以让客户觉得店铺的服务到位且人性化。

在核对客户信息的同时，客服人员还应向客户说明店铺可使用的快递公司，并询问客户偏好的快递公司，毕竟不同的快递公司在各城市、各区域的服务水平是不一样的。一切以客户为中心，如果客户没有明确表示，卖家就发默认的快递公司。

（5）修改备注。有时候客户的订单信息或者收件信息有变，客服人员有责任及时反馈该变动。这样，制单的同事就知道订单信息有变动。一般情况下，默认用小红旗来备注，并注明变动事由、修改人工号和修改时间。如此一来，变动情况就一目了然了。

（6）通知发货。货物发出去之后，可用短信给客户发送信息，告知其包裹已经发出，这也可以提升客户对店铺的好感度。对于拍下商品未付款的客户，可以通过旺旺在线给客户发送信息提醒客户，如果此时付款，当日即可发货。这叫作"催单"，适时提醒可以让下单后忘记付款的客户想起付款，这也是促进成交的一种方式。

对于那些没打算购买，只是一时冲动拍下商品的客户，可以手动关闭订单。对于重复拍下订单但不付款的客户，可以适时联系，问清楚其购买意向。

（7）提醒客户评价。交易完成之后，记得提醒客户为店铺做出评价，这是免费给店铺做广告的机会。

（8）处理中差评。当发现有中差评的时候，客服人员需要及时跟客户沟通。一般情况下，客户不会无缘无故地给中差评。此时，卖家需要先了解情况，再解决问题，说服客户帮忙修改评价。对于一些想通过恶意评价来获得不当利益的买家，客服人员注意收集相关信息，以便为后面的投诉翻案收集证据。

7.1.2　网店客户服务的工作内容

从网店客户服务工作的分类来看，多数企业会以订单付款时间为节点，将付款前的工作划分为售前工作，把付款后的工作划分为售后工作。由于企业规模不同，其划分各有差异。规模较大的网店会把客户服务分为售前、售后两个部分，但小型网店由于人员少，售前、售后工作可能是一体的。

1. 售前客户服务

（1）售前客户服务的工作内容。售前客户服务就是在买家未确定购买商品之前，客服人员为买家提供的一系列服务，主要目的是激发买家的购买欲望。在售前客户服务中，客服人员要与买家进行积极的沟通，了解买家的需求，然后根据了解到的情况制定有针对性的销售策略。网店客户服务的售前工作包括售前客户商品问题解答、引导客户购买、促销、催付、订单备注、客户下单前收货信息确认等内容。

① 查看售前客服人员交接记录，了解上一轮客服人员对特殊客户问题的记录，便于工作衔接。

② 查看工作台的留言，有客户留言的话，不管对方是否在线，一定要及时回复。

③ 进入千牛卖家中心工作台，进行客户商品问题解答、引导客户购买、促销、订单备注等工作。

④ 对售后问题做好简单记录，并发给售后客服人员做好存档记录，以便后期查询。

⑤ 查看近期没有付款的客户，进行催付。

（2）售前客户服务的基本服务流程。一般来说，售前客服接待买家的基本流程主要有 9 个环节，如图 7-1 所示。

（3）订单催付。在网购过程中，即使买家已经下单，也有可能因为犹豫而最终放弃订单付款，或者与客服人员进行价格谈判。在这个环节中，如果客服人员不能很好地参与，很容易导致本来可以成交的订单最终因买家未付款而流失。可以这样说，催付款就像买家的最后一道防线，需要客服人员采用精湛的技巧来攻破。

欢迎语	•向买家介绍店铺信息，如店铺名（品牌名）、客服人员昵称等
明确买家需求	•解答买家提出的疑问，根据买家的需求向其推荐商品
活动告知	•向买家推荐店铺活动，通过活动刺激买家产生购买行为
关联推荐	•向买家进行关联推荐，如店铺主推款推荐、搭配套餐推荐、活动推荐等，以提高客单价
下单行为跟进	•查看买家是否下单，如果一段时间后买家仍未下单，要对买家进行回访
引导付款	•在买家下单后对收货地址、联系方式等进行确认，并引导买家付款
推送关注型优惠	•邀请买家收藏店铺、关注店铺等，并告知其好处
告别语	•提醒买家关注物流信息，及时收货，并对店铺做出好评，同时告知买家售后问题的处理方式
整理买家信息	•对服务过程中获取到的买家信息进行记录，为买家回购做准备

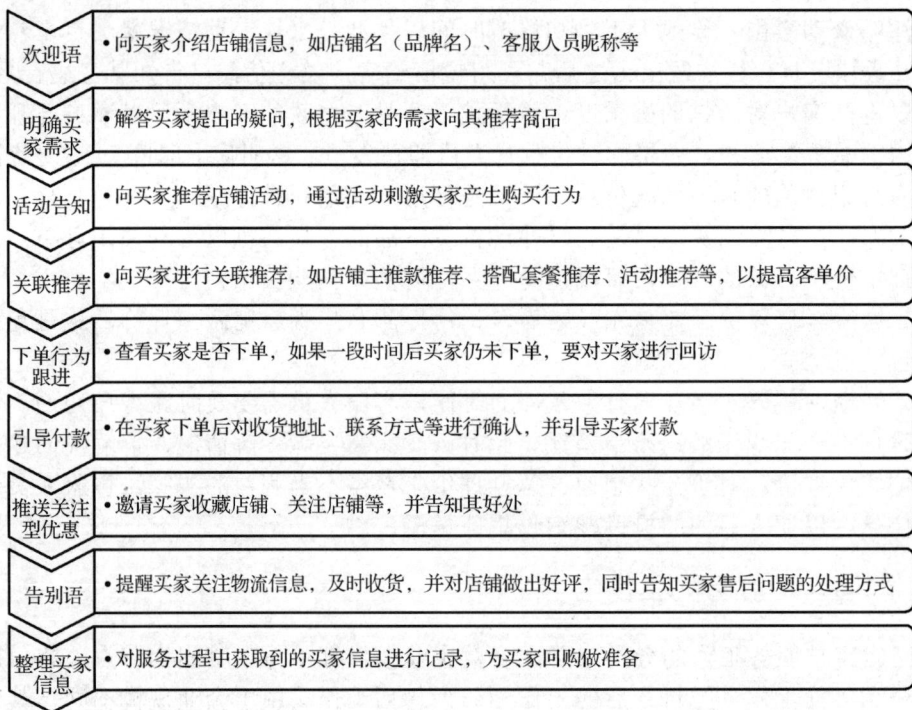

图 7-1 售前客服接待买家的基本流程

① 找准买家未付款的原因。造成买家下单后不付款的原因众多。如果客服人员能够找准买家未付款的原因，然后对其进行有针对性的催付提醒，那么成功挽回订单的概率就会提高很多。可针对如下三类客户进行分析。

第一类，店铺新买家。造成新买家不付款的原因是最为复杂的，通常包括以下情况。

• 不懂使用在线付款方式，不知道该如何付款。

• 账户余额不够。

• 对店铺和商品都不太信任，怀疑商品质量和售后服务。

• 还在对商品进行比价。

• 客服人员没有及时地回应。

对下单后未付款的新买家，客服人员需要通过旺旺或者电话与其进行直接沟通，为买家解答相关疑问。在通常情况下，如果客服人员在这个环节能够耐心地回答买家所有的问题，并为他们提供若干帮助，往往会收到附加效果，那就是店铺会给买家留下良好的印象，提高转化率及二次回购率。

第二类，二次回购的老买家。二次回购的老买家是非常敏感的，这些老买家更需要得到卖家的尊重。如果他们在回购的过程中感到不满意，而且店铺商品与同类竞品相比竞争优势不明显，他们很有可能会彻底放弃订单。但是，如果客服人员能够通过有效的方式向他们直接表明卖家对他们的关注与重视，就很容易促使二次回购的老买家在未来多次回购。

因此，对二次回购的老买家进行催付时，需要谨慎一些。如果无法为他们提供促销优惠或者老买家会员等级上的特权，就不要轻易对其进行没有情感的催付。

第三类，多次购买的老买家。这样的买家已经对店铺产生了很强的依赖性，他们需要的是卖家的信任和更准确的推荐式服务。而卖家和客服人员要做的就是让这些老买家体会到自己身份的尊贵性，让他们感受到以往的累积消费带来的好处，要让他们有种宾至如归的感觉，所以"会员等级特权+累积消费的好处+更加准确的推荐式服务"是比较适合这类人群的催付方法。

②　采取灵活的催付话术。在整个催付环节中，催付用语是非常关键的。针对不同的情况，客服人员应当采取不同的催付话术。

- 核对地址和快递方式。借助与买家核对地址和快递方式的机会来完成催付款。

"亲，很高兴看到您拍下商品了，××这个地址对吗？发××快递您能收到吗？为了您能尽快收到商品，请您尽快付款哦！"

- 告知买家同意为其提供包邮服务或折扣优惠。有些买家会向客服人员申请为其提供包邮服务或者一定的折扣优惠，当客服人员确定可以满足买家提出的包邮或折扣条件并改好运费后，即可对买家进行催付款。

"亲，运费给您改好了，请尽快付款吧！付款后才能尽快给您安排发货哦！"

"亲，折扣已经帮您改好啦，申请了好久呢。亲，尽快付款吧，付款后马上安排给您发货哦！"

- 询问买家是否还有疑问。当买家咨询完相关问题后，客服人员可以激励买家尽快拍下商品并付款，可以向买家强调商品是爆款或者商品库存紧张。

"亲，还有其他方面的问题吗？这是咱家的爆款，很多亲都在抢购呢！为了防止您拍下的商品被别的亲抢走，就尽快付款吧！"

"亲，这个商品很热销，同一时间很多买家都在抢购，您的眼光真好！不知道亲在哪方面还有疑问，有没有需要我帮助的呢？"

- 向买家强调发货。客服人员可以在自己店铺发货截止时间的前 20 分钟对买家进行催付款（如果买家下线了，适当的时候可以电话联系），此时要向买家强调店铺发货速度与发货时间。

"亲，我们已经在安排发货了，看到您的订单还没有支付。现在付款，我们会优先发出，您可以很快收到包裹哦！"

"亲，我们仓库是下午 5 点前统一发货，您在 5 点之前方便付款吗？我们可以及时给您安排发货，这样您就能早一天收到我们的商品和礼物哦！"

"亲爱的××（买家姓名），您今天在我们店铺拍下的订单还没有付款哦，我们是下午 5 点发货，晚了可能就要拖到明天发了哦！"

- 告知买家交易即将关闭。卖家或客服人员可以在交易关闭前半小时内对买家进行催付款，必要时可以通过电话联系买家。

"您好，看到您在活动中抢到了我们的商品，真的很幸运！您这边还没有付款，不知道遇到了什么问题？再过一会儿交易就要自动关闭了（拍下 3 天内不付款交易自动关闭），一旦有别的买家在有货时完成支付，那您就失去这次机会了，您尽快付款才能抢到商品哦！"

- 告知买家可以享受优惠。卖家或客服人员可以向买家强调尽快付款可以享受优惠。

"亲，您在我们店铺拍下的商品已经确认，现在我们每天前 200 名付款的买家都有精美礼品赠送，您现在付款还来得及哦！"

"您好，看到您还没有付款，我们是 7 天无理由退换，现在付款还可以帮您购买运费险，收到商品以后包您满意！万一不满意也没有后顾之忧，不合适、不喜欢都能随时退换，请尽快付款吧！"

- 为老买家提供超值优惠。对店铺的一些老买家，卖家或客服人员可以向其强调他们能够享受店铺的超值优惠。

"亲爱的××（买家姓名），我是××（卖家名称），看到您已经在我们店里拍下了您想要的商品，您已经是我们的老客户了，所以您付款后我们会优先安排您的订单发出哦！"

"亲，您在××（卖家名称）拍下的商品还没有付款，因为您是我们的老客户了，我特意向店长申请了这次给您按超级会员的价格，比您拍时还便宜了很多哦！请您尽快付款吧！"

③ 备注催付结果。客服人员完成首次催付后，要及时地对催付结果进行备注。对催付后仍未完成付款的买家，要根据备注适时地再进行一次催付，以提升成功付款率。

（4）售前客户服务的注意事项。网店的客服人员必须经过严格的培训考核才能上岗。无论是首次加入客服团队，还是从别的店铺辞职新加入，都需要重新进行培训，以适应新岗位的要求。

① 店铺的客服人员接待语要一致。如果是品牌店，就要让客户产生品牌意识（利用客户的品牌观念），例如："亲，您好，××品牌店铺，很高兴为您服务，请问有什么能帮您的吗？"最好统一设置好，避免忙的时候忘记回复。这样会让客户觉得店铺品质是有保障的，仿佛亲临品牌专卖店一般。

② 客服人员回答问题时应保持热情，回答过于简洁会让客户觉得客服人员冷漠或不愿为其提供服务，但也要避免长篇大论。例如，当客户在商品描述和规格选项都非常明确的情况下询问"这件蓝色的有货吗"，客服不能简单回答"有的"。因为客户可能担心库存数量不准确，或者不懂得查看库存。此时，客服可详细回答："您好，这款产品目前货源充足，只要能下单就一定有货。"

③ 客服人员回答问题时要保持耐心。有时客服人员会遇到提问较多的客户，但随着从业时间的增长，会发现提问多的客户购买概率往往较大。与实体店铺可直接看到商品不同，网购客户积极询问商品信息是好事，可在很大程度上避免因对商品不了解而在收到商品后评价"与描述不相符"等情况。

④ 回答问题时如果不确定，不要用肯定的语气。假设衣服是均码的，没弹性，那么对于骨架大的人，尺寸可能会偏小。当客户询问衣服适不适合时，客服人员可以像这样表述："您平时穿什么码呢？这款弹性不大，麻烦您参考尺码看看，您如果平时穿 M 码的话可能是适合的。"

⑤ 如果跟客户交流很长时间，客户还迟迟不下单，客服人员可以结合平时看到的搭配方式，给客户推荐适合的款式。如果客户拍下的款式和店铺其他商品可以配套搭配，客服人员可以在客户快下单的时候引导其一起下单以促成交易，如果客户不接受，客服人员也要及时表达理解和感谢，并通过发送表情符号等方式缓和气氛。

⑥ 讲话不要夸大其词，要言辞有度。如果客户收到货后发现和之前承诺的不一样，最终给予店铺的评价也不会好。

⑦ 切记要跟客户核对收货地址和电话。最后结尾可以发些祝福语，希望客户用得好时给予好评。

⑧ 对于讨价还价型客户，可以针对具体的情况采用不同的说话技巧。

2. 售后客户服务

（1）售后客户服务的主要工作内容。网店客户服务的售后服务工作包括售后客户地址确认、订单核实、订单跟踪查询、客户安抚、退换货、赔付补偿、客户评价管理、投诉管理、客户关系管理等内容。

① 每天需要对已经成交的订单进行物流跟踪，要做到抢在客户前面发现问题，发现疑难件以后要做好记录，并且定期跟踪。

② 在出现售后物流、退换货、赔付、评价、投诉等问题时，积极缓和与客户的关系，争取解决客户的问题。首先安抚客户，然后迅速根据问题进行有针对性的解决。售后客服人员接到客户的售后信息后，立即通过电话或旺旺跟客户交流沟通，详细了解客户投诉或抱怨的内容，如产品有色差、尺码不合适等。售后客服人员要耐心地听完客户的话再回答，要将客户的抱怨当作给公司的建议，并承诺以后会改进，可以跟客户说下次购买时会赠送一些小礼品，并感谢其提出的宝贵建议。

③ 向领导汇报处理情况。售后客服人员提出自己的处理意见，申请领导批准后，要及时答复客户。

④ 将问题反馈给公司有关部门，如需换货，通知仓管出货，如需送小礼物，也要通知仓库。

⑤ 跟踪处理结果的落实，直到客户答复满意为止。

⑥ 进行客户关系管理，对档案库中的客户进行分类管理，定期发送客户节日问候、祝福，定期向客户推送新品信息、优惠促销信息。

⑦ 维护客户旺旺群（私域社群），营造群气氛，解答客户的问题；定期推送公司最新商品信息、最新活动信息。

（2）包裹签收关怀。买家签收包裹后，卖家既希望买家能够正确地使用商品，又希望买家能够为商品留下好评。为此，很多卖家会在包裹中附上商品使用手册、售后服务流程说明等，以指导买家正确地使用商品并完成交易评价。但是，赠送售后服务卡的方式已经泛滥，售后服务卡有时候很难产生很好的效果。卖家可以选择更具亲切感的方式来促使买家留下好评，向买家发送包裹签收关怀信息就是一种不错的方法。

包裹签收关怀信息即在买家完成包裹签收之后，卖家向买家发送的信息（如短信、平台消息提醒等）。包裹签收关怀信息主要包括两个方面的内容：一是售后支持，并引导买家给出好评；二是说明商品的使用方法。其主要作用就是指导买家正确地使用商品，引导买家给出好评，引导买家顺利地找到售后问题的解决方式。

① 售后支持，并引导买家给出好评。买家签收包裹并打开之后，第一反应就是判断商品是否符合自己的期望，随后他们会做出不同的行为反应。如果商品符合期望，买家可能会让系统自动确认收货或主动确认收货，并给出好评。如果商品不符合期望，买家可能会直接给出差评或投诉，也可能寻找售后客服说明问题。

在买家完成签收后，卖家应该及时向买家发送包裹签收关怀信息，对买家的行为进行引导。如卖家可以发送这样的关怀信息："亲，我是小店客服人员，您在咱们家买的××，看您收到货了，如果有什么问题您可以随时联系我们，我们帮您处理直至您满意。如果对我们的产品和服务满意的话，麻烦您给我们好评，点亮三排星星哦！"

在沟通过程中，卖家要以诚恳的态度告知买家收到商品后如果遇到问题，客服人员会协助为其解决，这样有利于提升买家的满意度，引导买家给出好评。

② 说明商品的使用方法。很多商品的使用方法具有一定的专业性或复杂性，而买家收到商品后不一定能够马上掌握商品的正确使用方法。如果买家在体验商品的过程中不能很好地使用商品，就容易对商品的功能、性能、功效等产生怀疑，甚至认为商品存在质量问题。因此，在包裹签收关怀信息中，卖家可以通过向买家发送有效的商品使用建议来避免这些问题的产生，以提升买家的满意度。

下面是某店铺向买家发送的商品使用关怀短信示例。

"亲，快递显示您已经签收包裹，请注意，不要用含有漂白剂或荧光剂的洗涤用品清洁包包，可以使用干净的布巾擦拭包包。包包不用时，最好将其置于棉布袋中保存，不要将其放入塑料袋中，因为塑料袋内空气不流通，会使皮革因过干而受损。包内最好塞上一些软卫生纸，以保持包包的形状。"

这样简单的引导工作，可以让买家学会正确地使用商品，避免其在体验商品的过程中因使用不当导致商品不能正常发挥功效。同时，买家原来的购物期望中并没有对商品使用建议的期望，但卖家提供了这样令人惊喜的服务，于是对卖家的满意度就会大幅提升。

（3）退换货问题的处理。在售后服务中，卖家可能会遇到买家退货、换货的情况。因为卖家原因造成的错发货、少发货、质量问题等售后情况的处理方法如表7-1所示。

表 7-1　错发货、少发货、质量问题等售后情况的处理方法

售 后 问 题	具 体 情 况	处 理 方 法
错发货	退货	告知买家退货流程，卖家承担运费
	换货	请买家提供收到的商品照片和发货单，卖家进行核对，然后为买家重新发货并承担运费
少发货	退款	可以直接将少发商品的金额退还给买家
	补发	请买家提供收到的商品照片和发货单，卖家核对少发的商品，然后给买家补发并承担运费
质量问题	退货	告知买家退货流程，卖家承担运费
	换货	卖家承担运费并给买家重新发货
非质量问题	退货	在不影响商品第二次销售的情况下，买家承担运费
	换货	在不影响商品第二次销售的情况下，买家承担运费，同时卖家要再次与买家核对所需商品的信息

（4）中差评的处理。在网店运营中，买家对商品做出的评价会直接影响商品的后续销售和店铺的信誉。如果卖家对买家做出的中差评处理不当，将会对店铺的运营造成极大的负面影响。

① 在网店经营中，遭遇中差评是一个难以回避的问题。卖家在处理中差评时需要遵循以下原则。

第一，把握解决中差评的时效性。时效性指卖家需要在中差评产生的第一时间来寻求解决方案。在买家给出中差评后，卖家如果能在最短的时间内获知并与买家进行沟通，无疑是一种高效的解决中差评的做法。时间拖得越久，中差评被修改的可能性就越小，卖家付出的成本可能会越大，挽救回头客的可能性就越小。

第二，选择恰当的沟通时机。在和买家沟通之前，卖家需要考虑沟通时间选择的问题。卖家要尽量选择买家休息的时间来联系对方，这样买家才更愿意与卖家进行沟通，降低买家拒接电话、挂断电话的概率。同时，选择恰当的沟通时机有利于卖家一次性较好地解决中差评问题，不用反反复复地与买家进行沟通交流，浪费双方的时间和精力。

第三，迅速做出判断。在处理中差评的过程中，卖家要在和买家沟通的过程中迅速做出判断：买家到底是否愿意修改中差评。如果买家太难沟通或者态度过于强硬，卖家可以不必花费过多的时间和精力来进行处理，应该把注意力放在对差评的解释上，以诚恳的态度对买家遇到的情况予以解释，尽量降低差评造成的负面影响。

② 当店铺出现差评或被买家投诉时，卖家和客服人员要及时与买家进行沟通处理。在处理中差评的过程中，卖家和客服人员要特别注意以下 6 点。

第一，查明原因。有瑕疵的商品必然会引起买家的不满，导致买家做出差评，甚至投诉卖家。这个时候客服人员要及时和买家取得联系，耐心地弄清商品存在什么问题，寻找导致买家不满的原因，并及时地帮助买家解决问题。

第二，认真倾听。买家收到商品后向客服人员反映商品有问题时，客服人员要比进行交易时更加热情，这样会让买家觉得卖家的服务态度很好。如果客服人员在买家购买商品时表现得很热情，当商品出现问题时却爱搭不理，就会给买家留下一种极不负责的印象，最终很可能会导致客户流失。

第三，安抚和解释。买家收到有问题的商品时可能会失望、发怒等，这时卖家要站在买家的角度来思考问题，做好对买家的安抚工作，然后针对买家提出的问题做出让其满意的回答。

第四，要诚恳地道歉。不管是什么样的原因引起买家的不满，卖家都要诚恳地向买家道歉，以缓解买家的愤怒等情绪。

第五，提出补救措施。对确实是卖家方面的原因导致买家不满的，卖家可以主动向买家提出补偿方案，如包邮、赠送小礼品等，有时一个不错的补救措施就可以帮助卖家换回一个好评。

第六，跟进处理。当给买家提供补偿时，无论补偿方案进行到哪一步，卖家都要明确地告诉对方，让买家知道售后解决的进度，直到问题妥善处理完毕。卖家不要弥补完过失之后就草草收场，那样会给买家一种应付差事的感觉。

（5）售后客服人员须具备的条件。售后客户服务工作是一项对综合技能要求相当高的工作，所以对售后服务人员的要求也相当高。

① 有一定的行业工作经验，最好从事过几年技术工作或销售工作，熟悉市场现状，了解客户需求，而且了解企业运作和服务途径。

② 个人修养较好，有较高的知识水平，对产品知识熟悉。

③ 个人交际能力好，口头表达能力强，待人有礼貌，知道何时何地面对何种情况适合用何种语言表达，懂得一定的关系处理技巧，或处理经验丰富，能让客户信任。

④ 头脑灵活，应变能力好，能够针对客户的不满迅速解决问题。

⑤ 工作态度良好，热情，积极主动，能及时为客户服务，不计较个人得失，有奉献精神。

7.1.3　网店客服人员的素养要求

1. 心理素质

（1）遇事处变不惊。当遇到突发事件，或与客户意见不合发生冲突时，一定要保持冷静，客观有效地控制事件的发展，不要给客户留下不好的印象。

（2）抗挫折、抗打击能力强。客服人员在工作中难免会遇到各种问题。当遭遇挫折和失败时，不要灰心，保持积极进取、永不言败的良好心态，增强抗压能力。

（3）善于掌控自我情绪。沟通是双向的，如果客服人员在与客户沟通的过程中，言辞激烈、出言不逊，不仅会使自己处于劣势，还会给网店形象抹黑。当被客户抱怨或责骂时，客服人员要掌控和调节自己的情绪，以理性和客观的言辞来应对。

2. 技能素质

（1）理解和沟通能力。作为电商行业的客服人员，没有办法通过肢体语言和面部表情了解客户并和客户沟通，只能通过对话框中客户输入的文字语言和表情符号了解其诉求。这就需要客服人员在短时间内准确快速地明白客户的需求，并能准确运用专业知识，合理解答客户疑问，给予客户满意的答复，尤其是售前客服人员，可以引导客户最终实现销售。在面对客户的不正当需求和不合宜语言时，客服人员能运用自己的可裁量权合理满足客户需求，并尽量化解客户的不良情绪，圆满解决问题。

（2）团队合作能力。客服人员是直接面对客户的一线人员，但遇到的问题大多是由产品本身引起的，这就需要客服人员能具备良好的团队合作和跨部门协调能力，积极反馈问题，推动产品优化，最终将客户投诉的根源彻底消除。

（3）扎实的专业知识。上述内容都是客服人员的通用能力，但不同的产品具有不同的行业特性。客服人员只有具备该行业的知识，才能服务好客户。例如，服装店的网络客服人员需要熟悉不同体型、体重、身高的客户可能选择的衣服尺寸，以及因为衣服款式不同而存在的尺码差别，只有这样，才能更好地服务客户。

7.2　网店客户服务工具的应用

在电商行业，客户服务至关重要。优质的客户服务可以源源不断地给企业带来效益，而且客户服务覆盖售前、售中、售后多个环节。做好客户服务，可以提升客户对店铺的满意度，所以电商企业要格外重视客户服务。

客服人员不仅要有谦诚的态度，还要反应迅速、待人亲和，以此拉近与客户的距离，促成下单。电商企业可以选择一些工具来辅助客服人员更好地完成工作。

7.2.1　淘宝子账号的应用

子账号是商家为方便团队管理与协作，在主账号基础上设置的员工分账号。在淘宝开店后，卖家会有一个主账号，还有若干个子账号。这些子账号可以分配给不同岗位的人员使用，运营、美工、客服等不同岗位的员工都可以登录自己的子账号进入平台，各司其职、互不干扰、互相协助。那么如何创建子账号呢？下面就如何创建子账号进行详细说明。

1. 淘宝子账号创建入口

淘宝子账号创建入口有两个。

（1）直接打开子账号首页，如图 7-2 所示。

图 7-2　淘宝子账户入口 1

（2）登录淘宝网，进入千牛卖家中心，单击左侧导航栏"店铺"选项，进入"子账号管理"页面，如图 7-3 所示。

图 7-3　淘宝子账号入口 2

2. 淘宝子账号的创建方法

在"子账号管理"页面单击"新建子账号"按钮，进入子账号创建页面，如图 7-4 所示。创建过程中需要填写基础信息、岗位权限，具体包括账号名称、部门、手机号码等信息。账号名称的格式为在主账号后加冒号和子账号名称，注意这里的冒号是半角状态下的冒号。如果没有部门，先创建部门。最重要的一步就是"选择岗位"，每个岗位的权限不同，该子账号获得的权限也就不同。如对权限范围不清楚，可在权限预览中查看。另外，在共享设置中勾选"共享团队聊天记录"和"共享该账号聊天记录"复选框，便于团队之间协作管理。成功创建淘宝子账号后，回到"子账号管理"页面，可查看子账号是否生成。

员工权限管理即根据员工所在岗位不同对其进行权限设置的功能。一般而言，在上述子账号创建页面中设置好部门后，系统会自动匹配给对应的账号相应的后台工作权限。如果需要对员工的权限进行调整，在"子账号管理"页面选择对应的员工，单击其相应的"修改权限"按钮进行操作即可。

图 7-4　子账号创建页面

3. 淘宝子账号的使用方法

（1）客服分流。在子账号的"客服分流"设置页面，单击"分组设置"按钮，可以对客服进行分组，如图 7-5 所示。

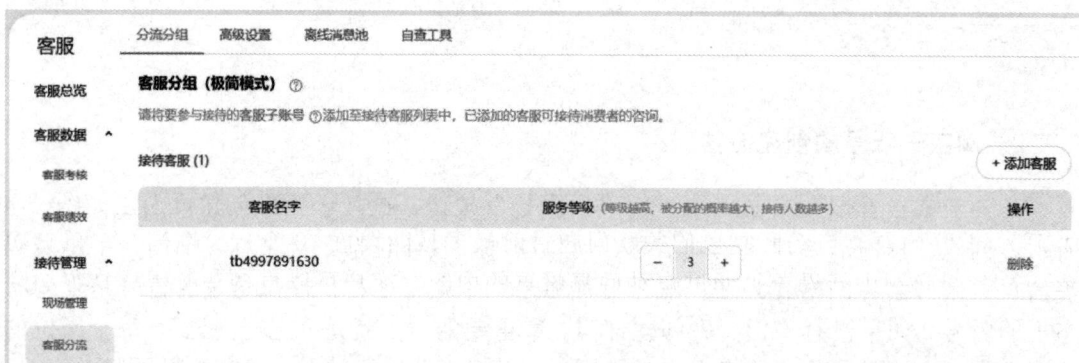

图 7-5　客服分组

（2）实时数据。从淘宝主账号进入子账号页面，选择"客服分流—实时数据"选项，就能查看店铺当前数据，包括当前买家数、在线客服人数、空闲客服人数、平均接待人数等。

熟练掌握淘宝子账号的使用方法，能减轻店长与运营的工作量，同时能提高工作效率。

7.2.2 千牛卖家中心的应用

1. 基本设置

登录淘宝网，进入千牛卖家中心后，页面分为工具条和工作台两部分。本节主要介绍工作台的相关设置。

工作台左侧是快捷入口，中间是数据看板，右侧是千牛头条等学习频道。

（1）分组分流。若客服人员上线数小时却未收到任何客户咨询，且进店客户均被分流至主账户，则需检查客服分流设置是否正确。尤其在大型促销活动期间，若临时新增多个子账户，务必将其添加至客服分组中。

设置方法很简单，进入"子账户管理"页面，单击"分组设置"选项，在"分组设置"页面选择"管理客服"功能，然后添加相应客服人员账号即可。

关于权重值设置，建议：同时在线时，权重值较高的客服人员将分到更多客户；将资深客服人员的权重值设置为最高，以保障店铺接待效率；新客服人员的权重值可适当调低，使其逐步适应工作节奏；对于月度转化率较高的客服人员，可提高其权重值，以减少客户流失。

注意：未加入分组的客服人员账号默认不参与分流；店铺主管、运营、美工等非客服人员子账户通常无需加入分组；客服人员子账户必须添加至分组，否则无法正常接待客户。

（2）客服人员权限。客服人员在接待客户时需具备订单操作和管理权限。主账户需提前在"子账户管理"→"员工管理"页面中，单击"修改权限"按钮，勾选相应权限后保存设置。

（3）自动回复。千牛的自动回复分个人和团队两种。个人的自动回复在系统设置里添加即可。团队的自动回复设置需要在工作台左侧的快捷入口进入团队管理页面进行自动回复设置。为了保障店铺的形象规范统一，建议设置团队版本的自动回复。

自动回复设置要注意以下几点。

① 简明扼要。不少店铺的自动回复长篇大论，客户很少有耐心看大段的文字说明。

② 排版美观。很多卖家是在电脑端排版的，但是现在多数客户都来源于移动端，设置好应该在手机上看一下排版是否整齐美观、方便阅读。

③ 关联问题。自动回复里的关联问题目前最多只能设置 10 个，所以需要选择客户咨询最多的问题进行设置。通过自动回复设置的内容，客户可以直接获取想要知道的答案。特别是在大的促销活动期间，一个好的自动回复系统可以直接回复 20%的客户咨询的问题，大大降低了客服人员的劳动强度。

2. 快捷短语

为提高客服工作效率，针对标准问题（如尺码咨询、物流查询等具有固定答案的常见问题）可采用快捷短语进行回复。该功能可显著缩短响应时间。

快捷短语适用于回复标准问题的场景，不适用于商品推荐、客户异议处理等场景（此类场景需个性化回复以增强说服力）。

快捷短语可以在聊天窗口右下角"快捷短语"面板中进行设置。客服人员可进行以下操作：调整短语排序，编辑现有短语内容，新增自定义短语，批量导入/导出短语数据。

3. 店小蜜

（1）店小蜜简介。店小蜜是阿里巴巴官方推出的商家版智能客服机器人。它可以在人工客服离线下班后自动上线接待并留住买家，促成夜间转化；也可以在人工客服繁忙时，前置于人工客服，率先接待买家，疑难问题可无缝转接人工客服；保证100%响应率，缩短旺旺响应时长，提升服务效能。

（2）店小蜜体现了淘宝智能机器人"智"的升级。

① 和淘宝智能机器人的全自动模式相比，它无须挂机值守，不用担心因长时间无人操作导致登录全自动账号失灵，也不用担心断网断电后无人提供服务。同时，店小蜜算法更精准，功能更强大。

② 和淘宝智能机器人的半自动模式相比，除了算法更精准、功能更强大，店小蜜还是全自动机器人，可独立服务，属于店铺服务助手；而半自动模式必须依赖人工客服登录自己的子账号，机器人在旁辅助，属于客服助理。店小蜜和半自动模式的淘宝智能机器人支持同时启用。

（3）店小蜜的开通。2017年3月29日店小蜜正式发布，面向所有淘宝、天猫商家开放申请免费试用的资格。零门槛申请试用，只要一键授权即可激活。

申请试用步骤如下。

① 下载并安装最新版千牛卖家中心客户端。

② 使用有"分流管理"权限的账号登录，搜索"店小蜜"应用；或选择应用中心中的"客服工具"选项，找到"店小蜜"。

③ 阅读"店小蜜条款"，单击"授权激活"按钮，进入店小蜜后台，视为申请试用成功，即可开始配置试用开启。

7.3　客户关系管理

客户关系管理是指企业为提升核心竞争力，利用相应的信息技术以及互联网技术，协调企业与客户在销售、营销和服务环节的交互，从而优化管理方式，为客户提供创新且个性化的客户交互和服务的过程。其最终目标是吸引新客户、保留老客户，并将既有客户转化为忠实客户，以拓展市场份额。

7.3.1　客户关系管理概述

1. 新客户的寻找和邀请

寻找和邀请新客户的途径主要有以下几个。

① 通过内容实现用户增长。很多公司注册微博号、微信号后，发布优质内容，从而自然"吸粉"。通过这个推广渠道，公司不但"增粉"快，而且粉丝质量也是最好的。

② 自媒体平台推荐。每个平台、网站都有自己的发展方向，对内容的把控也各有千秋。投递一篇符合对方编辑喜好的文章，获得推荐的概率非常大。经常有人晒出××站的文章，其阅读量几万甚至几十万，如果对方编辑不推荐这类文章，文章获得这么大阅

读量的可能性是非常小的。所以，要想获得推荐，深入分析对方网站内容非常有必要，尤其是重点做推广的几个平台。

③ 自媒体平台广告。如果想获得大量曝光和粉丝的话，投放广告是最节约时间成本的手段。

④ 百度系（知道、贴吧、百科）推广。现在百度留给 SEO 的机会越来越少，其推广渠道主要集中在自家产品上。除了 SEO，百度热门的几个推广渠道是知道、贴吧、百科。知道能引导用户和流量，贴吧能引导流量，百科则可用于品牌建设。在 SEO 数据不乐观的情况下，卖家可以从知道、贴吧、百科等几个平台入手。

淘宝寻找客源的方式很多，如把店铺的标签设定好，这样推广时匹配的流量会更精准；使用更加精准的推广方式，特别是在站外引流的时候，尽量选择精准的客户人群，这样推广效果更好。

2. 老客户的发展与维护

（1）为什么要维护老客户？

① 对于一些可以反复购买的产品类目来说，老客户带来的不只是销售额和利润上的增长，还能帮助卖家拓展客户资源。通过老客户介绍的新客户数量可观，而且其本身是老客户转介绍过来的，所以在产品方面，这已经是最有说服力的证明和认可了。

② 整体的流量资源就像一个池子，流量池是有限的，流量被同行支配，那卖家可用的流量就会变少。所以，卖家除了在竞争流量上下功夫，还要仔细考虑流量的利用率，最大限度地维护老客户，因为维护老客户的成本比拓展新客户的成本相对要低。

③ 开展针对老客户的营销活动，能够增强客户的黏性，更有利于店铺产品的销售，包括对店铺排名、评分等产生积极影响。

④ 老客户的回购率是衡量店铺运营状况的重要指标。较高的复购率有助于提升店铺权重，增强店铺的综合竞争力，使店铺在市场中更具优势。老客户的循环购买行为本身就是店铺发展的一大有利条件。

（2）什么样的老客户是需要维护的？对于处于不同发展阶段的店铺而言，值得重点维护的客户类型也存在差异。但总体而言，以下几种客户是比较值得卖家深入维护的。

① 曾经购买过店铺产品（或多次购买）的客户。

② 客单价较高或购买商品件数较多的客户。

③ 购买后留下积极评价的客户。

④ 愿意主动分享店铺或产品的客户。

⑤ 在淘宝群聊、微信群或微博等渠道表现活跃的客户。

（3）维护老客户的方法主要有以下几个。

① 定期联系客户。客服人员可在产品用完之前，通过短信、旺旺或电话等方式提醒客户，适当地联系并促进下单。应主动进行追销，而不要总是被动地等待客户主动购买，因为多种因素都会影响买家的复购。切记不要因为客户数量少就省略这个环节，如果能够坚持去做，成效将是非常显著的。

② 建立会员积分制度。积分是客户购物后，依据购物金额赠予客户的。客户积累积分后，可以用其兑换礼品或在下一次消费时抵扣一部分购物金额。为了更好地吸引老客户，可以建立店铺的会员积分制度，如购物送积分、回复帖子送积分、推荐送积分、积

分抵现金、积分兑换商品等。这样不仅提升了店铺的活跃度，还让客户感受到优惠，促使他们用积分兑换商品或再次购物。

③ 赠品追销。赠品追销的方式适用于一些特定类目的产品。赠品既可以搭配正式产品销售，也可以单独作为销售品。最关键的是前期要突出一些核心观念，让客户能够有较好的体验，同时也要做好小包装的独特设计。

以零食产品为例，客户在购物过程中通常追求多样化，因此零食类店铺应尽可能提供丰富的产品选择。如果客户仅购买一种或几种零食，店铺可以搭配其他零食产品作为赠品，并通过宣传单或独立包装上的宣传，一定程度上能够促进连续转化。

④ 定制会员日来维护老客户。通常情况下，可设置会员日来维护老客户，并在会员日提供一定的优惠折扣。卖家可根据店铺的运营状况，确定新品折扣、具体会员日以及折扣的设置，一般在店铺上新日之后，通过多种方式告知店铺会员。这样既能借助老客户之力为新品破零奠定基础，又能快速为新品打上标签，同时对新品期的搜索加权也会大有裨益。如今，不少店铺采用这种方式来维护老客户。以女装为例，若店铺服装特色鲜明、风格明确且产品质量上乘，则较易积累一批忠实客户，新品上架后，许多客户会主动关注或购买。通过设置会员日并精心筹备每个活动，能够与老客户建立起更紧密的关系。在会员日适当为老客户提供优惠，店铺的优势将逐渐凸显。

⑤ 活跃并唤醒老客户。为提升老客户的活跃度，可从内容和让利两方面进行策划，开展优惠活动或赠送礼物。借助常用的消息推送方式，能够增强老客户的黏性，唤醒老客户，使其持续关注店铺。维护老客户的频率不宜过高，且需把握好度，才能取得良好效果，避免让老客户感到被打扰，否则会适得其反。若店铺产品属于高频消费品类，如服饰、母婴用品等，可采用此方法维护老客户。当店铺上架一批新品时，可针对那些间隔数月甚至更久未购买过店铺产品的优质老客户进行唤醒维护，如赠送小礼物。这不仅能让客户感受到贴心关怀，还能促使客户继续购买。当然，在设计活动内容时，需重点考虑如何赠送礼物，以及如何在引导客户的同时提升其体验。

⑥ 通过内容与老客户建立联系。内容营销是当前的一个重点，尤其在众多商家都在优化内容营销的当下，不少商家在内容营销方面仍有待提升。如果卖家仅将其视为一个宣传渠道，那么在内容营销上往往难以取得显著进步，因为内容营销有许多细节值得推敲，需要精心规划。例如，若卖家经营母婴产品，可传递实用的育儿知识，如育儿技巧、经验等，为客户带来有价值的信息，使其更愿意接受卖家所传达的内容，进而愿意关注卖家的内容。在这个过程中，内容营销将事半功倍，能够顺势带动转化。

7.3.2　客户关系管理工具的应用

客户关系管理（Customer Relationship Management，CRM）从字面意义上理解，是指企业对与客户之间关系的管理。客户关系管理能够帮助企业缩短销售周期、降低销售成本、增加收入、寻找拓展业务所需的新市场和渠道，提升客户的价值、满意度、盈利性和忠诚度。可以说，客户关系管理是一种重要的商业策略。

在网店运营中，客户关系管理日益受到商家的重视。通常情况下，网店的客户关系管理主要包括客户分类管理、会员分类管理，定期向客户（会员）发送慰问、祝福信息，定期向客户（会员）发送新品、优惠、促销信息，最终达到维护新老客户关系、激活"沉睡"客户，提升客户购买率、购买量，提升客户忠诚度的目的。

为了实现高效的客户关系管理，商家通常会借助聊天工具、网络聊天群及各类客户关系管理软件。常用的聊天工具主要有旺旺、QQ、微信等，涉及的客户关系管理软件有阿里巴巴的客户运营平台、京东会员管理工具等。

1. 客户运营平台应用

客户运营平台是淘系提供给商家专门进行客户关系管理运营的系统。通过该系统，商家可以对客户信息进行深度完善、分类管理；可以根据客户消费次数和消费金额进行会员等级设置；同时，可以根据店铺上新、活动情况及商品应用周期和客户特殊节日等时机给客户发放支付宝红包、优惠券等福利。

（1）客户管理。借助客户运营平台的"客户列表"功能模块，如图7-6所示，商家可以对客户信息（生日、爱好、地址等）进行深度备注，便于日后开展点对点精准管理；对客户进行分组管理，以实现对同类型客户的高效运营；通过赠送支付宝红包、优惠券等方式进行促销管理，激活"沉睡"客户，提升客户转化率和购买量。

图7-6　客户运营平台"客户列表"页面

（2）会员管理。商家通过客户运营平台的"会员运营开通"功能模块，可以对已成交客户享有的权益进行分类管理，对客户进行会员等级、权益设置，优化客户体验。淘宝的客户运营平台将客户设置为普通会员（VIP1）、高级会员（VIP2）、VIP会员（VIP3）、至尊VIP会员（VIP4）四个等级，商家可以结合网店整体利润情况，根据客户成交金额或成交次数，设置会员等级门槛及对应权益，如图7-7所示，同时还可以设置会员专享优惠券、会员礼包等。

（3）客户营销管理。淘宝的客户运营平台为商家提供了丰富的客户营销工具与手段。客户营销工具包括"智能触达"模块（见图7-8）和"场景营销"模块（见图7-9）。客户营销手段多样，包括通过短信和优惠券对客户进行浅度关怀，以及提醒客户复购、购物车营销等，适合商家在不同的应用场景下灵活使用。

2. 客户忠诚度管理

客户忠诚度与客户关系管理紧密相关。以客户为核心的客户关系管理，如何帮助企业管理客户？又如何帮助企业提高客户忠诚度呢？

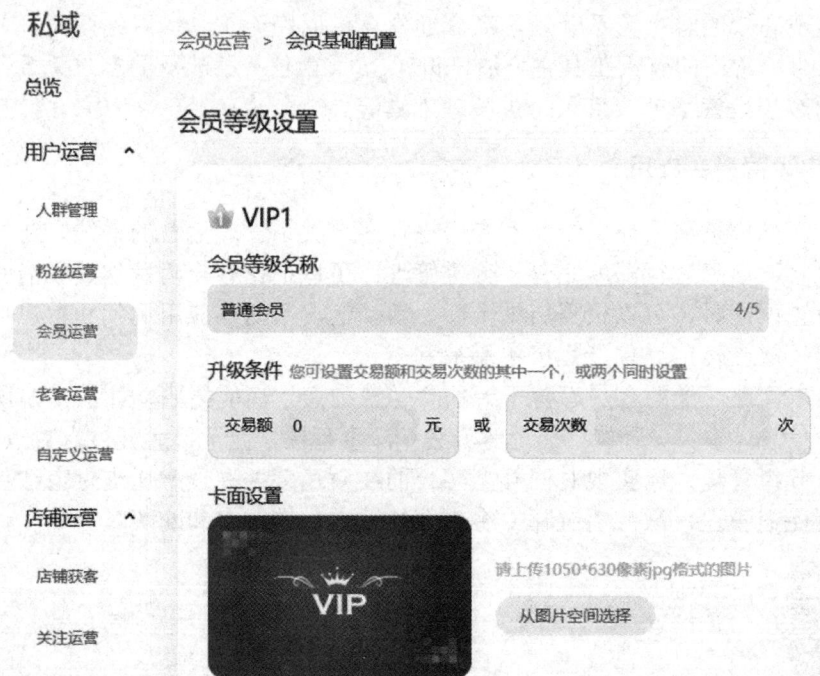

图 7-7 会员等级设置

图 7-8 "智能触达"模块

图 7-9　"场景营销"模块

（1）客户信息管理。在与销售人员沟通时，客户最厌烦的是什么？那就是反复多次提及的信息，一旦客户负责人发生变更，客户仍需再次重复。若同一问题被多次询问，客户的满意度将大幅下降，进而可能导致客户流失。客户关系管理的核心功能之一是记录、跟踪客户信息以及整个销售过程信息（包括需求、方案、销售进度等）。这些信息能够随着客户负责人变动而顺利传递，从而有效避免客户信息在传递过程中丢失或遗漏。当客户得知其服务负责人离职或休假时，若同时收到企业接替负责人对其服务进度的准确回复（如已完成的工作内容等），客户会有怎样的感受？此时，客户对企业的满意度将显著提高，进而提升其忠诚度。

（2）客户离开原因管理。客户离开并非毫无征兆，许多客户在离开前都会向企业反馈信息。无论是投诉还是沟通中的抱怨，都可能是客户即将离开的信号。只有重视并深入分析这些反馈，企业才能找出客户离开的真正原因，从而避免客户流失。借助客户关系管理系统，企业能够有效记录客户的各类反馈，包括表扬、投诉、建议等。这些信息能够真实反映客户对企业产品的价值认可程度以及忠诚度，同时也能预示客户是否有离开的可能性。企业只需对这些信息进行管理与分析，便能找出客户离开的根本原因，并据此改进自身不足。正所谓"不亏就是赚"，避免客户流失，实际上就是提升了客户的忠诚度。

课后习题

一、单项选择题

1. 网店平台为客户提供的服务不包括（　　）。

A. 客户聊天　　　　B. 促成订单　　　　C. 店铺推广　　　　D. 完成销售

2. 客户服务的沟通原则包括（　　）。

① 服务意识　② 价值意识　③ 品牌意识　④ 销售意识

A．①②③　　　　　B．②③④　　　　　C．①②④　　　　　D．①③④

3. 店小蜜正式发布的时间是（　　）。

A．2017 年 3 月 29 日　　　　　　　　B．2019 年 3 月 1 日

C．2017 年 3 月 1 日　　　　　　　　 D．2019 年 3 月 30 日

二、简答题

1. 网店客服的工作内容有哪些？

2. 小王最近成为一名网店客服人员，发现购买店铺产品的客户中，再次购买的老客户很少，他可以用哪些方法提高老客户的活跃度？

3. 请简述 CRM 在提升企业客户忠诚度方面的作用。

实训练习

实训目标：

1. 掌握客服工具的应用。

2. 掌握客户运营平台的应用。

实训内容：

1. 给自己的网店创建一个子账号并进行客服分流等设置。

2. 给自己的网店开通并设置店小蜜，配置商品知识库。

3. 在客户运营平台中对自己网店的现有客户信息进行维护，如客户分组等。针对不同级别的客户开展针对性营销活动，如赠送优惠券等。

实训评价：

1. 将全班学生划分为多个小组，每组 2~3 人，各小组同学汇报实训的情况，主要围绕以下两个问题进行讨论。

（1）做好网店客户服务有哪些技巧？

（2）网店如何维系老客户和开发新客户？

2. 评价与总结：各小组互相评价并总结。

课后拓展

电商客服人员转化提升技巧

随着新消费力量的崛起，公式化的沟通已无法满足现代消费者个性化的需求。新时代的消费者个性鲜明，注重消费体验，更愿与品牌平等交流。因此，如何有效触达新时代消费者，建立品牌与消费者间的联系，挖掘更多消费可能，已成为众多品牌面临的难题。在服务制胜的时代，客服人员有机会解决这一难题。

1．通过了解"需求"进行正确推荐

首先，要厘清店铺产品种类。店铺每个产品可能有多个型号、颜色和规格，衍生出众多选择，易让消费者产生选择困难。实际上，大部分消费者只想买自己喜欢的产品。因此，客服人员推荐产品前，应了解消费者的基础情况，如使用场景、需求、产品要求、自用还是送人等，才能给出合理推荐，引导消费。

2．通过有效提问知道消费者的基础信息

优秀客服人员在提问时，通常会紧扣消费者的真实需求来确定提问方向，如询问意向款式、款式要求、购买用途、心理价位等。通过这样的提问，能够精准地获取消费者的基础需求信息，引导沟通对话的方向，让对方感受到尊重，赢得信任，展现客服的专业性，避免产生误会。

提问方式主要有两种：第一种是开放式提问。例如："您的收货地是哪个地区？""您觉得这款产品怎么样？哪里还不满意？"开放式提问有助于获取更多信息，了解消费者的外在需求。

第二种是封闭式提问。例如："您是想选择××的产品吗？""我给您推荐几款适合您的产品，您看可以吗？""您之前选购过我们的××产品吗？"封闭式提问则用于确认信息，满足消费者需求，引导消费者决策，有助于提升客单价和复购率。

一般来说，了解需求时采用开放式提问，确认信息和引导决策时采用封闭式提问。

3．通过不同的提问方法，有的放矢进行提问

详细式提问——当沟通中没有包含足够的信息或部分信息没有被理解时使用该方式进行提问。例如，消费者说：我之前买过类似的产品，这款××有点不喜欢。客服人员应该这么回复："您说的这款××是什么类型的？"

阐明式提问——当需求信息不清楚或者模糊时使用该方式进行提问。例如："您是想要一款××功能的产品吗？"

重复式提问——在消费者回避或者没有回答需求内容的时候采用此方式。例如，客服人员问："您比较喜欢什么样的宝贝？"消费者答："好看就行。"客服人员再问："那您比较喜欢××还是××呢？"

掌握常见提问方法，才能有的放矢进行提问并获取关键信息，提供更好的服务。

4．根据获得的信息进行分析，投其所好，满足其需求

由于消费者自身性格、偏好等特征不同，在交易过程中会表现出不同的需求习惯，而这种需求习惯容易受客观因素影响而发生变化。因此，客服人员需认识并重视消费者的需求习惯，并善于根据不同需求习惯加以应对，投其所好，满足其需求，从而获得消费者的认同。

客服人员若想读懂消费者，一方面需摒弃对消费者的怀疑；另一方面，更要积极主动地去了解消费者。优秀客服人员的一大显著优点在于：他们能够充分利用与消费者沟通的每一刻，尽可能多地去了解消费者。当然，必要的专业知识是不可或缺的，但在销售领域取得成就的关键因素，归根结底还是对消费者的深入了解。优秀的客服人员都愿意在了解消费者方面投入大量精力，他们持续不断地积累有关消费者的知识，涵盖消费者的习惯、愿望等多方面内容。一旦时机成熟，他们便能精准地为消费者提供所需服务。善于学习的客服人员，能够通过看似简单的小问题挖掘出有价值的信息，并将众多信息整合起来，从而真正了解消费者，进而挖掘出消费者的潜在需求。

第8章
网店数据分析

【思政案例导入】

某网店经营女装类产品，目标群体为25～40岁的年轻女性。该店主有实体店的运营经验，在选品、客户运营等方面积累了丰富经验。网店前几年销量一直很好，但近几个月销量不但没有明显上升，反而出现了缓慢下滑。店主很着急，自己思考很久也不知究竟是哪方面出了问题。于是，她请教了电商运营方面的导师。导师查看了她的店铺的各项数据，从流量、商品、销售、客户、竞争对手等各方面对店铺进行了全面的数据分析，发现了她的店铺存在的诸多问题，并给她提出了许多改进建议。她按照导师的建议改进优化之后，店铺的销量果然回升了。她由此深刻认识到，在大数据时代，仅仅依靠自己的行业经验来运营网店，不借助数据分析制定运营策略，很容易被市场淘汰。

【案例思考】

1. 该案例说明数据分析在网店运营过程中发挥了怎样的重要作用？
2. 数据采集过程中需把握的原则有哪些？

【案例分析】

有观点指出，在电子商务领域，谁拥有数据，谁就能先行一步。随着网店竞争越来越激烈，数据分析作为一种有效的营销手段而进入网店卖家的视野，越来越多的卖家意识到数据是网店运营坚实可靠的后盾。网店数据分析是通过数据的形式把网店各方面情况反映出来，使运营者更加了解网店的运营情况，便于调整网店的运营策略。网店最核心、最重要的数据有流量数据、商品数据、转化率数据、客户数据等，卖家要随时关注这些数据。为了更方便地进行数据分析，卖家还要善于运用数据分析工具（如生意参谋等）进行数据分析。

卖家要熟悉《电子商务法》，具备法律意识，严格遵守个人隐私和数据保密等法律法规，在数据采集过程中做到不侵权、不违法。数据采集要坚持四个原则：及时性、有效性、准确性、合法性。

知识目标 →

1. 了解网店数据分析的意义和流程。
2. 掌握网店运营中的流量数据、商品数据、转化率数据、客户数据等的分析方法。
3. 掌握使用数据分析工具生意参谋分析网店数据的方法。

技能目标 →

1. 能够获取并分析网店的流量数据、商品数据、转化率数据、客户数据等，诊断网店存在的问题并提出优化方法。
2. 能够使用生意参谋等数据分析工具查看和分析网店的实时数据、流量数据、交易数据等。

8.1　网店数据分析认知

数据分析是指从大量看似杂乱无章的数据中提取、提炼信息，以揭示研究对象的内在规律。电子商务兴起初期，网店数量稀少，而到了 2017 年，淘宝网店数量已多达上千万家，网店运营逐渐走向规模化、技术化、系统化。从选择行业、进货，到商品上架、定价，再到打造爆款、管理库存等，网店运营的各个环节都离不开数据分析。通过数据分析，店主能够做出更准确的判断，从而采取更有效的行动。

8.1.1　网店数据分析的意义

网店数据分析是网店经营过程中非常重要的一个环节。网店数据既反映了网店的经营状况，也指明了网店经营的方向。通过网店数据分析，网店经营者可以及时发现运营过程中的问题和商机，并快速做出正确决策。

数据分析在网店运营中扮演了多重重要的角色：它可以是预测师，帮助网店选款、预测库存周期、预测未来风险；它可以是规划师，通过数据分析合理规划网店装修板块和样式；它可以是医师，诊断网店的状况，对"已生病"的网店找出"病源"并对症下药；它可以是行为分析师，通过买家购买的物品、单价、花费、活跃时间、客服聊天反馈等分析买家的行为特性；它可以是营销师，通过对现有资源的合理分析，制订最优的销售计划，促进销量增长。

网店经营者通过监控网店运营的数据，可以及时发现问题、深入分析、建立历史档案并进行自由对比分析。作为网店经营者，需要随时监控全店各类数据，发现异常数据应立即采取措施，以减少网店的损失。数据分析最大的作用就是可对多重问题从多个维度进行分析。成功的卖家几乎都是经历了长时间的经验积累后才逐步发展起来的，而这些经验的获得都基于对历史数据的保留与分析。对每件商品进行长时间的数据统计就一定会发现规律，好好利用这些规律就能提高商品的销量。与网店相关的数据种类有很多，收集整理这些数据，便于后续进行对比分析。

8.1.2 网店的主要数据指标

1. 网络零售公式与主要影响指标

在网络零售绩效评估体系中，网络零售公式是行业内普遍遵循的准则。公式如下：

利润=访客量×全店转化率×客单价×客户购买频率×毛利率-成本

从公式来看，店铺利润主要受访客量、全店转化率、客单价、客户购买频率、毛利率等指标的影响，与这些指标呈正相关关系，而与成本呈负相关关系。因此，要提升店铺业绩，关键在于持续优化这些指标。

2. 各指标之间的关系

这些指标依次排列，相互关联，互为基础。

市场定位、选品、定价是整个店铺运营的基础，确定这些要素是网店运营的首要任务。一旦确定，后续的网店装修（视觉、美工、文案）、网店推广、网店促销活动的方向也就明确了，同时网店的毛利率也基本确定。

访客量即网店流量，主要包括拓展新客户流量和维护老客户流量。新客户引入工作主要由推广部门负责，老客户的维护工作主要由客服部门负责。

全店转化率即成交访客与进入网店访客的比值，主要受流量有效性、网店页面的装修水平、促销因素、客服服务水平的影响，因此转化率指标一般由推广部门、美工文案部门、活动部门和客服部门共同负责。

店铺的客单价即店铺成交额与成交客户的比值，主要反映平均每个客户的购买金额。这既与店铺的商品结构、促销因素（关联搭配）有一定关系，又与客服的引导能力有一定关系。

客户购买频率是由商品应用频率属性和店铺商品性价比及客服服务水平共同决定的，有赖于全员的共同努力。

从店铺运营的角度讲，成本主要由产品成本、推广费用、物流包装费用、人员工资、办公费用、摄影费用及企业税费等组成。随着网店竞争的加剧，运营网店不仅要做到开源，还要做到节流。

从流程上看，要提高店铺业绩和利润就需要商家在引入客户流量，提高客户关注度、客户转化率、客单价、客户回头率，以及降低成本等方面逐一做好工作。这不仅要分别理解各个指标的含义，还需要熟悉各个指标的分工体系及绩效衡量体系。

8.1.3 网店数据分析的流程

网店数据分析的流程主要包括收集整理数据、分析数据、提出方案和优化改进四个阶段。针对要分析的问题，首先需要获取相关的数据并进行整理。然后进行数据分析，将数据转化为信息，进而提炼出规律，或者进行商业预测。根据数据分析的结果提出方案指导网店运营。在方案实施过程中，还可能存在不足，需要持续优化改进。网店数据分析的流程如图 8-1 所示。

图 8-1　网店数据分析的流程

1. 收集整理数据

没有数据，任何分析都如同空中楼阁。在分析网店数据之前，首先需要收集和获取数据，尽量获得完整、真实、准确的数据，并做好数据的整理和预处理工作，以便于数据分析工作的开展，为数据分析奠定坚实的基础。网店数据根据获取途径的不同主要分为如下几种。

（1）网店后台的数据。从网店后台可以获取的数据有买家数据（购买时间、用户性别、所属地域、来访次数、停留时间等）、订单数据（下单时间、订单数量、商品品类、订单金额、订购频次等）、反馈数据（客户评价、退货换货、客户投诉等）等。

（2）搜索引擎的数据。通过电商平台的搜索引擎可获取的数据有网店在"店铺"搜索中的排名及关键词在"宝贝"搜索中的排名情况等（利用淘宝网首页中搜索引擎的"宝贝"和"店铺"标签搜索）。

（3）统计工具的数据。网店的统计工具有很多，如淘宝网的生意参谋等。使用统计工具可以获取访客来自哪些地域、访客来自哪些渠道、访客来自哪些搜索词、访客浏览了哪些页面等数据信息以及广告跟踪信息等。

（4）调查问卷收集的数据。调查问卷是最常用的一种数据收集方法，它以问题的形式收集用户的需求信息。卖家可自行设计问卷进行调查。

【拓展知识】

几款数据收集工具

1. 八爪鱼采集器

八爪鱼采集器是一款使用简单、功能强大的网络爬虫工具，采用完全可视化操作，无须编写代码，内置海量模板，支持任意网络数据抓取，连续五年在大数据行业数据收集领域排名领先。

2. 火车头采集器

火车头采集器是目前使用人数较多的互联网数据收集软件。它凭借灵活的配置与强大的性能领先国内同类产品，并赢得众多用户的一致认可。使用火车头采集器几乎可以收集所有网页数据。

3. 近探中国

近探中国的数据服务平台里面有很多开发者上传的数据收集工具，不少是免费的。不管是收集境内外网站、行业网站、政府网站、微博、搜索引擎、公众号、小程序等的数据还是其他类型的数据，近探中国都可以完成，并且可以定制，这是其最大的亮点。

4. 后羿采集器

后羿采集器是由前谷歌搜索技术团队基于人工智能技术研发的新一代网页数据收集软件。该软件功能强大，操作简单，是为广大无编程基础的产品、运营、销售、金融、新闻、电商和数据分析从业者，以及政府机关人员和学术研究人员等用户量身打造的一款产品。

后羿采集器不仅能够进行数据的自动化收集，而且在收集过程中还可以对数据进行清洗，在数据源头即可实现对多种内容的过滤。通过使用后羿采集器，用户能够快速、准确地获取海量网页数据，从而彻底解决了人工收集数据时所面临的各种难题，降低了获取信息的成本，提高了工作效率。针对不同基础的用户，它支持两种不同的收集模式，即智能收集模式和流程图收集模式。

2. 分析数据

分析数据不只是对数据进行简单统计描述，还要在数据中发现问题的本质，然后针对确定的主题进行归纳和总结。常用的数据分析方法有以下几种。

（1）趋势分析。趋势分析是将实际结果与不同时期报表中同类指标的历史数据进行比较，从而确定变化趋势和变化规律的一种分析方法，具体包括定基比、同比和环比三种方法。定基比是以某一时期为基数，将其他各期与该期的基数进行比较。例如，以2021年为固定基期，分析2022年、2023年的利润增长比率。假设某店铺2021年的净利润为100万元，2022年的净利润为120万元，2023年的净利润为150万元，则该店铺2022年的定基比为120%（120÷100），2023年的定基比为150%（150÷100）。同比是将本时期与去年同一时期进行比较，主要目的是消除季节变动的影响，用于说明本期发展水平与去年同期发展水平的相对速度，如将2023年12月的销售额与2022年12月的销售额相比。环比是分别以上一时期为基数，将下一时期与上一时期的基数进行比较，如将2024年11月的销售额与2024年10月的销售额相比。

（2）对比分析。对比分析是把两个相互联系的指标数据进行比较，从数量上展示并说明研究对象规模的大小、水平的高低、速度的快慢，以及各种关系是否协调。在对比分析中，选择合适的对比标准是十分关键的步骤，标准合适才能做出客观的评价，反之则可能会得出错误的结论。例如，通过和竞店的单品销售数据对比，了解自己网店和竞店的销量差距。

（3）关联分析。若两个或多个事物之间存在一定的关联，那么其中一个事物就能够通过其他关联事物进行预测。关联分析的目的是挖掘隐藏在数据中的事物间的相互关系。网店的关联分析主要用于制定搭配销售策略，如购买手机的人大概率会购买手机壳，因此，商家可将手机与手机壳捆绑销售。

（4）因果分析。因果分析是为了确定引起某一现象变化的原因，主要解决"为什么"的问题。因果分析就是在研究对象的先行情况中，把作为它的原因的现象与其他非原因现象区别开来，或者是在研究对象的后行情况中，把作为它的结果的现象与其他现象区别开来。如某店铺流量下降，可通过分析其流量数据，发现究竟是哪部分流量数据下降，并进一步分析流量下降的原因。

3. 提出方案

将数据分析的结果进行汇总、诊断，并提出网店运营优化方案。优化方案中通常包括如下内容。

（1）评估描述：对评估情况进行客观描述，用数据支持自己的观点。

（2）编制统计图表：如运用柱状图和条形图对基本情况进行更清晰的描述，借助散点图和折线图等表现数据间的因果关系。

（3）提出观点：根据基于现实情况的数据分析，提出自己的观点，预判网店的发展趋势，给出具体的改进措施。

（4）制作演示文档：基于以上三点内容进行总结归纳，列出要点，制作一份详细的演示文档，进行演示和讲解。

4. 优化改进

改进措施实施后，及时了解运营数据的变化，持续优化和改进，力争标本兼治，使同类问题不再出现；保持监控和反馈，不断寻找能从根本上解决问题的最优方案。

数据分析是一项长期的工作，同时也是一个循序渐进的过程，需要网店运营人员实时监测网店运营情况，及时发现问题、分析问题并解决问题，这样才能使网店健康、持续地发展。

8.2 网店的主要数据分析

网店运营产生的数据类型有很多，其中最核心、最重要的数据有流量数据、商品数据、转化率数据、客户数据等。作为网店卖家，应实时监控这些关乎网店经营成败的数据，紧跟市场动态。

8.2.1 流量数据分析

网店有销量的首要条件就是有买家进入网店，而进入网店的买家的多少就代表了流量的大小。流量数据是网店的重要监控指标，也是衡量网店运营状况的重要参考指标。

1. 流量的分类

按照收费方式，流量可以分为免费流量和付费流量。理论上，最合理的流量结构应该是免费流量占大多数，付费流量占少数。

（1）免费流量主要有以下几个来源。

① 关键词搜索流量，是指没有付费做广告推广，买家通过关键词搜索等途径进入网店中的流量。这种流量是网店最想要的流量，成本低、精准度较高。网店卖家都希望自己的商品能排在网站搜索页最显眼的位置上。因为显眼，点击量就大，网店获得的免费流量也就更多。但是，任何商品都有生命周期，要想商品时刻都排名靠前不太现实。多数店主的做法是将网店中具有不同生命周期的商品合理分配，这样，即使有一款商品进入衰退期，也会有新的商品跟上，进而维持网店的免费流量。

② 自主流量，是指买家主动访问网店的流量，这样的买家通常之前在网店中已经有

过成功的交易经历，因此才会通过直接访问、收藏商品/网店、购物车等渠道来回访网店。这种流量十分稳定且转化率高。另外，买家会再次进店购物，说明他们对网店中的商品质量和价格比较满意，这时店主只要维护好和老客户的关系，就能促成复购或转介绍订单，这无形中又增加了新的流量。

③ 站外免费流量，大多来自贴吧、论坛、社区、微博、短视频等，可以靠店主自己去发帖推广，也可以雇用别人去推广。这种流量的精准度不高，效果难以保证。

（2）付费流量是指通过投放广告、按点击率付费等方法引入的买家流量。这种流量精准度高、获取容易，只要投入资金就能产生。淘宝网常见的付费流量来源有淘宝客、钻石展位、直通车，以及淘宝的各种活动等。由于付费流量会增加成本，所以卖家需要仔细斟酌，以免投入产出比失衡。

📖 【拓展知识】

广告投放中的 ROI 是如何计算的

1. 广告投放 ROI 的含义

ROI 是"Return on Investment"（投资回报率）的缩写，即净利润与成本的比率。在广告领域，ROI 是衡量广告投放效果的关键指标。它反映了广告投放资金对公司业务的实际影响，如吸引潜在客户、提升销售额、增强品牌知名度或促进其他有价值的客户行为。ROI 的重要性在于，通过计算 ROI，企业能够明确在百度等平台投放广告的收益情况，并据此合理分配预算。例如，若发现某一广告系列的 ROI 高于其他系列，可将更多预算投入该高 ROI 系列，减少对效果不佳系列的投入。

2. 广告投放 ROI 的计算方法

$$计算 ROI 的公式：ROI= [（收入-成本）/投入]×100\%$$

此公式中的"收入"指销售收入。

假设有某产品的生产成本为 100 元，售价为 200 元。在百度上投放广告，销售了 6 件产品，那么总成本为 600 元，总销售额为 1200 元。假设百度广告费用为 200 元，总投入费用为 800 元，那么 ROI 是：

$$[200×6-（600+200）] / （600+200）=400/800=50\%$$

在这个案例中，ROI 是 50%，证明每花费 1 元广告费，将获得 1.5 元的回报。

2. 流量数据的分析

电子商务网站的基本流量数据指标大致相同，主要包括浏览量统计、访客数统计、用户来源、关键词分析、用户地区分析、浏览路径、着陆页分析和不同时段流量统计等，各数据的含义如下。

① 浏览量统计：浏览量即页面浏览量。用户每打开网站上的一个页面就会被统计工具记录一次浏览量。用户多次打开同一页面，就对页面浏览量值进行累计，即使刷新页面，该页面的页面浏览量也会增加。

② 访客数统计：访客数即网站的独立访客数，只对唯一 IP 访问数量进行统计，一天内同一访客多次访问网站只计算为一个访客。访客数统计等同于访问网站的用户数量。

③ 用户来源：指用户进入网站的路径，如来自百度、搜狐等搜索引擎，来自其他网站或直接访问等。分析流量来源可以帮助卖家了解流量产生的效果，即哪些流量可以给

网店带来更大收益。此外，对不同来源的流量进行单独分析，更便于卖家对不同推广渠道进行跟踪，同时通过跟踪结果选择合适的推广活动。

④ 关键词分析：指对用户访问关键词进行的统计，即统计用户是通过哪些关键词进入网站的。对不同搜索引擎、不同网站的关键词流量进行分析，可以使卖家了解不同搜索引擎关键词带来的流量情况，为搜索引擎推广方案提供准确的数据参考。

⑤ 用户地区分析：主要统计用户地区、地区用户数量及不同地区的用户比例等。了解访客的分布地区，也有助于卖家做出正确的营销引导，如分析流量高的地区的客户特征，可以更好地寻找目标客户群，也可对高流量地区的客户提供部分优惠，进一步扩大该地区的市场。同时，在跟踪客户信息时，还可以对新老客户进行区分，回访老客户，维护新客户，协同会员管理、邮件营销、自媒体营销等方式制定更好的营销策略，从而达到更好的营销效果。

⑥ 浏览路径：指用户在网站的浏览路径，如浏览了什么网页、在某个网页停留的时间及从什么网页离开等。分析网站中不同网页的流量情况，帮助卖家了解店铺中的热门页面，并将此作为店铺打造爆款、打造畅销品的依据之一，从而更精准地将营销费用用在合适的产品推广中。

⑦ 着陆页分析：记录用户进入网站的第一个页面，可统计出用户进入数量和比例。分析着陆页质量即对着陆页商品销售情况进行分析，着陆页效果的好坏不仅是推广效果好坏的一种体现，也是商品转化率高低的一种展示。

⑧ 不同时段流量统计：指在日、周等时间范围内分析不同时段的网站流量变化。对不同时段的流量和销售情况进行监测和分析，可以帮助卖家了解网店销售的活跃期，从而更合理地安排商品的上下架时间，合理地安排运营人员的工作时间，提高网店的工作效率。

网站的流量入口众多且类型各异，这直接关系到网店的经营成败。一旦网店流量出现问题，卖家需要有清晰的解决思路，如图 8-2 所示。当卖家发现流量在下降时，就要查看各类型流量数据，分析不同类型的流量数据，弄清导致流量出现波动的因素，找到问题关键，最后对症下药。

图 8-2 解决流量问题的思路

📖 【拓展知识】

某网店主要出售果园现摘的时令水果，主打原生态品牌，以迎合消费者的喜好。起初，网店有一些流量，但是好景不长，几天之内网店流量忽然掉了一半。店主很奇怪，自己既没有修改过主图和标题，也没有编辑过页面，流量怎么忽然掉了这么多？没有流量就没有销量，果园里的果子马上就要成熟了，正是销售的最好时节，这个时候没有流量，对网店的打击是非常大的。

不得已，店主开始仔细查看网店的经营数据。经分析发现，网店的付费流量和自然流量都下滑得非常厉害，并且一两个星期前就有了这种趋势。付费流量点击较少，可能是商品主图、商品价格、商品销量、商品选款或商品关键词出了问题。自然搜索流量下滑，可能是行情有变、关键词有问题，也可能是某个引流商品的流量出了问题。店主依次对每个可能的因素进行分析排查。在查询了当前行业的热搜词和同类目网店的销售情况后，店主发现，原来换季之后，买家纷纷开始搜索应季鲜果，之前网店主推的水果成了换季的"淘汰品"，搜索人数因此下降了一大截。市场行情变了，但自己网店的主推商品没有及时跟上市场的变化，不仅主推商品的流量损失了很多，还影响了网店的整体排名。

找出问题之后，店主立刻着手整改网店，重新优化当季鲜果的商品标题、主图、详情和价格等，又设置好商品上下架时间，通过数据分析工具密切关注优化后的流量动向，并逐步调整，最终扭转了网店流量的劣势。

8.2.2 商品数据分析

如果把店铺比喻成一个健康的人，那么商品就是构成人体组织的细胞。要判断这个"人"是否健康，只需观察"细胞"的运行是否健康。商品变化直接影响网店的销售情况。卖家可以通过分析店铺内各个商品的销售情况来判断店铺的运营状况。在网店中，对商品情况产生影响的因素非常多，除了可通过基本营销数据对商品情况进行分析，卖家还可以从商品销量、商品关联性、单品流量等角度对商品进行分析。

1. 商品销量分析

商品销售是一个需要不断完善和优化的过程，在不同时期、不同位置、不同价格区间，商品销量都会不一样，卖家需要根据不同情况进行实时调整。只有进行商品销量分析，掌握商品的销售变化趋势，才能有针对性地制定商品营销策略，进而提高商品的成交转化率。

一般来说，网店商品销量主要与拍下件数、拍下笔数、拍下金额、成交件数、成交笔数、成交金额、成交用户数、客单价、客单价均值、回头率、支付率、成交转化率等因素有关。卖家和客服人员需要针对不同的数据采取相应的对策。例如，拍下件数高，但支付率低，说明买家可能对商品存在疑问，需要客服人员与买家进行沟通以提高支付率；回头率低，则需要进行一些必要的会员关系管理，做好老客户营销。作为卖家，需要对每个商品的销售情况进行了解和跟踪，这样不仅可以持续完善销售计划，促进销量的增长，还可以优化库存和供应链体系，提高供应周转效率，降低成本。

2. 商品关联分析

商品关联分析是指在商品销售数据中挖掘商品间的关联关系，分析哪些商品常被顾客同时购买。通过商品关联分析，卖家可制定相应的营销策略来提高客单价，从而提高销售额。例如，沃尔玛超市发现购买尿布的顾客通常也会购买啤酒，于是把啤酒和尿布放在一起销售，成功提高了两者的销量。客单价是指每个客户平均购买商品的金额，即平均交易金额。客单价和客户流量是影响销售额的非常重要的因素，因此，除了需要增加客户流量，网店还应该尽量通过关联营销等方式提高客单价。

商品的关联销售多体现为搭配销售，即让买家从只购买一件商品发展为购买多件商品，如通过促销组合、满减、清仓、买赠和满赠等活动刺激买家消费，从而提高销售金额，最大限度地实现销售增长。特别是在参加淘宝活动时，合理运用关联营销不仅可以对店铺进行导流和分流，还可以提高客单价，充分利用有限的流量资源，实现流量利用的最大化，降低推广成本。

商品关联分析本质上就是追求客单价和销售额的最大化。有效的商品关联营销可以极大地促进网店的持续发展。在监测商品销售情况的基础上对商品进行组合和关联，可以有效提高网店的整体销售额。商品关联分析一般需要建立在一定的数据基础上，数据量越大，分析准确率就越高，做出的决策也更有利。

📖【拓展知识】

卖家如何做好关联营销

1. 推出促销活动

针对关联产品推出相应的促销方案或优惠方案，可以快速提高销售额。不同类目的产品，其促销方式不一样，需卖家自己选择。例如，食品类商品，一般以"食品+食品""食品+用具"等形式推出促销活动；日化用品可根据人们的生活习惯对不同类型的商品进行组合，如"洗发露+沐浴露"等形式。

商品关联并不是盲目和随意的，必须选择合适的商品梳理规范，以提高关联分析结果的精准程度。商品梳理一般包括名称、品牌、价格、规格、档次、等级、属性等内容。一般来说，关联推荐主要应用于重购、升级和交叉销售 3 个方面。重购是指继续购买原来的商品，升级是指购买规格和档次更高的商品，交叉销售是指购买相关商品。应用于不同方面的关联推荐，应该有不同的推荐方式。例如，推荐同类型商品交叉购买时，建议推荐规格、价格等相似的商品。若是为顾客推荐了低档次的商品，就会降低销售额。

2. 注重网店商品搭配和摆放

通过商品关联程度的大小对商品进行搭配只是关联营销的一部分，商品位置的摆放也是十分重要的一个环节。一般来说，商品的摆放以方便顾客为基础，同时也可以进行相关产品推荐，或通过部分关联产品进行精准营销。例如，在服装类目的网店中，若当前页为某热款上衣的出售页，则在该页面下方的推荐商品中可以适当展示一些与该上衣搭配的其他商品，还可根据买家喜好快速推荐与其喜好相似的商品，实现商品的关联营销。

商品的搭配和位置对商品关联销售会产生很大的影响。关联分析可以为用户推荐合适的搭配商品，方便买家快速找到所需商品，购买更多关联商品。需要注意的是，对关联性比较大和关联性比较好的商品进行关联，才会有不错的效果。在进行关联分析时，卖家还应该学会发现和寻找更多的关联销售机会，搭配出新颖且更受客户欢迎的商品。

3. 发现潜在目标客户

关联商品主要由主商品和被关联商品组成。一般来说，主商品和被关联商品的目标客户群会存在一定的差异性和共性，即购买主商品的目标客户群可能不会购买被关联商品，也可能会同时购买。目标客户群的重合部分，正是潜在客户存在的体现。不会购买被关联商品的客户群可能对这类商品兴趣不高，因此卖家可以适当地控制和调整针对该类客户的推广方案。在购买主商品的同时购买被关联商品的客户群是被关联商品的潜在目标客户。在销售与被关联商品类似的商品时，可面向该部分客户进行适当推广。

3. 单品流量分析

分析网店数据可以实时对店铺经营现状进行调整。在策划营销活动时，分析单品流量也可以起到非常重要的作用。借助大量的数据，可以精准了解单品引流效果，打造出更适合市场的爆款。单品流量分析一般包括来源去向分析、销售分析、访问特征分析、促销分析等内容。

（1）来源去向分析：通过分析来源去向可以评估引流来源的访客质量、关键词的转化效果、来源商品贡献等，让卖家清楚地看到引流的来源效果。

（2）销售分析：借助销售分析，可以清楚商品的变化趋势，从而把握规律、迎合变化，提高店铺转化率。

（3）访客特征分析：通过分析访客特征，可以了解商品访客的潜在需求，从而满足买家的需求，达到提高销售额的目的。

（4）促销分析：通过促销分析，可以量化搭配商品效果，有效开发和激活店铺流量，增加销售量，提升客单价。

8.2.3 转化率数据分析

转化率是指进店的所有买家中成功完成交易的人数所占的比例。提高转化率有助于提升业绩。要想网店有销量，就要让进店的买家下单购买商品。网店的转化率是衡量网店运营健康与否的一个重要指标。与转化率有关的网店数据主要包括全店转化率、单品转化率、转化金额、转化笔数和退款率 5 个方面。在关注转化率数据时，不仅要注意转化笔数和转化金额，还要注意退款率。如果转化率很高的同时退款率也很高，那么出现退款情况的交易不仅无法计入有效转化，反而会对网店的声誉造成页面影响。

网店转化率与商品价格、网店装修、客服应答等因素都有密切的关系。总之，转化率对网店经营非常重要，卖家一切行动的终极目标就是消除进店买家的疑虑，促其下单购买商品，从而提高转化率，为网店带来更多的收益。

1. 根据买家行为的不同，转化率可以分为静默转化率和咨询转化率

（1）顾名思义，静默转化率是指未咨询客服人员而直接下单的买家所占的比例。静默转化率的产生过程如图 8-3 所示。静默转化率是卖家较为青睐的一种转化率，卖家当然希望静默转化率越高越好。这样的买家一般以老客户居多，或者是之前就收藏过商品或网店的买家。

访客进入店铺或商品页 ▶ 浏览商品详情页 ▶ 下单购买商品 ▶ 产生静默转化率

图 8-3　静默转化率的产生过程

与静默转化率相关的因素有以下几个方面。

① 价格。商品价格不仅影响商品的搜索权重，还直接关系到买家最终是否会下单。卖家若想消除价格对静默转化率的不利影响，需围绕"什么价格最有可能让买家下单"来进行分析。

② 评价。稍微有点购买经验的买家都会在下单前查看商品的评价，所以，评价的数

量与内容在很大程度上会影响商品的静默转化率。

③ 商品描述。买家对商品质量的判断在很大程度上依赖于商品描述。商品描述的整体色调、板块的布局设计等都应尽量消除买家对商品质量的疑虑，让其放心购买。卖家要格外重视商品的文字描述是否准确反映商品的真实情况。

④ 网店装修。网店装修对网店转化率的影响也很大。如果网店装修美观、专业，就容易让买家从心理上产生信任感，对提高转化率大有裨益。

⑤ 活动因素。买家都喜欢购买便宜、实惠的商品，打折促销、买就赠等活动往往会对买家产生较大的吸引力。所以促销活动也是影响转化率的重要因素。

（2）咨询转化率是指通过咨询客服人员而成功下单的买家所占的比例。咨询转化率的产生过程如图 8-4 所示。它的计算公式是：咨询转化率 =（咨询客服后的下单买家/咨询客服总人数）×100%。咨询转化率考查的是客服人员的谈单能力。卖家想要查看网店的咨询转化率方面的数据，可以使用客服绩效管理工具，如赤兔实时绩效、雷达绩效、E 客服绩效等。卖家可以系统地对客服人员进行培训，让客服人员能快速、准确地响应买家的咨询，有效地促成交易，提高咨询转化率。

图 8-4　咨询转化率的产生过程

2. 根据收费方式的不同，转化率可以分为免费流量转化率和付费流量转化率

（1）顾名思义，免费流量转化率是指不用付费引入的流量成功转化为交易的比例。免费流量主要是通过搜索关键词而得到的访问流量。因此，要想提高免费流量，就要在商品关键词、价格、展示图片等方面下功夫，也可以在站外多渠道宣传网店。一旦将流量引入，即有买家进入网店，就要靠网店各方面的综合因素来提升转化率。

（2）与免费流量相对应的就是付费流量。吸引付费流量最常用的就是淘宝直通车。直通车是按点击次数付费的效果营销工具，可以实现对网店中商品的精准推广，为网店带来流量。提高直通车转化率的注意事项有如下几点。

① 卖家要具备一定的经验。由于没有经验，新手卖家最好谨慎使用直通车，前期可投入较少的资金，及时总结经验，有了经验后再加大对直通车的投入。

② 商品图片要足够美观。不要让买家通过直通车进入网店后，却因为商品图片不佳而未能成功交易，导致投入付诸东流。

③ 商品价格要适中。要想提高付费流量的转化率，就要选择买家容易接受的价格。价格太高，很多买家不愿购买；价格太低，又会使买家怀疑商品的质量，所以价格太高和太低都不利于付费流量转化率的提高。可以在淘宝网首页中输入商品的关键词，查看大部分买家能接受的类似商品的价格（将鼠标指针放到旁边最高的柱状图上，价格范围就会自动显示出来），如图 8-5 所示。

④ 商品要有一定的销量。如果买家通过直通车进入网店后却发现没有什么交易量，就很难放心购买，自然也就不能提高直通车的流量转化率。反之，如果买家通过直通车进入商品页面，看到商品的销量很高，自然会产生信任感。

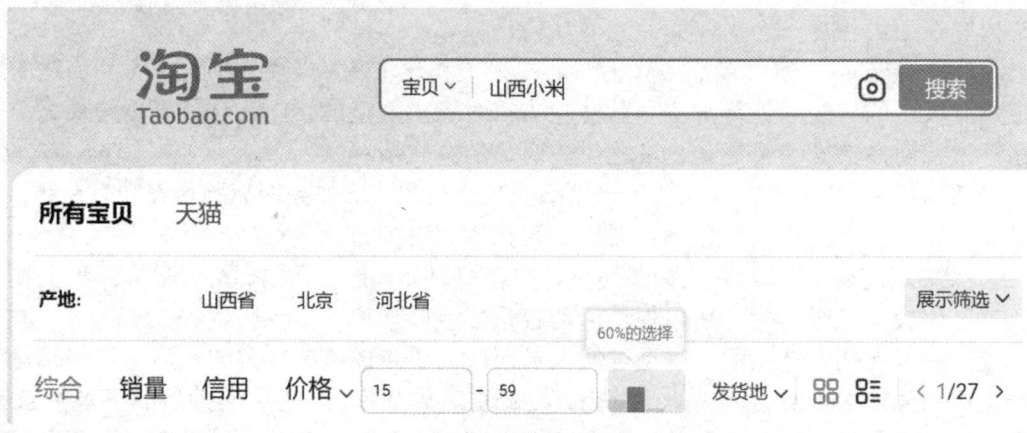

图8-5　查看大部分买家能接受的价格

⑤ 要量力而行。这一点主要是针对卖家的规模而言的。直通车的点击量越大，费用也就越高，如果引入的流量没有带来较高的转化率就很有可能"赔本"。所以，对于中小卖家来说，最好不要用太过热门的关键词。这类关键词虽然会带来流量，但同款商品的竞争也会很激烈，不利于促成交易。

当卖家对转化率数据有了一定的认识后，就可以对其进行分析。图 8-6 是解决转化率下降问题的基本思路。这个思路从宏观入手，再将问题细化，最后找到症结所在，从根本上解决问题。例如，卖家监控网店的转化率数据，发现全店转化率下降，那么接下来就要先分析网店内因，因为网店内因是最有可能导致网店转化率下降的因素，也是最重要的因素。卖家只有找到网店内因，才能进一步分析外因。

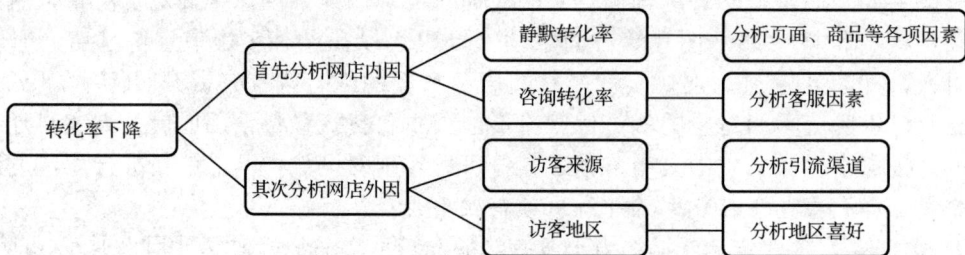

图 8-6　解决转化率下降问题的基本思路

📖【拓展知识】

营销漏斗模型

营销漏斗模型指的是在营销过程中，将非潜在客户逐步转化为客户的转化量化模型。营销漏斗模型的价值在于量化了营销过程各个环节的效率，帮助找到薄弱环节。营销环节指的是从获取用户到最终转化成购买这一整个流程中的各个子环节，相邻环节的转化率则是指用数据指标来量化每个步骤的表现。营销漏斗模型如图 8-7 所示，先将整个购买流程拆分成一个个步骤，然后利用转化率来衡量每个步骤的表现，最后通过异常的数据指标找出有问题的环节，从而解决问题，优化该步骤，最终达到提升整体购买转化率的目的。营销漏斗模型的核心思想其实可以归结为分解和量化。

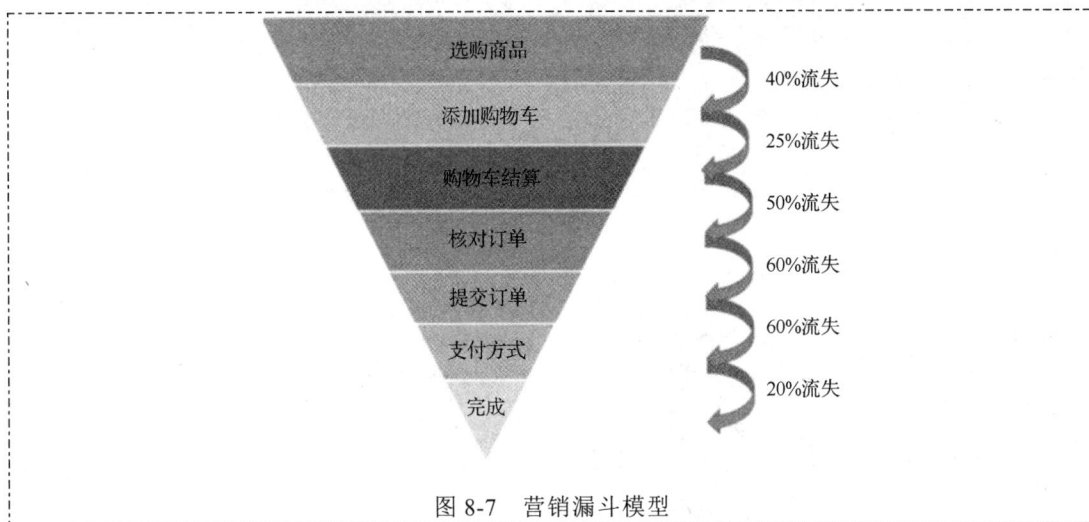

图 8-7　营销漏斗模型

8.2.4　客户数据分析

客户数据是网店运营数据的重要组成部分。通过掌握客户的相关数据，卖家可以更好地了解客户的不同属性特征和消费行为特征，把握目标客户群的特征，从而更好地制定维护客户关系的策略和具有针对性的客户营销策略。

1. 客户购物体验分析

对淘宝网而言，客户购物体验主要体现为 DSR 评分，即店铺动态评分。店铺动态评分是指买家在淘宝上购物成功后，针对本次购物给出的评价分数。目前，淘宝网和天猫商城的店铺动态评分系统包括"宝贝与描述相符""卖家的服务态度""物流服务质量"三个方面，每项店铺评分均是提取连续 6 个月内所有买家给予评分的算术平均值。店铺动态评分代表了网店的服务质量和实力，可以帮助买家判断网店的可信度，是卖家需要重视的网店运营重要指标。

（1）查看店铺动态评分有以下 3 种方法。

① 卖家可在千牛卖家中心后台中选择"交易—订单管理—评价管理"选项，查看店铺动态评分。

② 在淘宝商品详情页中，可以看到店铺动态评分，如图 8-8 所示。

③ 在淘宝网店首页的网店名称右侧可以看到"描述""服务""物流"的分数，将鼠标指针放上去，可以看到店铺动态得分的详细情况、与同行店铺相比的情况，如图 8-9 所示。

（2）提高店铺动态评分的方法。店铺动态评分与网店商品的搜索排名关系密切，因此，提高店铺动态评分是每个卖家的愿望。只要卖家认真做好销售服务，保证商品质量，站在买家的角度考虑问题，提高店铺动态评分并不难，具体来说，卖家可以从以下几方面着手。

① 商品详情页的准确描述。买家之所以下单购买商品，一个重要的原因就是被商品详情页吸引。买家在浏览详情页时会在心中描绘出商品的样子，而这个样子与商品详情页传递给买家的信息关系密切，这也是很多买家在收货后会以"与详情页不符"为由给

出差评的原因。所以卖家在设计商品详情页时要注意，商品详情页不仅要吸引买家，更要基于事实，避免过度承诺或夸大商品品质。实事求是的商品详情页可以让买家在收货时有更贴近实际的预期，减少心理落差，从而更容易获得买家的 5 分好评。

图 8-8　在商品详情页中查看店铺动态评分

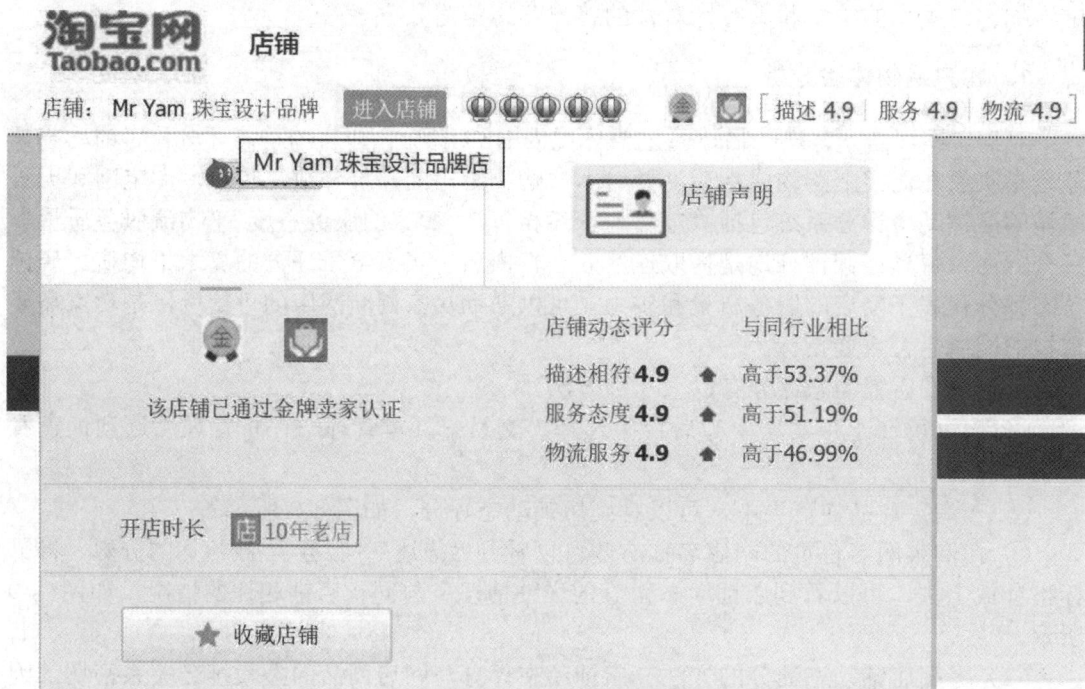

图 8-9　在淘宝网店首页查看店铺动态评分

② 发货后及时通知买家。在商品销售过程中，卖家的服务和商品质量同等重要。网上购物与实体店购物不同，后者可以让买家在第一时间拿到商品，而前者则需要等待快递送达。所以，当买家付款成功后，通常希望尽快收到商品。因此，从买家的心理出发，卖家应该在发货后及时通过旺旺消息或手机短信通知买家，使其心中有数。这样一个小

小的举动也会让买家感受到卖家的贴心服务。

③ 跟踪物流并提醒买家收货。如今，卖家给买家发送发货通知已经是很普遍的做法。要想在众多卖家中脱颖而出，就要别出心裁，更加用心地服务。因此，卖家在发送发货通知后，可以进行物流跟踪，在商品运送到买家所在城市时发送信息提醒买家准备收货。这样做的目的有两个：一是让买家感受到卖家的服务质量，二是提醒买家给出 5 分好评。

④ 使用优质的商品包装。商品包装从表面上看无关紧要，但是如果包装不当或包装质量不好，就会让买家对卖家的服务质量产生不好的印象。图 8-10 和图 8-11 展示的分别是优质的商品包装和劣质的商品包装。卖家在包装商品时要尽量使用材质较好的包装材料，并且要包装整齐，让优质的包装彰显出商品的质量及卖家的用心。

图 8-10　优质的商品包装

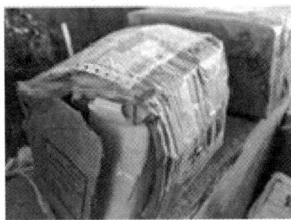

图 8-11　劣质的商品包装

2. 客户人群销售数据分析

客户是网店销售额的来源，客户人群销售数据也是销售数据的直接体现。在分析网店客户数据时，销售额、销售额与新客户比率、销售额与老客户比率、新老客户比例等都是需要重点关注的数据类型。

根据淘宝网的定义，半年内在某店铺仅有过一次购买行为的买家为该店铺的新客户，半年内在该店铺有两次及以上购买行为的买家则是老客户。对网店经营者而言，针对新老客户的不同需求，需要提供不同的服务和运营策略，来加强客户关系管理。当然，影响客户购买行为的因素很多，首先需要对主要因素进行分析。

在分析销售额与新客户比率时，如果新客户在销售额中的占比较低，很大程度上说明店铺流量和转化率等可能存在问题。如果是流量低，就需要通过营销推广、完善关键词、参加活动等方式为店铺引入流量，发展新客户；如果是转化率较低，则需对店铺动态评分、商品描述页内容、商品图片等进行优化。除此之外，服务质量、商品性价比、目标客户群定位的准确度也是影响销售额与新客户比率的重要因素。

在分析销售额与老客户比率时，如果老客户在销售额中所占比重较低，说明客户关系管理效果不明显，需对老客户营销推广方案的合理性进行分析。一般来说，相比于新客户在商品图片和质量、信用保障、售后服务等方面的需求，老客户更关注商品的深层信息，如商品规格、参数、功能等。

在资源相同的情况下，当新客户所占比例更大但返购率较低时，网店经营者如果想将新客户发展为长期客户，可以适当降低引入新客户的流量成本，通过提升商品质量、完善保障措施、优化售后支持、强化信用承诺等方式稳固新客户，促使他们重复购买；当老客户所占比例更大时，网店经营者应该加强对商品的全面介绍，增加商品比较信息，完善和优化购物流程，从而帮助老客户以最有效、最便捷的方式完成购买行为。

3. 客户特征分析

网店打破了时间和空间的限制，所面对的经营范围和经营对象非常广泛，其客户通常会分布在不同的地区、职业、年龄、性别群体中。即使是相同的商品，采取相同的营销手段，面对同一地区、不同性别的客户或同一性别、不同年龄的客户，都会呈现出不同的销售效果。因此，卖家需要对客户的属性特征进行分析，以便针对不同属性的客户制定相应的营销方案。

（1）客户地域分析。客户地域分析是指分析不同地区客户的数量、市场规模、客单价、回购率、销售额等信息，并根据分析结果制定不同的营销策略。

例如，对市场规模大，回购率、销售额均较高的地区，卖家可以加大推广力度，以维持该地区客户的活跃度；对市场规模大但回购率较低的地区，卖家应该积极寻找导致该地区客户回购率低的原因，然后根据该地区的情况适当调整营销策略；对市场规模小但回购率高的地区，卖家应该慎重评估该地区的市场容量，做好该地区老客户关系的维护，如果成本允许，也可以适当提高在该地区的推广力度；对市场规模和回购率都很低的地区，卖家最好降低在该地区的推广力度，甚至可以考虑放弃在该地区的推广。

（2）客户职业分析。有些商品具有一定的职业倾向性，即主要适用于某个职业或者某部分职业的客户。如果商品具有职业倾向性，卖家就应该对客户的职业进行分析。

分析客户职业，主要是分析不同职业的客户的数量、客单价、消费水平和回购率等。客单价高、回购率高、消费金额高的职业的客户是店铺的主要目标客户。对消费金额高、回购率低的职业的客户，卖家需要积极地做好客户关系维护，并做好推广宣传工作；对回购率高、消费金额低的职业的客户，卖家需要努力争取将其发展为高消费客户。

📖 【拓展知识】

用户行为分析模型——RFM 模型

1. RFM 模型

RFM 模型是一种根据客户活跃程度和对交易金额的贡献，进行客户价值细分的方法。

- R（Recency）——最近一次交易时间间隔。基于最近一次交易日期计算的得分，距离当前日期越近，得分越高。该指标反映客户交易活跃度。
- F（Frequency）——客户在最近一段时间内的交易次数。基于交易频率计算的得分，交易频率越高，得分越高。该指标反映客户交易活跃度。
- M（Monetary）——客户最近一段时间内的交易金额。基于交易金额计算的得分，交易金额越高，得分越高。该指标反映客户价值。

RFM 分析的主要作用如下。

- 识别优质客户。
- 定制个性化的沟通和营销服务，为营销决策提供有力支持。
- 衡量客户价值和客户利润创收能力。

2. RFM 模型分析应用

RFM 分析应用于客户分组，即将三个指标分别划分为"高"和"低"两种，高于均值的为"高"，低于均值的为"低"。具体操作包括：计算出各个指标得分的平均值；将各个变量高于平均分的定义为"高"，低于平均分的定义为"低"；根据三个变量"高""低"的组合来定义客户类型，如"高""高""高"为高价值客户。部分结果如表 8-1 所示。

表 8-1　RFM 客户分类表

R 分类	F 分类	M 分类	客 户 类 型
高	高	高	高价值客户
低	高	高	重点保持客户
高	低	高	重点发展客户
低	低	高	重点挽留客户
高	高	低	一般价值客户
低	高	低	一般保持客户
高	低	低	一般发展客户
低	低	低	潜在客户

借助 RFM 方法，依据客户属性数据进行分析，可对客户进行精准归类。在信息推送、客户转化等诸多环节中，能够实现更加精准的操作，避免因不恰当的推送导致客户反感，这对于提升产品转化率等商业价值具有显著的促进作用。（当然，也可以对 RFM 模型进行进一步的聚类分析）。

通过观察 R 和 F 的变化，企业能够推测客户的消费行为变化情况。依据客户流失的可能性，列出相关客户名单，再结合 M 进行分析，便可将关注重点聚焦于那些贡献度高且流失风险也较高的客户群体上，通过重点拜访或联系，以最有效的方式挽回更多潜在的商业机会。

8.3　网店运营数据分析工具生意参谋的应用

8.3.1　生意参谋平台概述

为帮助卖家对网店的经营数据进行分析和总结，淘宝网为卖家提供了多种数据分析和管理工具，其中最常见的就是生意参谋。生意参谋是阿里巴巴推出的首个统一的官方数据产品门户，为全体商家提供一站式、个性化、可定制的商务决策体验。生意参谋不但秉承"数据让生意更简单"的使命，而且致力于为淘宝卖家提供精准实时的数据统计、多维的数据分析和权威的数据解决方案。商家可以通过生意参谋了解网店目前的经营情况，进行流量来源分析和装修分析等，并且可以按照小时、天、周、月或者按照网店首页、商品页、分类页，记录网店的流量、销售、转化、推广及装修效果等相关数据，从而完善经营策略，提升销量。生意参谋首页如图 8-12 所示。下面主要介绍生意参谋的几个常用功能模块。

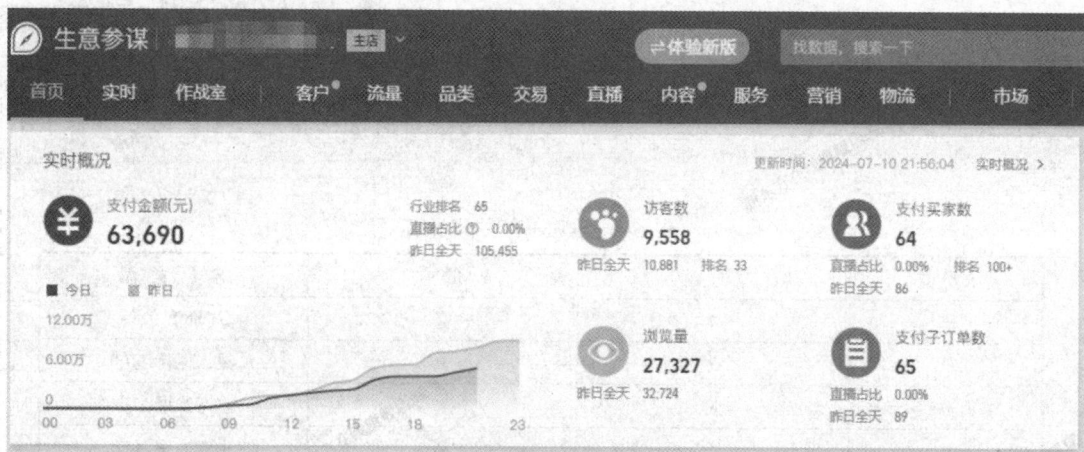

图 8-12　生意参谋首页

8.3.2　实时直播

市场瞬息万变，作为卖家，实时洞悉网店运营情况很有必要。卖家可以通过实时直播观测实时数据，及时调整策略，抢占生意先机。生意参谋实时直播中的数据对于网店的运营和发展具有重要意义。一方面，它可以跟踪商品的推广引流效果，观测实时数据，发现问题并及时优化，调整策略；另一方面，它可以实时评估单品表现，如果转化率和点击率未达预期，可及时加大推广力度。下面介绍生意参谋实时直播的具体功能。

1.　实时概况

实时概况提供网店实时的概况数据，主要包括访客数、浏览量、支付金额、支付子订单数、支付买家数及对应的排名和行业平均值，如图 8-13 所示。所有数据都可以通过全部终端、电脑端和无线端三种模式查看。

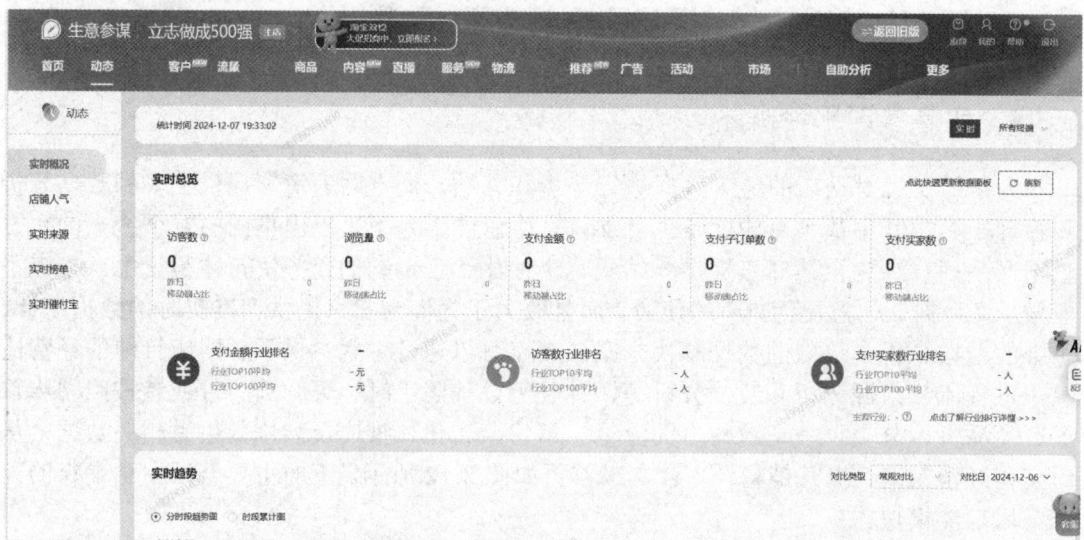

图 8-13　实时概况

2．实时来源

实时来源提供网店流量来源及地域分布情况，如图 8-14 所示。流量来源的数据可以为卖家提供各个流量来源的详细报告，这对网店运营是极为有利的，便于卖家从各个细节进行突破，了解哪些方面的流量来源多，哪些方面的流量来源少，进而反思在流量来源少的方面是否做得不足，对流量较大的方面还可以进一步优化。通过分析地域分布数据，结合支付买家数与访客数的比值，可以得出各个不同地区的转化率，对于流量大且转化率较高的地区应该加大推广力度。

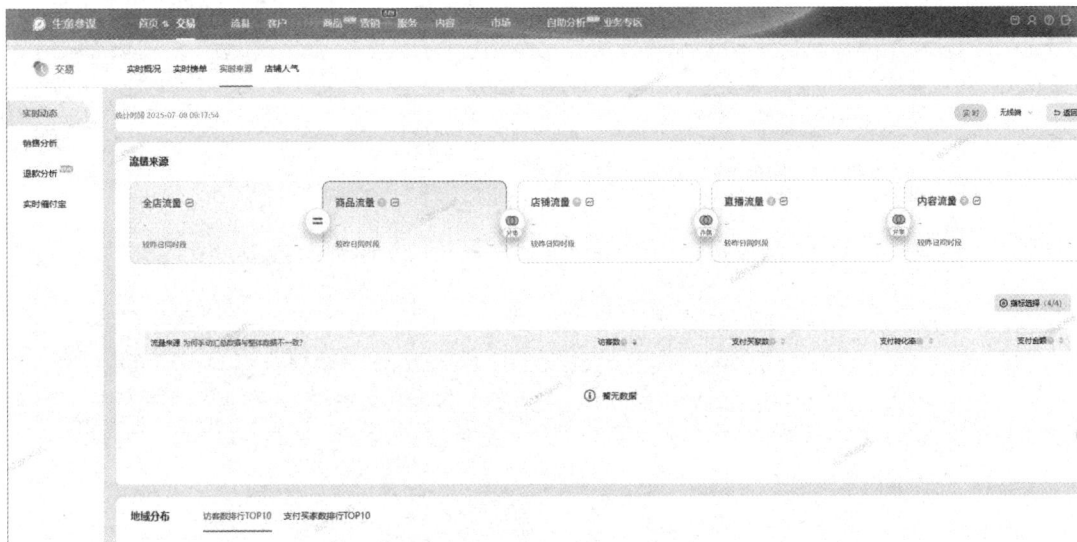

图 8-14　实时来源

3．实时榜单

实时榜单主要提供商品 TOP50 榜单，即根据访客数、加购件数、支付金额三种方式排序的前 50 个商品列表。该榜单展示商品浏览量、访客数、支付金额、支付买家数、支付转化率这五个维度的数据，并提供搜索功能，支持查询卖家想知道的商品实时销售效果数据。图 8-15 展示了实时榜单。对于流量款商品，一定要注意其流量、转化及库存的变化，做好解决可能出现问题的准备。

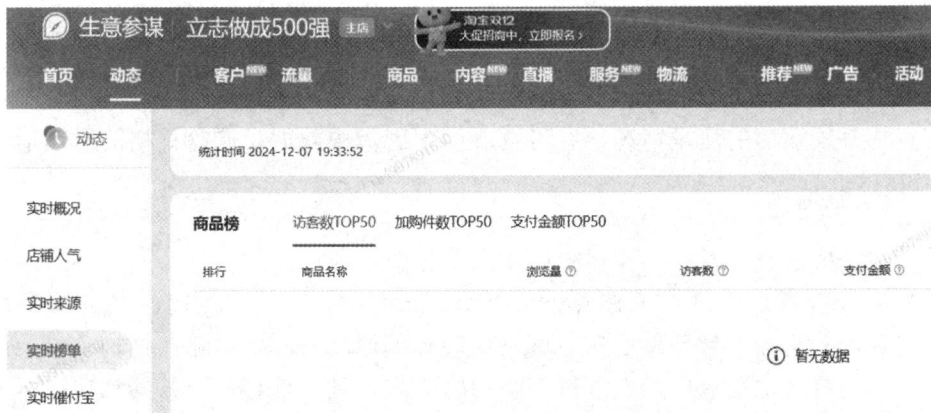

图 8-15　实时榜单

4．实时访客

实时访客主要提供网店的实时访客记录，如图 8-16 所示，能帮助卖家实时了解网店访客的浏览情况，并通过分析访客行为，挖掘潜在买家的信息，进而分析买家的浏览习惯。

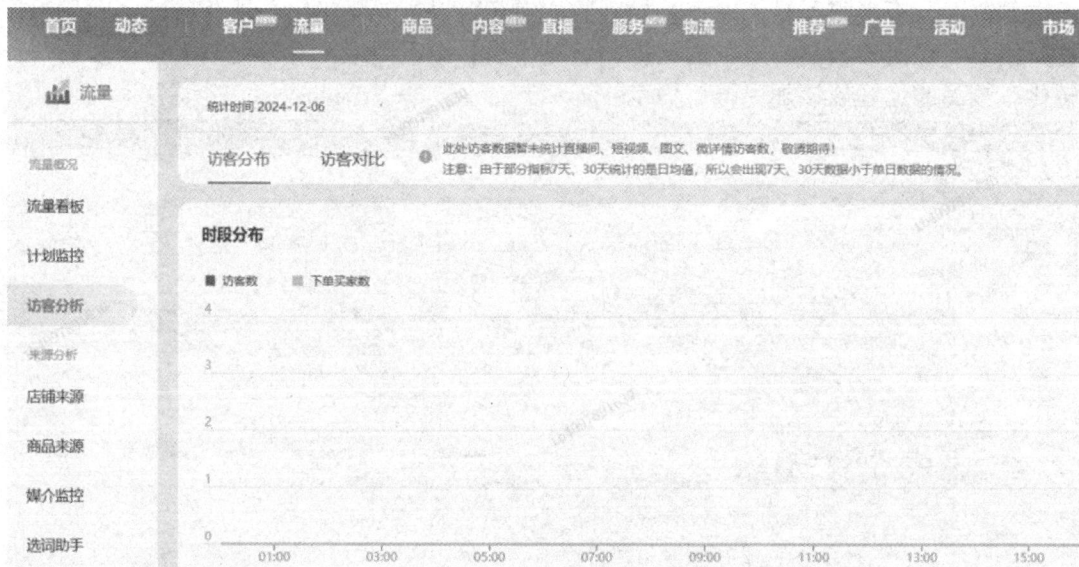

图 8-16　实时访客

5．实时催付宝

实时催付宝能够实时更新在网店下单但没有付款的买家信息。实时催付条件较为严格，催付对象是下单未支付、未在其他网店下单且属于潜力 TOP50 的买家，所以催付成功率很高。特别是在活动大促期间，可以专门安排一名客服人员来负责实时催付工作。

8.3.3　流量分析

流量分析功能提供了全店的流量概况、来源分析、动线分析、消费者分析等模块，能够帮助卖家快速梳理流量的来源与去向，在识别访客特征的同时，了解访客在网店页面上的点击行为，从而评估网店的引流、装修等健康度，帮助卖家更好地进行流量管理和转化，如图 8-17 所示。网店流量主要分为电脑端流量和无线端流量，在生意参谋中可以分别查看不同端口的流量情况，并可查看与本店历史数据及同行数据的对比情况。

1．流量概况

流量概况提供流量看板、计划监控和访客分析三种功能。

（1）流量看板功能可用于查看流量总览、流量来源排行 TOP10 及商品来源排行 TOP10 等。流量看板能够帮助卖家了解网店整体的流量规模、质量、结构，以及流量的变化趋势。通过流量总规模，卖家可知晓网店的浏览量、访客数及其变化情况；通过人均浏览量、关注店铺人数等指标，可了解入店访客的质量高低。

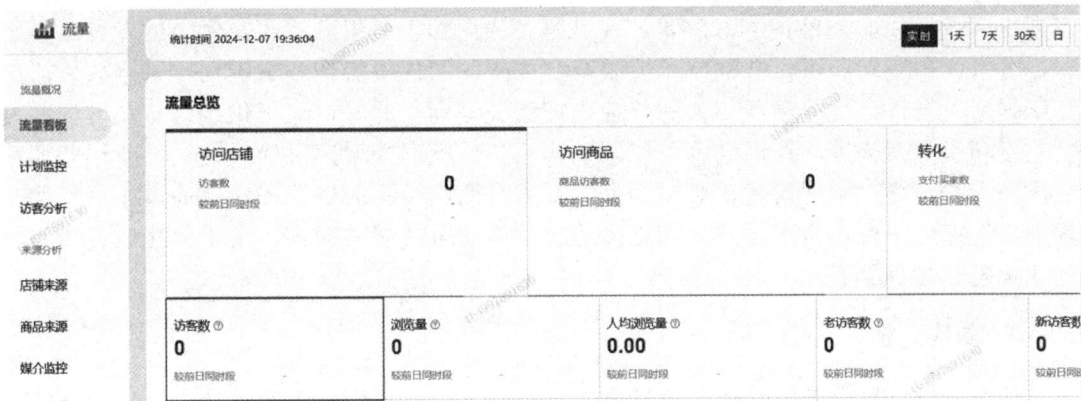

图 8-17　流量分析

（2）计划监控功能可用于制订年度运营计划并进行实时监控。

（3）访客分析功能可用于查看访客分布的相关数据，包括访客时段分布、地域分布、特征分布、行为分布等。通过对访客的相关数据进行分析，卖家能更有效地开展营销推广活动、合理设置商品上下架时间等。

在时段分布中，卖家可通过选择日期和终端，查看对应统计周期内各类终端的访客数和下单买家数。这有助于卖家更好地掌握网店访客来访的时间规律，验证广告投放、调整引流时段策略。通过选择日期和终端，卖家还可查看对应统计周期内各类终端的访客数占比排行榜和下单买家数排行榜，以及各地域的转化率。这些数据可用于验证或辅助调整广告定向投放策略。当推广转化率降低时，卖家可以根据地域分布情况筛选推广地域，从而有效提高转化率。

在特征分布中，通过选择日期和终端，卖家可查看对应统计周期内各类终端访客的会员等级、消费层级、性别、店铺新老访客分布情况，以验证或辅助调整广告定向投放策略。由会员等级可以看出买家是什么等级，会员等级越高代表其网购数量越多；消费层级代表的是买家之前的购买能力；从性别可以判断出买家是以男性为主还是以女性为主；在店铺新老买家中，老买家越多越好，会大大提高转化率。

行为分布展示来源关键词 TOP5 及浏览量分布情况。通过对来源关键词进行分析，基本可以判断出网店核心词。日期选择 30 天会更加准确，这样得出的关键词是网店引流最重要的关键词。浏览量分布展示访客在店内的浏览量分布情况，卖家可通过增加关联页面、加强客服引导等方法提升页面浏览量，进而提高转化率。

在"访客分析"页面选择"访客对比"选项，在打开的页面中可以查看访客对比的相关数据，包括消费层级、性别、年龄、地域 TOP、营销偏好和关键词 TOP 等。

2. 来源分析

来源分析可提供店铺来源、商品来源、内容来源、媒介监控和选词助手五种功能。在店铺来源中，卖家可查看网店流量来源的构成、流量来源的对比及同行流量来源。在商品来源中，卖家可添加竞品进行对比分析，也可查看本店商品排行榜。内容来源包括直播间来源和短视频来源，卖家可选择选定日期内有观看记录的商家自播直播间或短视频，分析流量来源，也可查看本店相关内容排行榜。媒介监控功能可用于分析淘宝外部媒介推广效果，如今日头条、微博、优酷等。选词助手是生意参谋平台上的专题工具之一，分别为电脑端和手机端提供了反映客户需求的店内引流搜索关键词、为网店引流的竞店搜索关键词、与关键词相关的行业内搜索关键词。此外，还提供了这些关键词的搜索热度和引导效果等。选词助手可以帮助卖家快速梳理搜索来源的关键词，验证和调整关键词投放策略；了解访客在店内的搜索行为，明确访客的确切需求。通过拓展行业搜索词，选词助手可以帮助卖家找到更多适合网店的可拓展关键词，用于优化广告投放、优化标题和规划品类。

3. 动线分析

动线分析可提供店内路径、流量去向、页面分析和页面配置四个功能。店内路径分别提供电脑端和手机端的流量入口、页面访问排行及店内路径明细。卖家可以分别查看网店首页、商品详情页、网店微淘页、商品分类页、搜索结果页、网店其他页的访客数和占比，下单买家数和占比，以及下单转化率，还可查看页面访问排行，或根据需要分别以周、日为单位查询流量来源。通过查询这些数据，卖家能够了解当前网店的流量结构。若流量不足，则需要更换推广方式提高网店流量；若商品转化率不高，则需要对商品详情页、价格、网店装修、商品展示技巧、商品形象包装、促销活动搭配等因素进行分析，找到转化率不高的原因。从流量去向中可查看离开页面排行及离开页面去向排行。在页面分析中可对网店的首页、自定义承接页、商品详情页流量相关及引导转化的各项指标进行分析，也可对网店装修的不同页面进行装修诊断。在页面配置中可定制添加自定义页、承接页、商品详情页等页面，以进行日常监控或实时监控。

4. 消费者分析

消费者分析属于付费功能，订购后卖家可自定义上传不同的消费者人群，追踪客户分层营销效果，对不同客户人群特征进行对比分析，对客户质量进行评估。

8.3.4 交易分析

交易分析主要提供交易概况、交易构成和交易明细三个功能，如图 8-18 所示，可从网店整体到不同粒度细分网店交易情况，以帮助卖家及时发现网店的问题。

图 8-18　交易分析

1. 交易概况

通过交易概况，卖家可从整体上了解网店的交易情况，并对交易总览和交易趋势的数据进行查看和分析。通过交易总览，卖家可以了解任意天数的网店交易额、支付买家数、客单价和转化率等数据，还可在"交易趋势"栏中查看与同行平均支付金额的对比。

2. 交易构成

交易构成可从不同粒度细分网店交易构成情况，主要有终端构成、类目构成、品牌构成、价格带构成和资金回流构成五个方面，可以帮助卖家了解终端、类目和品牌等各方面的交易数据，以便有针对性地进行完善和优化。终端构成主要用于分析网店电脑端、手机端的交易情况。类目构成主要从类目的角度出发，分析网店类目的交易情况。品牌构成主要分析网店各个品牌的成交构成，哪个品牌更受买家喜欢，从商品品牌出发分析网店交易的数据。价格带构成主要分析网店商品各个价格的构成，哪个价格段更受买家喜欢，转化率如何，并从商品价格出发分析网店交易的数据。资金回流构成的主要目的是促进资金回流。卖家统计出已签收未确认收货的订单，然后根据距离自动确认收货的时长进行划分。卖家可以根据具体情况联系买家进行资金回流，其中确认收货指数是由数据挖掘团队给出的，根据买家历史确认收货行为及店铺的复购忠诚度得出，星级越高，催单确认收货的可能性越大。

3. 交易明细

交易明细中可以显示任意一天的全部订单明细和当天任意一个订单的交易明细。

课后习题

一、单项选择题

1. DSR 评分指的是宝贝与描述相符、（　　）和物流服务的质量。
A. 信用等级　　　B. 好评率　　　C. 退货率　　　D. 卖家的服务态度
2. 详情页优化主要是提升（　　）。
A. 访客数　　　B. 浏览量　　　C. 转化率　　　D. DSR 评分
3. 以下选项中和网店 DSR 评分关系最大的是（　　）。
A. 页面设计　　　B. 品类规划　　　C. 售后关怀　　　D. 产品图片
4. 某网店今天通过搜索获得的访客数为 150，通过直通车获得的访客数为 50，一共成交了 50 笔交易，那么（　　）。
A. 网店今天的转化率为 2.5%　　　B. 网店今天一共获得了 150 个访客数
C. 网店今天的浏览量为 200　　　D. 网店今天的跳失率为 30%
5. 做了数据整理后，发现免费流量来源比例减少，下面属于免费流量来源的是（　　）。
A. 生 e 经　　　B. 直通车　　　C. 标题优化　　　D. 淘宝客
6. 在淘宝数据中，访客数的含义是（　　）。
A. 页面浏览次数　　　B. 独立访问者数
C. 关键词被搜索次数　　　D. 指用户一次访问网店的页面数

二、简答题

1．要对网店的销售情况进行分析，可以设置哪些数据分析指标？

2．淘宝卖家小张经过学习，网店的流量和人气都有所提升，但是，他发现有不少的访客浏览了一个页面就离开了，且商品的成交转化率较低。其中，有一小部分买家只把商品加入购物车，却并没有付款结算。请帮助小张分析出现这种情况的原因，并建议小张应该从哪些方面去改善和提升商品的成交转化率。

实训练习

实训目标：

1．掌握网店运营数据的获取方法。

2．能够分析网店运营的相关数据，从数据中发现网店运营的问题并提出改进方案。

实训内容：

1．了解网店经营的基本流量分析指标，然后使用生意参谋查看并分析淘宝店铺的流量数据，包括 PC 端访客、无线端访客、跳出率、转化率等。

2．使用生意参谋分析店铺的销售数据，查看交易金额、交易笔数、客单价、下单转化率、支付转化率等信息。

3．使用生意参谋分析店铺的客户数据，查看访客地域、访问时间段、新客户比例、老客户比例和新老客户对比等信息。

实训评价：

1．将全班学生划分为多个小组，每组 2～3 人，对各小组同学网店中的流量数据、销售数据、客户数据等进行分析，主要围绕以下三个问题进行讨论。

（1）以上运营数据，你认为哪几项需要优化？

（2）造成问题的原因可能有哪些？

（3）你认为该如何改进？

2．评价与总结：各项目团队提交网店数据分析报告。

课后拓展

网店运营效果分析工具

一、网店运营效果分析工具的分类

目前在第三方平台网店体系下，网店运营效果分析工具主要分为两类。

1．平台内自有效果分析工具

目前第三方平台内自有效果分析工具以淘系生意参谋、京东商智系统、拼多多的多多情报通为代表，其特点是内容比较系统全面、数据即时、权威性强。例如，生意参谋不仅包括商家自己的各个运营模块指标分析，还包括市场行业、竞店系统数据分析。

2．平台外第三方效果分析工具

目前由于第三方网络零售平台系统比较成熟，平台外第三方效果分析工具也越来越多，

功能越来越系统化，其中比较有代表性的是电商易、超级店长、店查查、生e经、老司机、淘大师、赤兔等，尽管这类工具不如平台方自带的系统分析工具详细，但在个别方面功能也比较突出，如商品搜索优化排名查询、商家销量查询、竞品销量、竞品活动、客服效果分析等。目前该类工具在淘系服务市场和京东市场都有体现，商家可以自主查询。

二、京东商智

京东商智是京东提供给商家的店铺效果分析工具，其功能模块与生意参谋接近，但主要是面对京东体系店铺的，分为基础包、热力图、搜索分析、购物车营销、客户营销、竞争分析等多个模块，开通相应功能需要交纳一定的费用，如图 8-19 所示。

图 8-19　京东商智不同版本报价

三、多多情报通

多多情报通原名多多参谋，是拼多多的一款大数据分析软件，拥有销量解析、选款选词、查排名、关键词卡位、引流关键词等多种功能，能够一站式辅助商家数据化运营。多多情报通首页如图 8-20 所示。

图 8-20　多多情报通首页

参考文献

[1] 王涛，李想. 淘宝天猫网店运营从入门到精通（视频指导版）[M]. 北京：人民邮电出版社，2018.

[2] 章玎玎，朱合圣. 网店运营与管理（慕课版）[M]. 北京：人民邮电出版社，2021.

[3] 王利锋，温丙帅，薛瑾. 网店运营实务（第3版. 慕课版）[M]. 北京：人民邮电出版社，2022.

[4] 陆锡都，赵婷. 网店开设与运营实战教程（慕课版）[M]. 北京：人民邮电出版社，2022.

[5] 雷莉，黄睿. 网店运营与推广从入门到精通（微课版）[M]. 北京：人民邮电出版社，2021.

[6] 宋卫，徐林海. 网店运营实务[M]. 北京：人民邮电出版社，2019.

[7] 段文忠. 网店运营管理[M]. 北京：高等教育出版社，2019.

[8] 陈志轩，欧丹丽，张运建. 淘宝网店运营全能一本通[M]. 北京：人民邮电出版社，2017.

[9] 白东蕊. 网店运营与管理[M]. 北京：人民邮电出版社，2019.

[10] 葛青龙. 网店运营与管理（第2版）[M]. 北京：电子工业出版社，2022.

[11] 李军. 网店运营管理与营销推广[M]. 北京：清华大学出版社，2018.

[12] 刘祥. 网店运营推广[M]. 北京：电子工业出版社，2020.

[13] 胡泽萍，高紫荆. 网店运营与推广[M]. 北京：北京交通大学出版社，2018.

[14] 宋俊骥，孔华. 网店运营实务[M]. 北京：人民邮电出版社，2018.

[15] 于含. 网店运营与管理[M]. 北京：机械工业出版社，2021.

[16] 崔恒华. 网店推广实操[M]. 北京：电子工业出版社，2020.

[17] 孟雯雯，李小敬，仇利克. 网店运营推广[M]. 北京：中国人民大学出版社，2021.

[18] 淘宝大学. 网店运营提高版[M]. 北京：电子工业出版社，2020.

[19] 隋东旭. 网店运营与管理[M]. 北京：清华大学出版社，2023.

[20] 吴成，王薇. 网店运营综合实战[M]. 重庆：重庆大学出版社，2021.

[21] 欧阳红巍，王晓亮. 淘宝网店运营与管理（微课版）[M]. 北京：人民邮电出版社，2021.